"十四五"国家重点图书出版规划项目

新版《列国志》与《国际组织志》联合编辑委员会

主　　任　谢伏瞻

副 主 任　李培林　蔡　昉

秘 书 长　马　援　谢寿光

委　　员（按姓氏音序排列）

列国志

GUIDE TO
THE WORLD
NATIONS 新版

赵蜀蓉 | *GHANA*

主编

加 纳

社会科学文献出版社
SOCIAL SCIENCES ACADEMIC PRESS (CHINA)

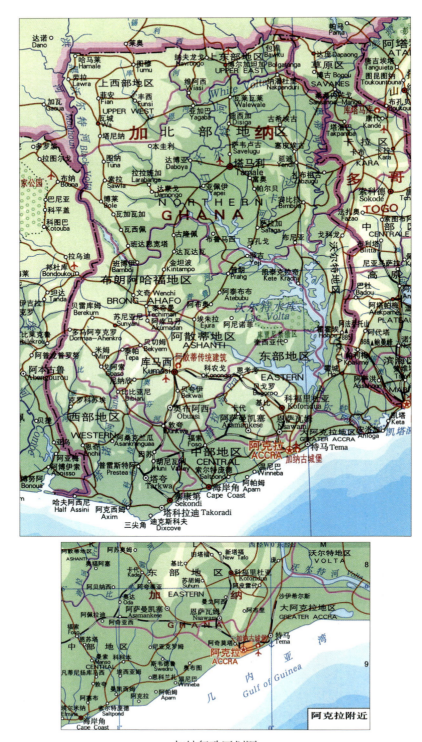

加纳行政区划图

加纳国旗

加纳国徽

加纳领导人赠送给中国领导人的礼物，左为雕花木凳，右为金属凳子摆件（沈晓雷　摄）

恩克鲁玛陵园（冯理达　摄）

加纳国家博物馆（Dennis Ejornam Agbobada　摄）

加纳国家剧院（Dennis Ejornam Agbobada　摄）

加纳最高法院（Benjamin Abledu　摄）

加纳高等法院综合楼（Dennis Ejornam Agbobada　摄）

加纳国家清真寺（Dennis Ejornam Agbobada　摄）

阿克拉寺（Benjamin Abledu　摄）

加纳大学（Dennis Ejornam Agbobada　摄）

加纳大学（Dennis Ejornam Agbobada　摄）

非洲贸易公司（Kobby Duah 摄）

大阿克拉省医院（Dennis Ejornam Agbobada 摄）

奥苏城堡（克里斯蒂安堡）（Benjamin Abledu 摄）

埃尔米纳堡（冯理达 摄）

出版说明

　　《列国志》编撰出版工作自1999年正式启动，截至目前，已出版144卷，涵盖世界五大洲163个国家和国际组织，成为中国出版史上第一套百科全书式的大型国际知识参考书。该套丛书自出版以来，受到社会各界的广泛好评，被誉为"21世纪的《海国图志》"，中国人了解外部世界的全景式"窗口"。

　　这项凝聚着近千学人、出版人心血与期盼的工程，前后历时十多年，作为此项工作的组织实施者，我们为这皇皇144卷《列国志》的出版深感欣慰。与此同时，我们也深刻认识到当今国际形势风云变幻，国家发展日新月异，人们了解世界各国最新动态的需要也更为迫切。鉴于此，为使《列国志》丛书能够不断补充最新资料，更好地服务于社会各界，我们决定启动新版《列国志》编撰出版工作。

　　与已出版的144卷《列国志》相比，新版《列国志》无论是形式还是内容都有新的调整。国际组织卷次将单独作为一个系列编撰出版，原来合并出版的国家将独立成书，而之前尚未出版的国家都将增补齐全。新版《列国志》的封面设计、版面设计更加新颖，力求带给读者更好的阅读享受。内容上的调整主要体现在数据的更新、最新情况的增补以及章节设置的变化等方面，目的在于进一步加强该套丛书将基础研究和应用对策研究相结合，将基础研究成果应用于实践的特色。例如，增加了各国有关资源开发、环境治理的内容；特设"社会"一章，介绍各国的国民生活情况、社会管理经验以及存在的社会问题，等等；增设"大事纪年"，方便读者在短时间内熟悉各国的发展线索；增设"索引"，便于读者根据人名、地名、关键词查找所需相关信息。

顺应时代发展的要求，新版《列国志》将以纸质书为基础，全面整合国别国际问题研究资源，构建列国志数据库。这是《列国志》在新时期发展的一个重大突破，由此形成的国别国际问题研究与知识服务平台，必将更好地服务于中央和地方政府部门应对日益繁杂的国际事务的决策需要，促进国别国际问题研究领域的学术交流，拓宽中国民众的国际视野。

新版《列国志》的编撰出版工作得到了各方的支持：国家主管部门高度重视，将其列入"'十二五'国家重点图书出版规划项目"；中国社会科学院将其列为创新工程学术出版资助项目，王伟光院长亲自担任编辑委员会主任，指导相关工作的开展；国内各高校和研究机构鼎力相助，国别国际问题研究领域的知名学者相继加入编辑委员会，提供优质的学术指导。相信在各方的通力合作之下，新版《列国志》必将更上一层楼，以崭新的面貌呈现给读者，在中国改革开放的新征程中更好地发挥其作为"知识向导"、"资政参考"和"文化桥梁"的作用！

新版《列国志》编辑委员会
2013 年 9 月

前　言

　　自 1840 年前后中国被迫开关、步入世界以来，对外国舆地政情的了解即应时而起。还在第一次鸦片战争期间，受林则徐之托，1842 年魏源编撰刊刻了近代中国首部介绍当时世界主要国家舆地政情的大型志书《海国图志》。林、魏之目的是为长期生活在闭关锁国之中、对外部世界知之甚少的国人"睁眼看世界"，提供一部基本的参考资料，尤其是让当时中国的各级统治者知道"天朝上国"之外的天地，学习西方的科学技术，"师夷之长技以制夷"。这部著作，在当时乃至其后相当长一段时间内，产生过巨大影响，对国人了解外部世界起到了积极的作用。

　　自那时起中国认识世界、融入世界的步伐就再也没有停止过。中华人民共和国成立以后，尤其是 1978 年改革开放以来，中国更以主动的自信自强的积极姿态，加速融入世界的步伐。与之相适应，不同时期先后出版过相当数量的不同层次的有关国际问题、列国政情、异域风俗等方面的著作，数量之多，可谓浩如烟海。它们对时人了解外部世界起到了积极的作用。

　　当今世界，资本与现代科技正以前所未有的速度与广度在国际流动和传播，"全球化"浪潮席卷世界各地，极大地影响着世界历史进程，对中国的发展也产生极其深刻的影响。面临不同以往的"大变局"，中国已经并将继续以更开放的姿态、更快的步伐全面步入世界，迎接时代的挑战。不同的是，我们所面临的已不是林则徐、魏源时代要不要"睁眼看世界"、要不要"开放"的问题，而是在新的历史条件下，在新的世界发展大势下，如何更好地步入世界，如何在融入世界的进程中更好地维护民族国家的主权与独立，积极参与国际事务，为维护世界和平，促进世界与人类共同发展做出贡献。这就要求我们对外部世界有比以往更深切、全面的了解，我们只有更全面、更深入地了解世界，才能在更高的层次上融入世界，也才能在融入世界的进程中不迷失方向，保持自我。

与此时代要求相比，已有的种种有关介绍、论述各国史地政情的著述，无论就规模还是内容来看，已远远不能适应我们了解外部世界的要求。人们期盼有更新、更系统、更权威的著作问世。

中国社会科学院作为国家哲学社会科学的最高研究机构和国际问题综合研究中心，有 11 个专门研究国际问题和外国问题的研究所，学科门类齐全，研究力量雄厚，有能力也有责任担当这一重任。早在 20 世纪 90 年代初，中国社会科学院的领导和中国社会科学出版社就提出编撰"简明国际百科全书"的设想。1993 年 3 月 11 日，时任中国社会科学院院长胡绳先生在科研局的一份报告上批示："我想，国际片各所可考虑出一套列国志，体例类似几年前出的《简明中国百科全书》，以一国（美、日、英、法等）或几个国家（北欧各国、印支各国）为一册，请考虑可行否。"

中国社会科学院科研局根据胡绳院长的批示，在调查研究的基础上，于 1994 年 2 月 28 日发出《关于编纂〈简明国际百科全书〉和〈列国志〉立项的通报》。《列国志》和《简明国际百科全书》一起被列为中国社会科学院重点项目。按照当时的计划，首先编写《简明国际百科全书》，待这一项目完成后，再着手编写《列国志》。

1998年，率先完成《简明国际百科全书》有关卷编写任务的研究所开始了《列国志》的编写工作。随后，其他研究所也陆续启动这一项目。为了保证《列国志》这套大型丛书的高质量，科研局和社会科学文献出版社于1999年1月27日召开国际学科片各研究所及世界历史研究所负责人会议，讨论了这套大型丛书的编写大纲及基本要求。根据会议精神，科研局随后印发了《关于〈列国志〉编写工作有关事项的通知》，陆续为启动项目拨付研究经费。

为了加强对《列国志》项目编撰出版工作的组织协调，根据时任中国社会科学院院长李铁映同志的提议，2002年8月，成立了由分管国际学科片的陈佳贵副院长为主任的《列国志》编辑委员会。编委会成员包括国际片各研究所、科研局、研究生院及社会科学文献出版社等部门的主要领导及有关同志。科研局和社会科学文献出版社组成《列国志》项目工作组，社会科学文献出版社成立了《列国志》工作室。同年，《列国志》项目被批准为中国社会科学院重大课题，新闻出版总署将《列国志》项目列入国家重点图书出版计划。

在《列国志》编辑委员会的领导下，《列国志》各承担单位尤其是各位学者加快了编撰进度。作为一项大型研究项目和大型丛书，编委会对《列国志》提出的基本要求是：资料翔实、准确、最新，文笔流畅，学术性和可读性兼备。《列国志》之所以强调学术性，是因为这套丛书不是一般的"手册""概览"，而是在尽可能吸收前人成果的基础上，体现专家学者们的研究所得和个人见解。正因为如此，《列国志》在强调基本要求的同时，本着文责自负的原则，没有对各卷的具体内容及学术观点强行统一。应当指出，参加这一浩繁工程的，除了中国社会科学院的专业科研人员以外，还有院外的一些在该领域颇有研究的专家学者。

现在凝聚着数百位专家学者心血，共计 141 卷，涵盖了当今世界 151 个国家和地区以及数十个主要国际组织的《列国志》丛书，将陆续出版与广大读者见面。我们希望这样一套大型丛书，能为各级干部了解、认识当代世界各国及主要国际组织的情况，了解世界发展趋势，把握时代发展脉络，提供有益的帮助；希望它能成为我国外交外事工作者、国际经贸企业及日渐增多的广大出国公民和旅游者走向世界的忠实"向导"，引领其步入更广阔的世界；希望它在帮助中国人民认识世界的同时，也能够架起世界各国人民认识中国的一座"桥梁"，一座中国走向世界、世界走向中国的"桥梁"。

《列国志》编辑委员会

2003 年 6 月

序

　　赵蜀蓉教授请我作序，我欣然应诺。一是因为电子科技大学西非研究中心与加纳主要高校在科研教学的道路上结伴前行，开创了中国非洲研究和中非教育合作的一种新模式，值得学习。二是赵教授对非洲研究和教学的热情深深感染了我。她领导的西非研究中心成立时间甚短，却取得了骄人的成绩，值得鼓励。三是新版列国志《加纳》结合了新资料，特别是作者在原版的基础上补充了一些加纳本土的资料，从而更加丰富了我们对加纳的认识。赵教授是公共管理学方面的专家。殖民者入侵前的加纳（当时称为"黄金海岸"）正处于成熟的管理体制之下。前殖民官员威廉·瓦德不得不承认："欧洲人带着他们的个人主义，重视金钱，抱着他们的先入之见，以为一个野蛮人的酋长必然是一个暴君，当他们来到黄金海岸时，所遇到的却是生活在这种成熟发展的法制之下的民族。"

　　促使我写序的另一个重要原因是我总是将加纳作为我的第二故乡。之所以说它是我的"第二故乡"，一是加纳是我访问的第一个非洲国家。二是加纳是我长住在居民家过普通人日子的非洲国家，而后来我去非洲国家基本上是参加会议，多为短期访问，居住酒店。在我第一次访问加纳期间，我结识了纳纳·布鲁库姆（Nana Brukum），以及他的妻子和三个可爱的女儿。三是我有机会结识了很多世界各地的加纳朋友，包括同窗好友、学术导师、家庭妇女、普通学生、驻华大使、联合国秘书长，他们给我带来了欢乐、幸福或担忧，充实了我的人生。四是我在多伦多大学历史系的博士学位论文写的就是加纳。这篇论文使我与加纳结下了不解之缘，也成为我了解非洲的开始。

在加纳，我第一次对非洲文化有了感性认识，第一次亲身见证了非洲国家的大选，更有机会认识了总统候选人之一的加纳大学历史系前主任阿杜·博亨。他是国际知名的非洲史专家，也是联合国教科文组织《非洲通史》第七卷的主编。在加纳的国家档案馆，我有幸认识了非洲研究学界的一些国际知名学者，如非洲问题专家、加纳大学非洲研究中心主任克瓦米·阿辛（Kwame E. Arhin，1987~1995 年在任）教授，非洲经济史专家、《全球史杂志》的创办者、剑桥大学历史系主任加雷思·奥斯汀（Gareth Austin）教授，欧洲的非洲研究学会主席（2008~2015 年在任）、爱丁堡大学非洲研究中心主任保罗·纽金特（Paul Nugent）等。有意思的是，我在北京大学国际关系学院培养的许亮博士后来到哈佛大学历史系攻读第二个博士学位时，其导师伊曼纽艾尔·阿昌庞（Emmanuel Akyeampong）竟然是我 1992 年在加纳国家档案馆遇到的加纳学生。非洲史研究的缘分使分别了近 30 年的我们俩再次相聚。

我对在加纳实地考察时的一件事难以忘怀。当时，我住在师弟纳纳·布鲁库姆家里。他的妻弟吉米（Jimmy）盛情相邀，请我去他工作的教会访问。教会位于恩萨瓦姆，这是一个曾经因种植可可而兴旺但早已失去往日辉煌的小镇。我被邀请在教会用晚餐。为了欢迎我，教士们专门买了一瓶葡萄酒。用餐前，年龄最大的教士拿起酒瓶准备斟酒。他打开瓶塞，用嘴对着酒瓶喝了一口。我当时颇为诧异，因为在中国总是先礼让客人，不会自己先喝起来。老人喝了一口酒，十分礼貌地对我说："尊敬的客人，根据我们的习俗，开瓶之后，先由主人尝一口，以保证酒里没有毒药。你已经看到了，酒是好的，没有毒。"随后，他先给我斟酒。当时，我的心深深地被触动了。他的解释使我想起在历史著作中看到的非洲人因喝酒而成为欧洲人的奴隶的事例。同样，尼日利亚油河地区的贾贾国王因为对在当地从事棕榈油贸易的英国商人形成了威胁，英国领事约翰斯顿将他流放了事。加纳当地的这种待客习俗如何形成不得而知。可以肯定的是，当地民族在历史上因喝酒吃过亏，这是一种痛苦的历史经验。可以想象，假如我将建立在自己文化传统基础上的错误理解在朋友中间传播，留下的将是一个永远无法弥补的遗憾。

最终，在导师的指导下，我顺利完成了题为《殖民主义统治与农村社会反抗》（British Rule and Rural Protest in Southern Ghana）的博士学位论文。论文经修改后分别在湖南教育出版社和美国出版。加纳前驻华大使科乔·阿穆－戈特弗里德（Kodjo Amoo-Gottfried）为中文版作序言云："不管这部著作的学术性多么重要，有必要强调一个与此相关的问题：在这部著作中的所有重要部分、用词、语气、立场及精神上，李安山表现出他自己至少是以人为中心，更多则是以非洲人为中心的。他的著作并非致力于自我陶醉之爱的结晶，而是为了整个人类的利益，寻找、发现、确定并传播关于世界上的受苦人中间的非洲人民解放的真理。"导师马丁·A.克莱因对我赞赏有加："从一开始，他就是一位治学严谨的学者，他坦诚地与加拿大学者和非洲学者交流各种思想和看法。到选择博士论文题目时，他选择了

'农民反抗'。来自富有深厚的农民传统特别是农民反抗历史的中国，这一选题似乎使得他可以从对中国农民历史的理解来探究非洲农民的经历。中国历史的这种相关性对加纳更为突出，因为这里已存着一个具有广泛基础的农民阶级。"牛津大学及其他一些欧美大学将此书作为研究非洲的参考书目供学生使用。2015 年，联合国前秘书长科菲·安南先生访问北京大学并应"北京大学'大学堂'顶尖学者讲学计划"邀请做讲座。学校决定将我发表的博士学位论文（中、英文版）作为礼物送给他。他当时很惊讶，说没想到还有中国学者研究他的祖国。

加纳打开了我的眼界，丰富了我的人生，成就了我的学业。

加纳的历史久远，在中世纪是西非古代帝国之一。这个西非国家第一次明确地出现在史籍中是在公元 8 世纪。当时，阿拉伯作家法扎里（Al-Fazari）在公元 772 年首次提到从摩洛哥越过撒哈拉沙漠有一个国家名叫"加纳"，意为"黄金之国"。随后数百年里，几乎所有阿拉伯地理学家的著述中都有关于古加纳金矿的记载。例如，哈姆哈尼（Al Hamdhani）颇为夸张地将加纳描绘成可以种植黄金的国家，"那里的黄金长得就像萝卜种在沙地上一样，在日落时拔起来"。《法达希史》（*Ta'rikh al-Fattash*）称加纳为"卡亚－马加"（Kaya-Magha），意为"黄金之王"；另一本书则称卡亚－马加是加纳首位国王的名字。伊本·豪卡勒于公元 951 年访问摩洛哥的城市锡吉勒马萨（Sijilmasa）和加纳，将加纳国王称为"这个地球上最富有的国王"，因为他占有各种财富，包括大量自己获取的黄金以及从先人那里继承的黄金。《黄金草原》的作者马苏第（912～956，阿拉伯学者）曾写道："加纳王国是一个很重要的国家，毗连金矿之国。那里居住着伟大的苏丹人。他们画了一条分界线，凡是到他们那儿去的人，从来都没有逾越过。"

然而，古代的加纳与现在的加纳并非一回事。现在的加纳原名"黄金海岸"，顾名思义，这里也是盛产黄金的地方。关于加纳主要民族阿肯人（Akan）的起源问题存在诸多争论。有几点共识值得注意。第一，古代加纳、马里和桑海的相继灭亡以及伊斯兰教的传播迫使萨凡纳地区的居民向南迁徙的可能性极大。如果说大规模的迁徙不存在，那么一拨接一拨的小群迁徙是完全可能的。第二，赤道雨林带各非洲部落之间的文化交流是不能忽略的因素。在此基础上通过流动、迁徙、结盟、通婚而形成新的部落或民族文化是完全可能的。第三，从各个不同地方（主要是北部）迁徙而来的一些部落可能与原始部落结合成新的部落或民族。这些新的共同体一经结合便逐渐发展出自己的语言和习俗，同时不断吸收一些外来成分。这也完全符合人类社会发展规律。

阿散蒂人（Asante）是阿肯人的重要一支。他们不仅生产黄金，还控制着黄金贸易及其运输通道，并建立了阿散蒂帝国。1415 年，葡萄牙人夺取休达，亨利王子被任命为总督，开始组织长达 45 年的西非海岸探险，直至他于 1460 年逝世。1471 年，葡萄牙人雅昂·德·桑塔里姆（João de Santarem）和佩德罗·德·埃斯科巴（Pedro de Escobar）抵达黄金海岸。1482 年，埃尔米纳堡建成。随后，黄金海岸成为欧洲人不断染指的地区，也成为奴隶贸易的重灾区。加纳历史学家 J. K. 芬指出："18、19 世纪的黄金海岸史主要是阿散蒂王国崛起和巩固的历史，同时也是她与相邻的非洲人和欧洲人的关系史。"阿散蒂之所以重要，首先是因为它与黄金的关系激起了欧洲人的兴趣，而后又被卷入了奴隶贸易。其次，阿散蒂的崛起在西非历史上打破了旧有的政治生态，引起巨大的地缘政治变异。再次，阿散蒂的强大引发了西非沿岸欧洲殖民者的联盟和争斗，阿散蒂先后 9次反抗英国殖民主义者的战争也永远被载入史册。

1951 年 2 月，克瓦米·恩克鲁玛，这个被英国殖民政府称为"一个彻头彻尾的共产主义者"、自诩为"马克思主义社会主义者"的坚定民族主义领袖，在监狱里被告知他领导的人民大会党在黄金海岸的第一次选举中获胜。他被英国总督阿登－克拉克请出来主持自治政府的事务。然而，英国人的这种让步并未使恩克鲁玛表现出丝毫退让，他提出，"我们宁愿冒着风险实现自治，也不愿安安稳稳地接受奴役"。这次选举撼动了看似固若金汤的殖民统治制度。黄金海岸终于在 1957 年取得独立，并采用了古代西非帝国"加纳"的名称。然而，独立后的加纳由于采取倾向于社会主义阵营的政策而遭到资本主义阵营的敌视。1966 年，加纳总统恩克鲁玛在出国访问时被军事政变推翻。随后，加纳经历了一系列军事政变，政治生态遭到严重破坏。罗林斯于 1979 年通过军事政变上台后，进行了一系列改革，最终在 1992 年完成了军人政权到民选政权的过渡。

我之所以在这里列出加纳史的大致阶段，主要因为我是学历史的，对加纳历史相对熟悉一点，也可为赵教授主编的《加纳》做一个小小的注解。在《加纳》之前出版的还有电子科技大学西非研究系列丛书公共管理篇《西非英语区国家公共治理面临的问题与挑战》（*Governance in Anglophone West Africa: Challenges and Responses*）与加纳经济篇《信息通信技术（ICT）与加纳中小企业成长》[*Information and Communication Technology (ICT) and Growth for SMEs in Ghana*]，这些著作的出版为中国读者了解加纳提供了翔实的资料。我为电子科技大学西非研究中心取得的骄人成绩感到由衷的高兴，同时相信西非研究中心在未来的中非文化合作方面将做出更大的贡献。

　　是为序。

李安山

2021 年 11 月 16 日于京西博雅西苑

导　言

　　加纳共和国，简称"加纳"，地处赤道以北750公里的非洲西海岸（北纬4°0′到10°5′，东经1°11′到西经3°11′）。加纳领土总面积达238537平方公里。地形南北长而东西窄。南北长672公里，东西宽357公里。加纳位于西非大陆的中部，北接布基纳法索，南毗几内亚湾（大西洋），西连科特迪瓦共和国，东邻多哥共和国。加纳海岸线总长约562公里，其中包括平原海岸、堆积海岸、生物海岸等多种海岸地貌类型。

　　加纳的地理环境复杂多样。沃尔特盆地位于加纳中部地区，总面积约106000平方公里，由夸胡高原、孔科里陡崖、沃尔特南部高原、甘巴加陡崖环绕而成。沃尔特盆地的东南面为加纳低地平原。该低地平原包括四个地理区域，即沃尔特三角洲、阿克拉平原、稀树海滨和阿寒低地。加纳低地平原西起塔科拉迪，东至加纳—多哥国境线，总长达80公里。沃尔特盆地的西南面为阿散蒂高地。该高地由夸胡高原和阿散蒂南部高地组成，是一座分割加纳南北地域的巍巍壁垒。夸胡高原由东向西，总长约193公里，平均海拔450米，最高海拔达762米。阿散蒂南部高地北连夸胡高原，南接加纳低地平原，地势北高南低，是加纳可可的主要产地。沃尔特盆地的东面为阿克瓦皮姆－多哥山脉。阿克瓦皮姆－多哥山脉是由众多山脉相互交叠而形成的，褶皱构造是其主要岩层。该山脉从西向东延伸，是加纳与多哥的天然界山。加纳海拔最高的阿法乔托山正是阿克瓦皮姆－多哥山脉的主峰之一。沃尔特盆地的正北面为加纳高地平原。切割高原是高地平原的主要地貌特征。切割高原的海拔为150~300米，年平均降水量达1150毫米。相较于沃尔特盆地，高地平原的土壤更为肥沃。种植业和养殖业是该地区主要的经济部门。事实上，加纳高地平原也是该国最大的肉牛养殖生产地。沃尔特河是加纳最大的河流，在该国境内全长1100 公里。沃尔特河有三条支流，分别为红沃尔特河、白沃尔特河与黑沃尔特河。沃尔特水库位于沃尔特河的下游，是世界上最大的人工湖。该湖是在阿科松博峡谷筑坝以后形成的，总面积达 8502 平方公里。沃尔特水库是白沃尔特河与黑沃尔特河的汇流处，两条支流在此交汇后，经下游的沃尔特河，最终流入加纳南面的大西洋。

加纳位于几内亚湾的北岸，属热带气候。加纳一年分为两季：3～10月的雨季和 11 月至次年 2 月的旱季。与几内亚湾地区的其他国家一样，加纳气候主要受两个大空气团的影响，即来自撒哈拉沙漠方向的热带大陆气团以及来自海洋方向的热带海洋气团。在两个气团的影响下，加纳被划分成四个气候带区：赤道西南带区、赤道旱带区、赤道半湿带区、内陆草原带区。赤道西南带是加纳最潮湿的气候区，雨林是其最主要的植被群落，而阿克西姆是这一气候区的典型城市。该气候区的降水量是双极值型：5～6 月是第一个雨季，9～10 月则是第二个雨季，其中又以 6 月降水量为最。该地区年平均降水量在 1900 毫米以上，月平均降水量不少于 25毫米。两个雨季月平均相对湿度为 75%～80%。赤道旱带气候区的降水量极少，两个极值分别是 740 毫米和 890 毫米，因而该气候区是加纳最干燥的区域，每月最高相对湿度不超过 75%，最低相对湿度则约为 60%。海岸灌木丛与草地为该气候区的主要植被。阿克拉是该气候区的主要城市之一。赤道半湿带气候区降水量有两个最大值，年降水量为 1250～2000毫米。潮湿半落叶林是该气候区的主要植被林系。阿克瓦皮姆－多哥山脉是赤道半湿带的典型地区。内陆草原带是热带草原气候。气温高、旱季长是该气候区的显著特征。加纳北部的萨拉加是最具代表性的内陆草原气候带地区。在萨拉加，5～10 月是唯一的降水季节。在这几个月中，该地区的相对湿度可达 70%～90%。平均每月气温为 27℃～36℃。猴面包树、金合欢树为该气候区的主要植被。

加纳的矿物储量丰富，在国际上享有盛名。在殖民时代，加纳因盛产黄金而被殖民者命名为"黄金海岸"。加纳的钻石、铝矾土、锰、石灰石、铁矿、红柱石、石英砂和高岭土等矿物储量均在世界上名列前茅。

　　加纳是一个历史悠久的国家。关于它的起源，目前史学界众说纷纭、莫衷一是。传统观点认为，现代加纳人的祖先是从别处迁徙而来的，因为有证据表明，包括埃维语、加－阿丹格贝语、古安语、阿肯语在内的十数种加纳现代方言均起源于加纳以外的地区。还有学者指出，阿肯语以及"加纳"一词都源于古加纳帝国。这是一个位于尼日河中上游地区、曾在中世纪盛极一时的古老国家。但是，有些历史学家，比如安坎达和哈多克就认为："加纳拥有一段相当悠久的史前历史。这段历史或许可以上溯到公元前50000年甚至更早。生活在这个时代（石器时代）的祖先给加纳留下了一笔人口遗产，使加纳拥有了建设未来的可能性。"持类似观点的还有阿杜·博亨教授，他在1966年出版的《加纳史新见》一书中写道："至少从4000年前的青铜器时代起，黄金海岸就有原住民活动的迹象。"然而，无论争论的结果如何，有一点是史学家可以确定的，那就是在公元500年以前，农业便是非洲的核心生产部门。撒哈拉以南非洲是非洲农业出现最早的地区之一。在这里，农村群落开始形成。在古典主义时期的后半叶，西非大陆先后出现了以国王为元首的政治实体，其中就包括了地处今加纳北部的古加纳帝国。古加纳帝国于公元10世纪开始衰落。而也正是在这个时期，由北向南扩张的阿肯人出现在了中部地区。11世纪，他们在今天的布朗阿哈福省建立了第一个阿肯语国家（即博诺古国）。13世纪，阿肯族主要民系之一的芳蒂人在加纳中部建立了库兰蒂斯、阿部拉、安亚恩等小型邦国。之后，地处加纳南部的阿散蒂人于16世纪突然崛起。在酋长奥提·阿肯特的领导下，阿散蒂人对周边的阿肯语国家进行了武力征服。经过了一系列的战争，阿散蒂帝国最终在费伊阿斯击败了邓克拉王国，将帝国的疆域从阿散蒂扩展到了今天加纳的中部省、东部省、西部省、大阿克拉省和布朗阿哈福省，从而为加纳全境的统一奠定了基础。17世纪末，奥赛·图图在帝国首都库马西加冕成为加纳史上的首位"蒂土之王"，使原本政治松散的阿散蒂帝国在制度上转化为一个拥有健全官僚体制的中央集权国家。

　　圭亚那历史学家沃尔特·罗德尼认为："欧洲人对非洲各国在政治、经济、社会、思想等方面的掠夺和压迫直接导致了非洲在20世纪的缓慢发展。"从1741年葡萄牙人第一次登陆开始，到19世纪英国人的武力入侵，欧洲列强对加纳的破坏是空前的。在 18～19 世纪的一百年里，法国、荷兰、丹麦的殖民者先后参与到了残酷的加纳奴隶贸易之中。1844 年，英军上尉麦克林迫使阿散蒂帝国签订了不平等的《1844 年和平条约》。该条约规定，黄金海岸的酋长必须将司法权移交给英国驻加法官，英帝国主义首次取得了殖民加纳的法律基础。1900 年，第九次阿散蒂抗英战争全面爆发。在这场战争中领导加纳人民英勇作战的雅阿·阿散蒂娃成为彰显民族独立精神的象征。然而，第九次阿散蒂抗英战争还是以阿散蒂的战败而告终。战争结束后，雅阿·阿散蒂娃被流放至塞舌尔群岛，并于 1921 年离世。阿散蒂帝国在第九次阿散蒂抗英战争中的失败使得英国对加纳的政治渗透成为可能。1902 年，英国在阿散蒂及北部地区建立了第一个殖民保护区。此后，英国对加纳的殖民统治得以确立。不过，英国殖民统治者始终低估了加纳人民对民族解放的渴望程度。长期以来的剥削和压迫使得加纳人民前赴后继地投入独立自由运动之中。第二次世界大战之后，加纳组建了黄金海岸统一大会党与人民大会党，加纳人民的独立热情空前高涨。最终，在 1957 年 3 月 6 日，由克瓦米·恩克鲁玛领导的人民大会党为加纳人民争取到了完全独立。之后，加纳经历了自治过渡、第一共和国、第二共和国与第三共和国的特殊历史时期，终于在 1992 年形成了实行多党制的加纳第四共和国。

如今的加纳共和国是一个多语言、多民族、拥有完备海陆空军事建制的独立主权国家。加纳共有 16 个省，分别是中部省、东部省、上东部省、西部省、上西部省、北部省、阿散蒂省、布朗阿哈福省、大阿克拉省、沃尔特省、萨瓦纳省、东北省、阿哈福省、博诺东省、奥蒂省、西北省。①

莫西－达戈姆巴族、阿肯族、加－阿丹格贝族和埃维族为加纳的主要民族。加纳的官方语言为英语，另有豪萨语、芳蒂语、埃维语等数种民族语言。

自 20 世纪 50 年代以来，全球泛非主义一直是加纳的核心外交政策。

---

① 需要做出说明的是，2019 年 2 月，加纳对其行政区进行重新划分，由原来的 10 个省变为 16 个省。但本书的各项数据收集绝大多数早于 2019 年 2 月，因此在表述时是基于 2019 年 2 月之前的行政区。——编者注

克瓦米·恩克鲁玛强调："反殖民斗争和民族自决是维护非洲人民利益的根本手段，不管加纳的新式社会如何发展，在理论上批判对黑人的污蔑和种族歧视，推翻白人至上的压迫思想，应是加纳外交政策的最强音。"因此，加纳从独立的那一刻开始，一直是泛非主义思潮的领导者。加纳为非洲的繁荣与平权做出了巨大努力。乔治·帕德莫尔将恩克鲁玛领导的加纳独立运动称为"泛非主义的绝对胜利"。他认为，在加纳发生的一切是一盏为非洲照亮未来道路的明灯。事实上，恩克鲁玛于加纳独立之后的第二年，即1958年4月，便在加纳首都阿克拉举行了非洲独立国家会议。参加会议的有加纳、阿拉伯联合共和国（埃及、叙利亚）、苏丹、利比亚、埃塞俄比亚、突尼斯、摩洛哥、利比里亚共8个非洲独立国家的代表和当时尚未独立的阿尔及利亚、喀麦隆、多哥等国的民族解放运动领导人。依照格里罗的评价，非洲独立国家大会的成立让阿克拉变成了非洲反殖民主义的中心，为所有的非洲自由战士提供了庇护所。它的存在，在非洲大陆掀起了一股寻求自由独立的历史浪潮。当然，乐观的形势并没有冲昏恩克鲁玛的头脑。他冷静地意识到，泛非主义的全面胜利依旧道阻且长。于是，在举行非洲独立国家会议的同年，恩克鲁玛又倡议召开了全非人民大会。现代历史学家普遍认为，全非人民大会是恩克鲁玛政治生涯的顶点，也使得加纳成为世界泛非主义的圣地。它明确了加纳以消除殖民主义、构建非洲世界新秩序为目的的外交理念。1959年，为了在非洲继续推进加纳模式的泛非主义，恩克鲁玛设立了专门负责非洲各国解放运动的非洲事务局。非洲事务局直属于恩克鲁玛，它以民族解放为核心理念，在非洲各国展开外交和人道主义援助的活动，为后来非洲联盟的成立创造了客观的历史条件。

　　需要注意的是，在恩克鲁玛领导下展开的加纳式泛非主义运动，其作用范围并不仅仅限于非洲大陆。实际上，恩克鲁玛得到了全世界非裔人民的支持和声援。流落于世界各地的黑奴后裔纷纷举家迁回加纳。此外，还有大批美国知识界的精英分子（包括著名历史学家威廉·爱德华·伯格哈特·杜波依斯）因赞赏恩克鲁玛的外交政策而移民加纳。所以，我们要明白，种族问题在非洲人民的心目中，不但有政治的意涵，还有民族尊严的情感。就像前文提到的雅阿·阿散蒂娃，她对于加纳人民而言，是英勇不屈的精神象征。阿散蒂娃在现代加纳文化中的作用就是把种族歧视的历史问题上升到了民族认同的层面。

2015 年 12 月 4 日，习近平主席在"中非领导人与工商界代表高层对话会暨第五届中非企业家大会"上这样讲道："中国和非洲虽然远隔万里，但中非交往源远流长，中非友谊历久弥坚。"为了加强中国读者对加纳的理解和认识，增进中加两国人民的传统友谊，本书将从历史、政治、经济、军事、社会、文化、外交七个方面对加纳进行全面的梳理与介绍。作为大型系列丛书"列国志"的一部分，本书将最大限度地发挥加纳研究的前沿性、精准性、针对性、学术性、权威性和系统性，为想要了解加纳国情的读者提供客观公正的知识参考。我们相信，本书将是中国走向加纳的可靠向导。中加关系，会随着时代进步而变得愈发密切。本书在拓宽中国读者国际视野的同时，也是中国在世界新形势下不忘初心、大步向前的重要凭证。

本书所参考的内容和图片大多为电子科技大学、加纳大学、加纳海岸角大学、加纳行政管理学院、加纳发展大学与美国特拉华州立大学提供的英文资料，其来源的可靠性均有所保障，在此表示感谢。本书由赵蜀蓉、邹涛、沈锐陈、陈先乐等共同完成。

"夫德之化物，凿空而布九州。"我们希望，本书的出版，能让中国读者更好地认识加纳风土人情、了解加纳发展趋势、理解中加合作大势，为以后研究加纳的学者同行搭建一座知识桥梁。

CONTENTS

目　录

CONTENTS
目　录

CONTENTS

目 录

CONTENTS
目　录

CONTENTS
目　录

CONTENTS
目录

CONTENTS

目 录

第一章

概　览

第一节　国土与人口

一　地理位置与国土面积

加纳共和国位于赤道以北 750 公里处的非洲西部海岸，北纬 4°0′到 10°5′、东经 1°11′到西经 3°11′。北部及西北部与布基纳法索接壤，东连多哥共和国，西接科特迪瓦共和国，南邻几内亚湾（大西洋）。加纳大致上处于西非中部，因此几乎横亘了从塞内加尔的达喀尔延伸至喀麦隆南部海岸的一半。特马是加纳第一任总统克瓦米·恩克鲁玛下令建造的工业城市，又恰巧位于格林威治本初子午线上，因此加纳是最接近世界中心的国家之一。

加纳领土总面积为 238537 平方公里，南北长 672 公里，东西宽 357 公里，海岸线长约 562 公里。在加纳总面积约为 2300 万公顷的土地上，适于种植农作物的土地面积达 1300 万公顷（占比为 56.5%），极大地保障了国家的粮食安全。

二　地形、植被与气候

（一）地形

加纳大部分国土是平原和盆地，地势较低，一般不超过海拔 500 米，其中约有一半国土海拔甚至不到 200 米。另外还有少部分国土是山脉，占地面积不到全国总面积的 1%。阿法乔托山是全国最高峰，海拔 885 米，此山峰属于阿克瓦皮姆 - 多哥山脉（Akwapim-Togo Rarges）。高于加纳平均海拔的地形可分为七种，分别是海滨平原（Coastal Plains）、森林高原（Forest-dissected Plateau）、高地平原（Savanna High Plains）、沃尔特砂岩盆地（Voltaian Basin）、沃尔特南部高原（Southern Voltaian Plateau）、甘巴加陡崖（Gambage Escarpment）和阿克瓦皮姆 - 多哥山脉。

1. 海滨平原

加纳海滨平原延伸至内陆以东 80 公里，以西抵近温尼巴和阿克拉，距离不到 16 公里。加纳海滨平原可分为两大片区：阿克拉以东的东南海滨平原和阿克拉西部海滨平原。阿克拉以东的东南海滨平原几乎都为平坦地形，有一些单独的山丘，如沙伊、克罗博、宁戈、奥苏多库山（这些山大多是岛状孤山，也即平原上偶尔凸起的独立山丘）。除了这些岛状孤山，这些区域的平均海拔不超过 75 米，有些地方海拔甚至低于海平面。阿克拉与松瑙滨海湖（位于埃达）之间的海岸线很陡峭，但越往东海岸线就越趋于平缓；沿线没有峭壁，只有沙丘、沃尔特三角洲和无数像凯塔潟湖一样的滨海湖。阿克拉西部海滨平原起伏不平，这里有各种各样的岩石，如花岗石等。其海岸线特色在于有许多小湾（入海口处宽泛的蜿蜒曲线）和岬角（凸入海洋的小块陆地），以及沿线的许多地方比较陡峭。西部地区城市阿克西姆以西的海岸线较为平缓，沿线有些低矮的沙丘，没有海湾或悬崖峭壁。

2. 森林高原

加纳的森林高原位于加纳西南部，由比里姆和塔库瓦伊安的前寒武纪岩石构成。经过多年的侵蚀，这片区域的海拔普遍为 240～300 米。此后，密集的灌木丛减少了河流对岩石的侵蚀，使得不同年代、不同形状和不同高度的岩石塑造了不同类别的地形。于是，我们可以在地势较低的比里姆岩石区见到微微隆起的圆形山地，这些山地矗立在平谷以上 60～90 米。而地势较高的比里姆岩石区的山丘则显得更为陡峭，它们不仅矗立在宽阔平坦的谷底，高度可达 240 米左右，而且通常蕴藏着铁质土和铝矾土。具体来讲，塔库瓦伊安岩石区的地形较为崎岖，起伏较大。

3. 高地平原

加纳的高地平原位于沃尔特盆地向外延伸的西北部，它由草原分割的平原组成，海拔 180～300 米，主要岩石为花岗岩。由于洪流侵蚀，此地区地形起伏比森林高原稍大。这些高地平原上有比里姆岩石和花岗岩组成的岛状孤山，例如托姆附近的孤山。

4. 沃尔特砂岩盆地

沃尔特砂岩盆地位于加纳中部。该盆地由平缓斜坡岩层或水平层状岩层组成，主要为砂岩、页岩和泥岩。由于侵蚀严重，海拔 60～150 米的盆地有一部分（黑沃尔特河西翼的南部）是平坦而广阔的平原，但河流以北部分海拔却达 180 米。奥帝河以西的砂岩更耐侵蚀，所以形成了海拔 80～300 米的南北向山脊。盆地的北部处于沃尔特水库上部，海拔为 150～215 米，而盆地的南部和西南部海拔则低于 300 米。

5. 沃尔特南部高原

沃尔特南部高原由水平砂岩层构成。它与沃尔特砂岩盆地的南部相邻，从东南部延伸至西北部，由许多陡崖（高原上或高低不同的陆地边缘那些长而陡峭的斜坡）构成，平均海拔超过 450 米。该高原两侧都是悬崖，南部的悬崖更加陡峭。

6. 甘巴加陡崖

甘巴加陡崖位于加纳北部，它由水平砂岩层构成，与沃尔特砂岩盆地北部边界相邻，呈东西走向，并且南北以峭壁斜坡为界，北部的悬崖比南部更加陡峭。从该陡崖南部到沃尔特砂岩盆地，其高度迅速降低，因此也形成了许多巨大的陡坡。

7. 阿克瓦皮姆－多哥山脉

阿克瓦皮姆－多哥山脉是沃尔特砂岩盆地东部与其他地形的分界线。该山脉以西南—西北线为方向从登苏河口（阿克拉附近）延伸约 320 公里至大西洋沿岸的多哥共和国，再以西南—东北线为方向从贝宁延伸至尼日尔河谷。此外，该山脉是一条由众多山脉相互交叠连接形成的狭窄山带，由总体较为崎岖的褶皱岩层构成，其中许多突起的高山由火山岩组成。该山脉平均海拔为 460 米，而在近加纳与多哥分界处，其海拔陡然上升至 600～900 米。

（二）植被

受气候、自然植被以及土壤影响，加纳植被带划分为雨林植被、潮湿半落叶林植被、内陆繁茂稀树草原（苏丹稀树草原与几内亚稀树草原）植被、海岸灌木丛与草地植被以及海滨红树林植被。

1. 雨林植被

加纳的雨林植被位于赤道西南部气候带，气温高，雨量充沛（年降水量 1900 毫米以上）且分布均匀。雨林地区没有休眠期植物，随时可见植物开花、结果和落叶。该地区满是藤本植物和能攀爬到树木顶层的攀缘植物。森林常年郁郁葱葱，由上中下三层不同高度与形状的树木组成。下层树木的高度为 10～15 米，它们的冠狭窄却密集，其以下的地面植被是较为稀疏的灌木丛；中层树木的高度为 15～35 米，它们的冠一般较窄，却又比下层树木的冠更宽；上层树木的高度为 35～45 米，有宽阔的冠或檐篷（通常称为高大的露生树）。

2. 潮湿半落叶林植被

加纳的潮湿半落叶林植被位于半湿润的赤道气候区（该地区年降水量为 1250～1750 毫米，干旱季节降水量显著减少），这里生长着加纳大部分珍贵木材。在干旱季节，上层树木呈现出落叶林的特点。因为该地区一棵树上的叶子不会同时掉光，同一树种的树叶也不会一起脱落，所以被称为半落叶林而非落叶林。树木的大小取决于其自由生长的时间长短，下层树木和上两层的幼树在旱季都保持着常青状态。可可林业的迅速发展和其他农业活动的开展，导致原始森林面积越来越小，且农地使用频繁，次生植被出现草类品种。

3. 内陆繁茂稀树草原植被

内陆繁茂稀树草原（包括苏丹稀树草原和几内亚稀树草原）植被仅在加纳热带草原气候区的部分地带出现，占地面积约为 17 万平方公里，且只有猴面包树、金合欢树和乳木果树等树种才能适应这一植被带的环境。但这里的草丛茂密，高度可达 3 米及以上。此外，该地区植物的生长变化很显著，具体体现在树木和草丛在雨季生长旺盛，但一到旱季，树叶就开始变色，从绿色到黄色，逐渐枯萎脱落。加纳东北部和西北部一些地方的定期烧山活动、放牧和耕种用地等，使得该地区存活的树木和高大草丛大大减少，因此目前这部分地区的植被以矮小的草科植物为主。

4. 海岸灌木丛与草地植被

加纳的海岸灌木丛与草地植被分布在干旱的赤道气候区，年降水量为740~890毫米，其较高的相对湿度弥补了年降水量的不足。该植被带曾经拥有更茂盛的植被，但已经被大量的人类活动所破坏和改造。现今，阿克拉西部和东部主要的植被类型是灌木丛或草地。阿克拉西部只有密集的灌木丛，没有草丛；而阿克拉东部的草丛中夹杂着灌木丛，偶尔还有一两棵树木。

5. 海滨红树林植被

加纳的海滨红树林植被主要生长在热带的海岸沼泽泥泞地中，它们的根交叉错节，长出地面，从而形成茂密的灌木丛。红树林可见于沿岸的潟湖中，潟湖土壤呈碱性且饱含水分。红树林紧密团簇，高度为12~15米。加纳的红树林有两种类型（白色和红色），因红色树的主根从土壤中长出来后可再分为支根，所以更为出名与常见，名字也是因此而来。红色红树林可以在沃尔特三角洲地区被找到，而在离阿克拉不远的登苏河口附近则有一片片白色红树林。

（三）气候

加纳的气候为热带气候，主要有两个季节，即3~10月的雨季和11月至次年2月的旱季。与几内亚湾沿岸国家一样，加纳受大气流影响，分别是从撒哈拉沙漠到阿拉伯沙漠的热带大陆气流，以及从海洋吹向陆地的热带海洋气流。

热带大陆气流于11月至次年2月侵入加纳，它通常与干燥、凉爽的风一起被称为哈马顿。此空气团在加纳北部产生的影响比对密闭森林的影响更大，越向南行进影响越小。在此期间，白天气温很高（通常超过40℃），但夜间气温可能降到20℃甚至以下，因此温度的日变化范围可高达15℃~20℃。

热带海洋气流主要来自南大西洋，每年3~10月登陆加纳。空气团在穿越海洋的漫长旅程中集结了很多水汽，所以含有大量水蒸气。白天气温高，但不如受热带大陆气流影响时的温度高（如阿克拉在这期间的平均气温约为25℃），夜间气温也高，昼夜温差可低至5℃。

受两个气流的影响，加纳主要分为四个气候区，分别是赤道西南带区、赤道半湿带气候区、赤道旱带区以及内陆草原带区。

1. 赤道西南带区

赤道西南带区是加纳最潮湿的气候区。降水量是双极值型。5～6月是第一个雨季，9～10月是第二个雨季，其中6月降水量最多，两个雨季月相对湿度为75%～80%，其他月份的相对湿度为70%～75%。该地区年平均降水量在1900毫米以上，月平均降水量均不少于25毫米。最高气温出现在3～4月，约为30℃；最低气温出现在8月，约为26℃。阿克西姆是这一气候区的典型城市。

2. 赤道半湿带区

赤道半湿带区降水量有两个最大值，年降水量为1250～2000毫米。像阿克瓦皮姆－多哥山脊与南部沃尔特高原等更湿润地区的年降水量有时还会超过1650毫米。该地区的极值气温和相对湿度与赤道西南带区基本相同。阿克瓦皮姆－多哥山脉是赤道半湿气候带内的典型地区。

3. 赤道旱带区

赤道旱带区是加纳最干燥的区域，其降水情况与东南滨海平原基本相同。东南滨海平原从三尖角延伸至阿夫劳，这里降水量少，两个极值分别是740毫米和890毫米，该地区的月最高相对湿度不超过75%，月最低相对湿度约为60%。此外，其气温状况几乎与赤道西南气候带相同，两个极值约为26℃和30℃。阿克拉是该气候区的主要城市之一。

4. 内陆草原带区

5～10月是内陆草原带区唯一的降水期，之后就是长时间的旱季。雨季相对湿度较高（70%～90%），但旱季可能降至20%。萨拉加以南地区气候与内陆草原带或赤道半湿带相比有些不同。就降水而言，5～6月（时间较短，有时界限模糊）和9～10月两个时间段的降水量为1150～1250毫米，因此该地区雨季的相对湿度较北部地区雨季时更高，可达

90% ~95%，而旱季相对湿度虽然有所下降，为 75% ~80%，但仍然高于北部地区旱季时的相对湿度。就气温而言，3 月平均温度在 30℃左右，而 8 月平均温度在 24℃左右，与北部地区相差不大。萨拉加是这一气候带区的典型地区。

（四） 气温

加纳总体上属于热带气候，但气温会随着季节和海拔的变化而变化。全国年平均温度为 26℃ ~36℃，海洋沿岸日均温差为 5℃ ~8℃，北方内陆为 7℃ ~17℃。平均相对湿度范围从北部的 65% 左右到西南部近 100% 不等，旱季北部和南部尤其是阿克拉附近的地区相对湿度可能下降至 12% 左右。高温度与高湿度的结合造成了加纳的气候弱势，但因沿海海陆风的存在以及海拔较高地区的高度限制，影响不大。一般来说，雨季开始之前的 3 月是一年中最热的月份，而 8 月是一年中最凉爽的月份。

（五） 降水量

季节性是加纳降水的主要特征之一，但实际上每年降水都没有一致的规律。即使在同一个雨季（或旱季），降水的起始期、持续期和水量也有很大的变化。同一雨季中一些地区降水频繁且分布均匀，而另一些地区降水次数少且分布零散。加纳降水量的大致分布显示出降水量随纬度的降低而减少。例如，西南部城市阿克西姆年降水量约 1900 毫米，中部城市库马年降水量约 1500 毫米，北部城市塔玛拉年降水量约 1100 毫米，最北端的包库每年有 1000 毫米的降水量。加纳西南部是加纳最潮湿的地区，年降水量超过 1900 毫米。因为海洋空气团从南到北的影响越来越小，而大陆空气团对北方的影响力大于南方，所以降水量呈现自南向北递减的特点。

加纳最干燥的地区位于东南海滨平原，年平均降水量不到 750 毫米。气候学家给出了各种解释，例如：（1）西南季风几乎与三尖角东岸平行，因此不能给陆地带来雨水；（2）三尖角以东的岸上有片冷水域，海洋空气团吹过使这片水域保持冷却状态，因此不能带来降水；（3）东南部的平原总体平坦，有时有些低矮的孤山相隔，所以很难带来降水；（4）从东部来的降水浪潮将雨水降在了阿克瓦皮姆－多哥山脉的迎风区（东南海滨平原位于此山脉的背风区）。

三　行政区划①

加纳虽然于 1957 年取得独立，但其行政体制几乎完全遵循殖民政府体制。1907 年，加纳的行政区划始于黄金海岸，主要有三大地区：黄金海岸殖民地、阿散蒂省和黄金海岸北领地。第一次世界大战后，原由德国占领的多哥兰因德国战败而被英国与法国重新瓜分、占领，英属多哥兰属于黄金海岸的一部分。在行政上，多哥兰北部地区并入黄金海岸北领地，而多哥兰南部地区则成为当时的黄金海岸殖民地东部省份的一部分。1952 年，英属多哥兰的南部和黄金海岸殖民地埃维语区域被并入沃尔特－多哥兰区域，该省域成为加纳单独的行政区。

加纳独立时仅有 5 个行政区域：阿散蒂地区、东部地区、北部地区、西部地区和沃尔特－多哥兰地区。1959 年，布朗阿哈福省从阿散蒂地区划分出来。1960 年又分别从西部地区和北部地区划分出中部省和上部省。1983 年，上部省分为上东部省和上西部省；阿克拉又从东部地区划分出来，成为一个独立的省。2018 年，加纳拥有 10 个一级行政区，分别为阿散蒂省、布朗阿哈福省、中部省、东部省、大阿克拉省、北部省、上东部省、上西部省、沃尔特省和西部省。2019 年 2 月，加纳对其行政区进行重新划分，将原来的布朗阿哈福省、北部省、沃尔特省和西部省等 4 个省重新划分为 10 个省：布朗阿哈福省被划分为博诺省、博诺东省和阿哈福省，北部省被划分为北部省、东北省和萨瓦纳省，沃尔特省被划分为沃尔特省和奥蒂省，西部省被划分为西部省和西北省。至此，加纳拥有的一级行政区从 10 个增至 16 个。加纳在 2019 年进行行政区划调整后保留下来的 6 个省分别是阿散蒂省、中部省、东部省、大阿克拉省、上东部省、上西部省。

这些区域又被细分为拥有财政、立法和政治自治权的地方行政区。各地方行政区因人口规模、人口特征及纳税能力不同，分为大都市议会

---

①　本部分对各省的介绍仍以 2019 年 2 月加纳行政区未进行重新划分前为准。——编者注

（人口超过 250000 人）、市议会（人口超过 95000 人）和区议会（人口超过 75000 人）。该分类法源于新地方政府体系，即 1988 年引入加纳的《PNDC① 法 207》。《PNDC 法 207》第一次将加纳 10 个一级行政区细分为110 个下级行政区。而大陆法于 1992 年回归后，各行政区又引入了国家出台的《1993 年地方政府法案》（第 462 条法案）以巩固地方分权制度。近年，为完善地方治理体系，加纳又推出了替换《1993 年地方政府法案》的《2016 年治理法案》（第 936 条法案）。加纳每个地区都由政府任命的一个执行酋长带领，该执行酋长受所在地区政治部长、行政部长和司法部长的监督。加纳 1992 年宪法和《2016 年治理法案》（第 936 条法案）授予这些区域很多权力，比如在它们的指定管辖区内，它们拥有最高行政权和管理权，且它们可以运用自己的管辖权来执行规划、增减预算和调整利率。

每个行政区都有一个以主任为首的区域协调委员会（RCC），负责协调和监督各地区的活动。区域协调委员会的成员包括主任和执行主任、各地区的酋长和执行酋长、两名地区酋长院的酋长，以及地区内各局、各部门和各机构通过无记名投票推选出的代表。区域协调委员会的主任还兼任区域协调委员会秘书一职。

1. 阿散蒂省

阿散蒂省是加纳同种族人最多的区，主要为阿肯人中最大的族群阿散蒂人。该省面积达 24389 平方公里，为加纳第三大省，占加纳领土面积的10.2%，位于加纳中部，东邻东部省，西北连布朗阿哈福省，西南接西部省，南毗中部省。该省有 30 个下级行政区，即 1 个大都市、7 个地级市和 22 个县。该省的首府是库马西。

阿散蒂省是加纳种植可可树、发展金矿产业的主要地区，已是安格鲁阿山帝（一家南非黄金公司，以前是阿散蒂金矿场）的所在地。阿散蒂省的战略位置使它成为沟通加纳南北及其他几个地方的交通枢纽。

加纳于 2020 年成为非洲第一大黄金生产国，阿散蒂省在其中做出了十分重要的贡献；同时，加纳为世界第二大可可生产与出口国，仅次于科特迪瓦，

---

① PNDC，即 Provisional National Defence Council，加纳临时国防委员会。

而阿散蒂省对此发挥的作用也不容忽视。阿散蒂省主要种植芭蕉以及玉米、木薯等粮食作物。此外，它还拥有湖泊、陡崖、瀑布、国家公园、森林保护区以及鸟类和野生动物保护区，而位于该省的博苏姆特威湖是加纳最大的天然湖。

2. 布朗阿哈福省

布朗阿哈福省位于加纳中部地带，首府是苏尼亚尼。从占地面积来看，它是加纳第二大省，面积达 39557 平方公里，占加纳陆地面积的16.6%。该省北邻北部省，南邻西部省和阿散蒂省，东接沃尔特省，东南与东部省毗邻，西与科特迪瓦共和国接壤。加纳地理上南北方向的中心是位于该省的金坦波。

1959 年 4 月 4 日紧急事项会议通过的《布朗阿哈福省法案》（第 18条法案），将布朗阿哈福省从以前的阿散蒂省划分出来。该法案将当时阿散蒂省的东部和西部界定为布朗阿哈福省，新法案生效后又将东区中的普朗和耶吉纳入。除了塞内河流域人数最多的是古安族外，阿肯族是布朗阿哈福省的主要族群。

该省有 27 个下级行政区，包括 8 个地级市和 19 个县。该省南部位于森林带，对整个国家木材和可可产出有重大贡献；北部位于稀树草原带，种植马铃薯、木薯和玉米。森林地带和稀树地带的过渡区域近来成为腰果的重要产地，比如北加曼、南加曼、文奇、阿泰布布、恩科兰扎、泰奇曼、金坦波、北阿苏纳福和南阿苏纳福等。该地区还有好几个颇受赞誉的旅游景点，例如金坦波瀑布、富勒瀑布、布伊国家公园、布欧亚姆洞穴、博阿本－非玛猴子保护区和特纳博斯宗教祭坛（传说这里是阿肯文明的起源）等。该省还富有矿产资源，加纳纽蒙特矿业有限公司（阿哈福矿业）的大量金矿开采在阿修蒂菲、阿苏纳福和塔诺地区的北部进行。

3. 中部省

中部省是加纳滨海地区之一，面积为 9826 平方公里，约占加纳陆地面积的 4.1%，是继大阿克拉省和上东部省之后的第三小省，首府为海岸角。该省西连西部省，北接阿散蒂省和东部省，东邻大阿克拉省，南邻几内亚湾。它的海岸线长达 168 公里，为本地居民发展渔业和旅游业提供了便利。在 1960 年被单独划分出来之前，中部省本来是西部地区的一部分。

该省因作为加纳首个与欧洲有联系的地方而享有盛誉，海岸角是黄金海岸区第一个殖民都市，直到英国在 1877 年将殖民首都从海岸角（传统称作奥古亚）转移到阿克拉前，中部省一直保持着殖民都市地位。

该省有 20 个下级行政区，包括 1 个大都市、6 个地级市和 13 个县。主要居住着阿肯人，特别是芳蒂人、登基拉人、阿辛人和布雷曼人。该省北部属于半落叶林地带，拥有丰富的自然资源，如木材、黄金和铝土矿等；南部特别是沿海一带属于海滨稀树草原带。该省主要的经济作物是椰子、棕榈、可可、玉米、菠萝、橙子和香蕉等。该省有好几个旅游景点，如建于 1842 年的埃尔米纳堡（被誉为加纳的第一个欧式建筑）、海岸角城堡和卡库姆国家公园等。另外还有几个受欢迎的节日，如温尼巴的猎鹿节、海岸角的神灵节、埃尔米纳的新元节以及萨尔特庞德的民迁节。

4. 东部省

东部省的面积为 19323 平方公里，占加纳陆地面积的 8.1%，是加纳第六大省，科福里杜亚是该省的首府。东部省是加纳最古老的省之一。南与大阿克拉省共享界线，东与沃尔特省毗邻，北与阿散蒂省和布朗阿哈福省接壤，西部紧挨中部省。

该省有 26 个下级行政区，包括 8 个地级市和 18 个县。该省是加纳多民族地区之一，主要居民是阿肯人，尤其是阿基姆人、夸胡人和阿克瓦皮姆人，还有其他族群如克罗博人、埃维人和加－阿丹格贝人等。该省植被为半落叶林植被，适于种植粮食作物和经济作物，主要经济作物是可可、菠萝、棕榈、香蕉和木薯等。

该省自然资源非常丰富，如河流、木材、黄金、钻石和铝土等。还有一些旅游景点，如阿科松博水坝、阿布里植物园、泰特夸希什可可种植园、波提瀑布、阿克瓦皮姆－多哥山脉、蝴蝶自然保护区等。

5. 大阿克拉省

大阿克拉省是加纳面积最小的省，仅有 3245 平方公里，只占加纳国土面积的 1.4%。1982 年 6 月 23 日《大阿克拉省法》（PNDCL 26）将它从东部省划分出来。在升级成为一个省之前，它归阿克拉中心县管辖。该省西部接壤中部省，东部接壤沃尔特省，北部接壤东部省，南部邻几内亚湾。该省首府阿克拉也是国家首都。该省的工业化程度与基础设施建设是全国最发达的，特马是全国的工业中心。

最初该省的主要居民是加－阿丹格贝族，但几十年来人口流进流出，加上 1877 年加纳将首都从海岸角搬迁到阿克拉，促使这片区域民族多元化，其中阿肯族占多数（39.7%），紧接着是加－阿丹格贝族（27.4%）和埃维族（20.1%）。加纳唯一的国际机场设立于阿克拉，所以大阿克拉省成为接待国际航空旅客的第一站点。

该地区有几个旅游景点，包括克里斯琴博堡、克瓦米·恩克鲁玛陵墓、加纳国家博物馆、杜波依斯纪念中心、克瓦米·恩克鲁玛纪念公园等。

6. 北部省

北部省面积为 70384 平方公里，占加纳陆地面积的 29.5%，是加纳面积最大的省。它位于加纳北部，南方与布朗阿哈福省和沃尔特省接壤，北方与上东部省和上西部省毗邻，东连多哥共和国，西接科特迪瓦共和国。该省原属英国保护领地的北领地，后来根据 1949 年库赛委员会的提议，于1952 年正式升级成为一个省。该省共有 26 个下级行政区，包括 1 个大都市、1 个地级市和 24 个县，首府是塔马利。

该省植被总体上为稀树草原，是加纳最干燥的地区之一。这里只有一个雨季（5~10 月），然后就是很长的旱季。加纳的两大河流——黑沃尔特河与白沃尔特河灌溉着这片区域。人们从事农业主要是为了满足自身温饱需求，主要农作物有甘薯、玉米、粟米、几内亚高粱、稻米、花生、红豆、大豆和豇豆。该省生产的高质量工作服也是它的一大亮点，不仅有本地市场，还有海外市场。该省自然资源丰富，如达博亚地区的盐，布伊普的石灰、牛油树以及金矿铁矿等。该省也有许多颇受好评的旅游景点，如国家鼹鼠公园、南坎杜里瀑布、甘巴加陡崖、拉拉巴加神石、拉拉巴加清真寺（历史可追溯到 13 世纪，据说是苏丹式建筑的起源）、萨拉加奴隶市场等。主要节日有丹巴节和布格姆节等。

7. 上东部省

上东部省位于加纳东北部，占地面积 8842 平方公里，占加纳陆地面积的 3.7%，是仅次于大阿克拉省的第二小省。北部与布基纳法索接壤，东与多哥共和国毗邻，西与上西部省紧邻，南与北部省连接。

1960 年 7 月 1 日上部省从北部地区分离出来后，该省属于上部省（由上东部区和上西部区组成）。1983 年，临时国防委员会又将上东部区划分出去成为一个独立的省。该省有 13 个下级行政区，包括 2 个地级市和 11 个县，首府是博尔加坦加。

该省总体上位于稀树林地植被带，5～10 月降水量最多，然后可能进入很长的旱季。旱季夜间温度可低至 14℃，白天气温又可高达 35℃。该省主要从事农业生产，有少量的工业，如位于普瓦鲁古的西红柿罐装工厂、位于祖伦古的肉类加工工厂和位于博尔加坦加的稻米磨坊。该省主要的农作物有粟米、玉米、洋葱、红豆、花生、旱季番茄、几内亚高粱。该省饲养家禽或牲畜，家禽养殖产业非常兴旺。该省有几个旅游景点享有盛名，包括通戈山、滕祖格神殿、锡里古城墙、帕加鳄鱼塘、博尔加坦加博物馆和库伦古古炸弹遗址。

8. 上西部省

同上东部省一样，上西部省也于 1983 年从当时的上部省中划分出来，而那时的上部省是 1960 年从北部省中划分出来的。上西部省的面积为 18476 平方公里，占加纳陆地面积的 7.7%。该省北与布基纳法索接壤，东与上东部省毗邻，南与北部省相连，西与科特迪瓦共和国共界。该省有 11 个下级行政区，包括 1 个地级市和 10 个县，首府是瓦城。

上西部省和上东部省与北部各省一样都处于稀树林地植被带，全年最大降水量出现在 5～10 月，紧接着可能进入一个很长的旱季。旱季夜间温度可低至 14℃，白天气温又可高到 35℃。该地地势几乎都是平坦的，适于农耕，因此居民主要从事农业活动。该省的主要农作物有稻米、大豆、玉米、棉花、马铃薯、花生、红豆和几内亚高粱。饲养一些家畜（养牛）家禽，家畜养殖产业在该地相对发达。

该省的主要旅游景点有瓦纳宫、基拉帕纳宫殿、楠多姆石砌哥特式教堂、河马自然保护区、格沃鲁奴隶反抗墙、奴隶洞穴、乔治·埃科姆·弗格森的坟墓。建于 16 世纪的纳科尔清真寺不仅是当地人的圣地，也是极好的旅游景点。该省内各种节日也是吸引游客的一大特色，例如丹巴节、卡库布节、科宾节、巴格雷节和祖贝蒂节等。

9. 沃尔特省

该省的名字沃尔特源于沃尔特河，其位于加纳东部，与多哥共和国相邻。该省的独特性在于三方面：第一，它是加纳最长的一个省（南北长500公里）；第二，它包含了加纳所有的生态区；第三，它是加纳所有大民族族群的原始居住地。也因其独特性，人们称其为加纳的缩影。该省的政治及其管辖归属历史也比较独特。第一次世界大战中德国战败后，原被德国占领的多哥兰于1914年被分割给英、法两国，英属部分多哥兰变成了黄金海岸的一部分。行政上，多哥兰北部被纳入了北方领地，而南部变成了当时黄金海岸殖民地东部省的一部分。1952年，英属多哥兰和黄金海岸殖民地埃维语地区被合并成了独立的沃尔特－多哥兰行政区。

该省西边与大阿克拉省、东部省以及布朗阿哈福省接壤，北边与北部省相邻，南边接几内亚湾。该省面积为20570平方公里，占加纳陆地面积的8.6%。该省有25个下级行政区，包括5个地级市和20个县，首府是位于南部的霍城。

该省涵盖了加纳所有的植被带，包括滨海草地、红树林沼泽、几内亚稀树草原、半落叶林、萨瓦那大草原和多山多树的草原。它的特点在于从平缓的南部到多山的中北部之间的丰富各异的地形。

加纳海拔最高的阿法乔托山位于该省，海拔885米。该省大多数人与其他区的人一样从事农业活动，包括种植粮食和养殖家畜，主要农作物是可可、腰果、菠萝、芒果、甘薯、玉米、高粱、稻米、木薯、芋头和香蕉，养殖的家畜有牛、山羊和绵羊。

该省旅游景点有克佩图伊肯特村庄、阿法乔托山、阿米德松菲山脉、塔吉波瀑布、乌里瀑布、塔菲－阿特米猴子自然保护区、哈维鸟类保护区、沃尔特水库、阿多米桥等。

10. 西部省

西部省位于加纳南部，占地面积23921平方公里，占加纳陆地面积的10%。该省东部与中部省相连，西部与科特迪瓦共和国接壤，北部与阿散蒂省和布朗阿哈福省连接,南部与几内亚湾毗邻,海岸线长达192公里。它是加纳最南端尖三角的所在区。1960年7月,该省与双子城塞康第-塔科拉迪合并在一起成为西部省。该省因有起中流砥柱作用的塔科拉迪海港而享有加纳商业活动中心和工业活动中心的美誉。该省有22个下级行政区,包括1个大都市、2个地级市和19个县。

该省是加纳气候最湿润的一个省,处于两个主要气候类型带——赤道西南带和赤道半湿润带之间。该省有两个大降水期,最大降水量出现在5月或6月,而另一个大降水量出现在10月。气候与植被之间有很深的关联,赤道西南带气候类型与四季常青的森林植被带气候大致相似,而赤道半湿润带气候类型与半落叶林植被带的气候也很相似。该地区气候温和,全年平均相对湿度在70%~80%。

该地区是全国自然资源最丰富的地区之一,富集黄金、钻石、铝和锰。此外,该省可可产量超过全国总产量的50%,木材产量也居全国第一位,黄金产量仅次于阿散蒂省位居全国第二位。该省主要居民是阿肯人,主要从事农业活动,种植粮食作物和经济作物,例如可可、橡胶、棕榈和香蕉等。

该省的旅游景点包括比亚国家公园、伊格姆布拉鳄鱼自然保护区、瓦萨·多玛马岩石圣地、恩祖鲁尔居住区、博阿科瀑布、贝印的阿波罗城堡、比尔特的巴登斯廷城堡、王子镇的弗雷德里克斯堡、阿克西姆的安东尼奥城堡和沙马河的塞巴斯蒂安城堡等,除此之外,也有很多美丽的海滩值得一去。

四 人口、民族与语言

(一)人口

2018年加纳人口与住房普查统计结果显示,加纳总人口为29463643人,其中男性有14687626人(49.85%),女性有14776017人(50.15%)。从1970年的8596983人,增长到2000年的18938762人,再到2018年的29463643人,加纳人口增长了2倍多。人口普查结果显示,2000~2010年人口增长了30.7%,1984~2000年人口增长率为53.8%,是近50年增长最快的时期。2000～2010 年平均每年人口增长率为 2.5%，1960～1970 年平均每年人口增长率为 2.4%，1970～1984 年为 2.6%，1984～2000 年为 2.7%。

加纳人口高度集中在南部和中部，主要原因包含但不限于可利用的耕地面积大，自然资源（如木材、可可、黄金、铝等）丰富，工业发展较好，基础设施相对完善。这些因素推动了加纳人口从北向南迁徙。

（二）民族

加纳与其他非洲国家一样，是一个多民族国家。加纳境内有几十个民族，每个民族都有自己的风俗习惯、文化、制度体系和语言。加纳主要的民族是阿肯族、莫西－达戈姆巴族、埃维族、加－阿丹格贝族和古安族等。加纳统计局数据显示，阿肯族是全国最大的民族，其人口占全国人口的 52.4%，莫西－达戈姆巴族占 15.8%，埃维族占 11.9%，加－阿丹格贝族占 7.8%，其他民族人口则共占 12.1%。阿肯族人口占加纳五个省总人口一半以上，即占中部省人口的 81.9%，占西部省人口的 78.2%，占阿散蒂省人口的 74.2%，占布朗阿哈福省人口的 58.9%，占东部省人口的 51.1%。莫西－达戈姆巴族人口占加纳三个省总人口至少一半以上，即在上东部省占 74.7%，在北部省占 52.7%，在上西部省占 73.0%。沃尔特省有 70% 的人口是埃维族人，而原本只居住着加－阿丹格贝族的大阿克拉省，现在主要居住着阿肯族（39.7%）、加－阿丹格贝族（27.4%）和埃维族（20.1%）。

（三）语言

与非洲大多数国家一样，加纳也是一个多语言国家，除官方语言英语外，还有 45～60 种民族语言。但具体有多少种语言并没有统一的定论。

加纳的主要民族语言有 5 种，分别是阿肯语、埃维语、莫西－达戈姆巴语、古安语和格鲁西语。

加纳北方莫西－达戈姆巴族的语言属于著名的古尔语系，阿肯族的语言属于更大的西非库阿语系，而库阿语又属于更大的尼日尔－刚果语系。所有的加纳民族语言中，阿肯语是使用得最多的书面语言，因此对阿肯语有大量的研究和记录。阿肯语是约 40% 加纳人的母语，也是剩下约 60% 加纳人的第二语言。

五 国家象征

(一) 国旗

加纳国旗由西奥多西亚·莎乐美·奥库于1957年设计而成。国旗呈长方形，长与宽之比为3:2，自上而下由正红、金黄、浅绿三个平行相等的横长方形组成，黄色部分中间是一颗黑色五角星。红色象征为了国家独立而奋斗的英雄们洒下的鲜血；黄色象征国家丰富的矿藏，也代表加纳原来的国名"黄金海岸"；绿色象征国家的森林与农业；黑色五角星象征非洲人民的团结与解放。

(二) 国徽

国徽由阿蒙·科蒂设计，在1957年3月4日被采用。其中心图案为盾状，盾面被一个镶金边的绿色圣乔治十字分为四部分，各部分都有独特的符号与象征意义：左上角交叉的金色官杖和出席仪典时用的金剑象征着地方权威和国家治理；右上角的蓝色波纹和城堡分别象征着海洋和国家行政机构；左下角的可可树象征着国家殷实的农业；右下角的矿井象征着国家富饶的矿产；圣乔治十字中心的金色狮子不仅象征着加纳与英联邦之间持续的联系，还象征着加纳人民精神力量与心灵寄托的源泉和归属；盾牌顶部镶金边的黑色五角星象征着非洲人民的团结与解放；两侧的雄鹰展开翅膀拖住盾牌，其脖子上各系着一条国旗三色的带子并各坠着一颗金边黑五角星，它们用锐利、清澈、专注的眼神注视着整个国家，象征着它们是国家的保卫者；盾牌底部的金色绶带上用英语写着"自由与正义"的箴言。

(三) 国歌

加纳国歌由菲利浦·格贝荷于1957年创作而成。国歌有三小节，但在大多数官方活动或场合只演唱第一节。

上帝保佑我们的家园加纳，使我们的民族更加富强伟大，我们要为自由勇敢奋斗，护卫我们的权益；上帝教会我们心怀谦卑，使我们懂得真诚与无畏，帮助我们拥有永恒的意志和力量反抗压迫者的统治。

齐呼你的名字，噢，加纳！我们庄严地向你宣誓：我们要众志成城，建造一个统一强壮的国家；凭着我们的智慧与力量，日夜兼程砥砺暴风暴雨，哪儿有需要，我们就现身哪儿，永远不变地服务你，加纳！

高举加纳的国旗，一面非洲前进的旗帜；黑星是希望与荣誉，属于渴望自由的人民。加纳的国旗随风飘扬，自由大道真正敞开，加纳的子民快奋起，上帝带领我们永远迈步前进。

（四）公民信约

我以人格担保，我要效忠我的祖国加纳。我发誓要沥尽心血报效祖国加纳。我承诺要高度珍视祖祖辈辈艰辛打拼的遗产，我发誓推崇和捍卫加纳名声高于一切。上帝保佑我。

（五）爱国歌曲

加纳最受欢迎的爱国歌曲为《这是我们的土地》，歌曲激起了加纳人民的爱国主义情怀和保家卫国精神。

这是我们的土地，是我们无价的遗产，融合了我们祖先的血泪，现在我们要继续传承和发扬光大祖先伟业。洋洋得意、欺骗自私的行为会污染我们的性格，削弱我们对这片土地的爱。

国家富强与否，衰落与否，取决于人民的行为。

第二节　宗教与民俗

一　宗教

宗教是加纳人生活中不可分割的一部分，加纳1992年宪法规定要保障加纳人民的宗教信仰自由。加纳最主要的宗教是基督教、伊斯兰教及非洲传统宗教，也有一定比例的人口信仰其他宗教。加纳 69% 的居民信仰基督教，15.6% 的居民信仰伊斯兰教，8.5% 的居民信仰传统宗教。

各宗教信徒人数在十省中分布不一。十省中七个省的主要宗教群体是基督教神灵派教徒，教徒占各省人口的比例较大，从布朗阿哈福省的 24.5% 到大阿克拉省的 44.6%。但北方的三个省是例外，北部省最多的教徒是穆斯林，有 3/5 的居民信仰伊斯兰教；而上东部省主要信仰天主教，且其非洲传统宗教教徒人口占比高于其他省；上西部省天主教教徒人口占比最高，达 35.7%。东部省新教教徒人口占比最高，达 24.8%。无宗教信仰人口占比较高的省中，布朗阿哈福省最高，达 7.3%。

二 节 日

以前节日庆祝主要是本地居民的活动，近来成为吸引全世界游客的主要旅游活动之一。加纳许多节日时长 3~7 天，内容包括各种非常复杂的活动和艺术表演。加纳的节日根据庆祝目的可以分为两大类：一类是丰收节，目的是感谢上帝赐予的好收成，要摆出食物祭祀上帝；一类是祖先祭祀节，目的是纪念民族的重大历史事件及缅怀民族的重要先祖和伟人。

1. 东部省奥德维拉节（Odwira）

奥德维拉节每年庆祝一次，时间为 12 月或 1 月初，该节日由加纳东部省的酋长与阿克瓦皮姆人共同庆祝。奥德维拉（字面意思是"净化"）节是一个非常重要的节日，该节日持续一周时间，常常周一开始、周日结束，每天都有专门的仪式与活动。第一天（星期一）是专门清扫通向皇家陵墓道路的日子，最后一天（星期天）是举行大聚会（杜尔巴）仪式的专门日子。该节日是 1826 年阿克瓦皮姆第 19 届酋长为纪念战争的胜利而设立的，那年他们在多多瓦地区附近的卡塔曼苏历史性战役中战胜了强大的阿散蒂军队。长者会在节日前六周禁止人们大声播放音乐、敲锣打鼓、在黑夜里吹口哨等活动，大多数人特别是王室成员需食用木薯。节日临近尾声时，人们会尽情玩乐，最后酋长会在大聚会上向人们宣布节日庆祝完毕。

2. 北部省丹巴节（Damba）

最原始的丹巴节由加纳北部省莫西－达戈姆巴族或达戈姆巴族的酋长和人民共同庆祝，现在该节日深入北部省其他民族，传到上西部省的沃拉斯民族后，沃拉斯人将之称作"丹巴"。丹巴是曼丁哥口语单词，意思是"尽情跳舞"，但更多人认为它来源于达戈姆巴族单词"dambahi"，意思是"自由摇摆"。达戈姆巴族庆祝该节日的历史悠久，据说是 18 世纪纳阿·扎恩吉纳统治时期从尼日利亚北部的扎姆法拉州传过来的。关于丹巴节的起源主要有两派说法：一些人认为该节日是为纪念先知穆罕默德的出生；另一些人则认为丹巴的月份名称与伊斯兰教历法并无联系，而是与达戈姆巴族历法一致。但无论它源自哪里，重心如何，丹巴节都是将达戈姆巴族传统习俗与伊斯兰教仪式完美地融合在一起的节日。节日期间有各种各样的活动，如交换礼物、演射火枪、模拟战争等，青年还会带来许多壮观的、激奋人心的、技艺高超的表演，如战士舞表演、战争掠夺表演等。

3. 温尼巴猎鹿节（Aboakyir）

温尼巴当地人会在 5 月的第一个星期六庆祝该节日。"Aboakyir"的字面意思是"猎捕游戏"，它并不是指杀生，而是指捕捉活鹿。该节日的传统意义是为纪念埃夫图人从廷巴克图迁徙以及敬仰神灵彼恩可伊·奥图。

该节日始于名为阿萨福军队的两队传统战士（迪科和图加戈）在附近的狩猎场进行的狩猎比赛活动，两方目标是设法活捉鹿。战士们赤脚追赶发现的鹿，不带任何武器，也不起杀意，此项活动是为了展示战士们的敏捷、力气、速度、毅力。最先捉到活鹿的战士队伍即是赢家，他们会将活鹿献给与所有人同座的酋长首领。被捉到的活鹿会成为祈祷丰收与渔业季的祭品。节日结束时，同奥德维拉节一样，人们会尽情欢乐，最后酋长会在大聚会上向人们宣布节日庆祝完毕。

4. 海岸角神灵节（Fetu）

海岸角传统地区的人们每年都会庆祝神灵节，每年 9 月的第一个星期六是节日达到最高潮的一天。该节日的特色在于所有酋长、阿萨福军队（传统战士）以及许多社会团体都会列队参与。每个战队的穿着和活动内容都不同。由 7 名特殊着装的阿萨福队员列队行进，他们的演绎将传统的芳蒂文化与欧洲文化（葡萄牙、荷兰、瑞士和英国）结合在一起，该项活动已延续了几百年。该节日还有其他传统仪式，如为向神明祈求来年的祝福，当地人会宰杀一头奶牛来敬 77 位神。该节日近来有一项引人注目的活动，名为"橙色星期五"，活动期间青年们列队在海岸角主干道上击着鼓、唱着歌，手舞足蹈地向前行进。节日前，海岸角传统地区禁止有击鼓、跳舞、婚事、葬礼以及其他任何产生噪声的活动。虽然海岸角已发展成大都市，但此项禁令仍然非常严格。

5. 沃尔特省逃离节（Hogbetsotso）

逃离节是加纳沃尔特地区埃维族安洛斯人在 9 月庆祝的节日。传说该地区的人是从多哥共和国迁徙过来的，当时他们为了躲避暴君科里的统治，徒步逃到现在的居住地。该节日有几项引人注目的活动，比如人们会有一次大清扫活动，包括打扫村庄、焚烧垃圾、净化自身、擦净古老的凳子以及敬献诸神等。整个节日期间都充满着欢乐的气氛，氛围最浓烈的时刻是所有酋长及民众在一起，酋长们身着华丽官服，端坐着接受臣民的敬意。该节日也是促进人们和平相处的一个重要社交节日，人们借此节日化解个人恩怨或家庭问题。

6. 布朗阿哈福省篝火节（Kwafie）

篝火节是加纳布朗阿哈福省多马阿亨克罗地区的酋长及人民于 11 ～ 12 月庆祝的节日。该节日的目的在于净化民众、缅怀祖先。节日期间最有趣的活动是在庭院中生起一大堆篝火。传说是多马阿亨克罗人将火种带到加纳，所以他们用篝火来纪念祖先。各地区酋长和民众参加最高酋长组织的大聚会，并向最高酋长及长老们表达敬意。该节日也是多马阿亨克罗地区子孙后代以及在外漂泊的人们回家的日子。节日分为两个阶段：第一阶段是举行一项庄严而私密的仪式；第二阶段是狂欢期，人们穿上华丽的服装欢庆节日。节日期间市民会宣誓要努力为社会进步做出贡献。

7. 布朗阿哈福省神语节 （Apoo）

神语节是在 11 月，庆祝时间长达一周，是布朗阿哈福省泰奇曼及文奇地区的酋长和民众的节日。人们通过庆祝该节日净化自身，保持社交纯洁和精神圣洁。节日里有许多文娱活动，如技艺表演等，神语大游行（the "Apoo" procession）的举行标志着节日结束，人们尽情欢乐，酋长们也在行进队伍中间，此时任何人都享有临时免罚权，他们可以揭示有权势的人的恶行，给予人们吸取教训、改过自新的机会。此外，该节日也是实现家人团聚和促进民族团结的好日子。

8. 大阿克拉省英灵节 （Asafotu Fiam）

英灵节是战士们的节日，每年 7 月最后一个星期四到 8 月第一个星期六大阿克拉省的酋长及民众会庆祝该节日。为了重现历史事件，人们穿上传统的战斗服装登上舞台演出那场战役。该节日不仅是为纪念战士们在战场赢得胜利以及缅怀那些牺牲了的战士，同时也是为了迎接丰收年。节日结束时，人们会在主干道上敲锣打鼓，欢歌跳舞，阿萨福传统军队也与队列一起行进，酋长们则坐在轿子里随着队列行进。该节日最热闹的时刻是所有酋长与民众同乐。

9. 大阿克拉省丰收节 （Homowo）

传统的丰收节是庆祝丰收的节日，大阿克拉省加－阿丹格贝地区的酋长及人民于每年 8 月庆祝该节日。传说以前人们遭受了长时间的饥荒岁月，但最终迎来了大丰收，所以 "Homowo" 一词的字面意思是 "饥饿得大哭大喊"。在长达一个月的节日里，人们的主要文化活动是做一道名为 "克波克波伊" 的精致菜肴，此道菜的原材料是玉米，首先将玉米蒸好，再将其与棕榈油混合，食用时配以坚果汤。

节日期间，加－阿丹格贝地区各酋长会与民众在大街上击鼓欢腾，唱歌跳舞，祈祷来年和平美满、五谷丰登，并且他们会在街道上撒一些做好的 "克波克波伊" 以铭记他们曾经遭受饥荒。节日前，加－阿丹格贝地区禁止击鼓、跳舞、婚事、葬礼以及其他任何产生噪声的活动，该项禁令要持续 30 天。虽然阿克拉是一座大都市，但禁令也非常严格。牧师和吉贝斯·曼特斯会施行特殊礼仪宣布禁令结束。

10. 中部省捕鱼节 （Bakatue）

捕鱼节是加纳中部省埃尔米纳地区各酋长及民众的节日，于每年 7 月第一个星期二庆祝。该节日标志着渔业季的开始，埃尔米纳人主要靠渔业为生。该节日的活动包括酋长们组织的大聚会、本尼亚大潟湖上五彩缤纷的赛舟比赛以及埃尔米纳大街上的游街表演等。庄严的"抛网"仪式是该节日的重头戏，它标志着新渔季的开始。

11. 埃尔米纳新元节 （Edina Bronya）

新元节（也称埃尔米纳圣诞节）是埃尔米纳人民的传统圣诞节，人们在新年第一个星期四庆祝。埃尔米纳人是第一个接触欧洲人的民族，而葡萄牙人是第一批来到加纳的人，以前葡萄牙人在 1 月也有一个类似的节日，所以该节日是埃尔米纳人从葡萄牙人处学来的。这是埃尔米纳人缅怀死者、净化自身、迎接新年的节日。在这个传统的节日，人们在街道上载歌载舞，欢呼雀跃。

12. 西部省神丰节 （Kundum）

神丰节是西部省阿汉塔和尼泽马地区各酋长及民众于 8～11 月庆祝的节日。该节日长达 4 个月，从 8 月始于塔科拉迪镇，随后一直向西行进，每个镇庆祝节日的时间间隔以周计。节日分为两个阶段，第一阶段举行庄严而私密的仪式；第二阶段是狂欢期，人们穿上华丽的服装欢庆节日。传统的锣鼓声响起，人们欢歌跳舞，气氛隆重欢腾。净化凳子、向祖先祈祷丰收等仪式是节日期间的重要活动。带有传奇色彩的神丰舞蹈非常壮观，因舞蹈本身没有固定节奏的独特性，是每个观赏过该舞蹈的游客最难忘的回忆之一。神丰节最高潮的部分与其他节日不一样，其他节日最欢乐的部分是酋长及民众在最后一个星期六的大聚会，而神丰节的最高潮还包含聚会后的盛宴。

13. 阿散蒂省独立节 （Akwasidae and Adae Kese）

独立节是阿散蒂人专有的节日，它不是年度节日，而是每隔六周就庆祝一次，具体庆祝日期根据阿肯族历法而定。酋长和民众每年盛大地庆祝一次独立节，据说该节日是为纪念他们摆脱登基拉人取得独立、建立自己的国家而设。在 1701 年的费伊斯战役中，阿散蒂击败登基拉。

14. 萨尔特庞德民迁节（Odambea）

民迁节是盐池传统地区恩库苏库姆各酋长及民众于 8 月最后一个星期六庆祝的节日。该节日是为了纪念恩库苏库姆人的迁移活动，他们从布朗阿哈福省的泰奇曼迁移到现在居住的中部省。"Odambea"一词含义为"强化的联系"，该单词源于恩库苏库姆人，寓意为他们从泰奇曼长途跋涉至此后，各群落的人仍继续保持联系。该节日的一个重要特色是模仿古代人的生活方式，向游客们展示和讲解他们的迁移旅程。

15. 布朗阿哈福省木薯丰收节（Munufie）

木薯丰收节是布朗阿哈福省雅曼地区的节日，是德罗波传统地区的酋长及人民庆祝木薯大丰收的节日。该节日的庆祝时间长达四个月，每年从 9 月开始直到 12 月，小村落或小镇从 9 月开始庆祝，10 月或 11 月德罗波传统地区最高酋长的出席标志着节日达到最高潮。该节日是人们帮助他人、为社会做贡献的日子。

16. 加纳泛非节（Panafest）

加纳每两年庆祝一次泛非节，第一次庆祝是在 1992 年。这一国际性节日由已故的伊夫阿·萨瑟兰德于 20 世纪 80 年代中期提出，意义在于为所有生活在非洲大陆以及散居在其他地方的非洲人搭建一个文化平台，将他们团结在一起。该节日的特色在于汇集了非洲所有的文化与艺术，例如非洲音乐、舞蹈、戏剧、诗歌以及其他各种各样的表演艺术等。所有的酋长和国家领导人都参与庆祝活动，酋长们会穿上传统服饰现场演绎传统文化，盛情款待散居在外的加纳人。

泛非节是少有的自诞生后在最短时间内得到国际社会认可的几个节日之一。该节日不仅使加纳成为拥有国际性节日的国家，还为加纳赢得了许多媒体报道、资金及其他支持。该国际性节日自开始庆祝以来，成功吸引了世界各地的参与者，包括个人、国家代表。加纳政府非常重视该节日，并向所有参与和支持庆祝该节日的本地群体、社会组织、国家机构以及企业致谢。

17. 中部省服装节（Fancy Dress）

服装节是加纳中部省温尼巴人的装扮节日，每年 1 月 1 日庆祝。穿奇装异服和使用铜管吹奏音乐是该节日的特色。最初人们习惯于在节日期间伴随着传统的阿达哈音乐跳舞。据说黄铜乐队是由欧洲传教士与军团在19世纪80年代引入该地区的，1934年，当地天主教牧师引进了斯韦德鲁镇上受过长老会传教士培训的黄铜乐队，从那以后，黄铜乐队成了该节日不可缺少的一部分。青少年特意穿上精美的服装，做好装扮，在温尼巴的主干道上列队游行，这样壮观的场面吸引了许许多多来镇观看的游客。

18. 神火节（Bugum）

达葛邦、贡贾、曼普鲁西和纳那姆巴地区的酋长及人民在1月庆祝神火节。该节日的庆祝日期按照达戈姆巴地区以及阿拉伯穆哈兰地区使用的神火阴历而定。该节日与该地区主要的宗教伊斯兰教密切相关，是为了纪念公元622年穆罕默德从麦加出走麦地那而设立的。节日期间，村民们会从村庄开始列队游行，直至夜幕降临，人们手拿火把全部聚集在酋长宫殿中。酋长会执行一些特殊的仪式，紧接着庆典开始，城镇中的街道灯火通明，鼓乐与舞蹈一直表演到凌晨。

19. 阿萨格里木薯节（Asogli Yam）

阿萨格里邦包括沃尔特地区南部的四个传统地区，即霍城、卡帕诺、托卡和阿克菲，据说该邦的居民是托格贝·卡克拉[1]的后代。阿萨格里木薯节是该邦的酋长和人民共同庆祝的节日，目的是向众神感谢新一批木薯的顺利种植和丰收。像所有的节日一样，阿萨格里木薯节以一个庄严的仪式开始，通常被称为"努巴布拉仪式"。努巴布拉仪式中酋长和祭司们向神灵献上准备好的美食，以表达人们的感激之情。仪式结束后，人们开始举行泰尤鲁仪式，即正式呈上新收获的木薯的仪式，这时人们就可以吃新收获的木薯了。随后，在鼓乐与舞蹈中，男人穿着女性服装，而女人穿着男性服装，他们尽情地沉浸在幸福和欢乐中。临近仪式结束时，游行队伍会聚集在大聚会广场，该邦最高酋长在此广场向民众发表讲话，表达对新一年的期许并宣布仪式结束。

---

[1]　托格贝·卡克拉在17世纪帮助埃维族部落策划了从被关押的多哥共和国诺特斯耶城逃离出来的计划，因此被视为加纳的民族英雄。

20. 夸胡复活节（Kwahu Easter）

加纳东部省夸胡人将基督教的复活节（纪念耶稣的死亡与复活）演变为一个世俗的传统节日。夸胡地区的人们本来庆祝的是布雷恩亚·阿夫哈耶节，但由于本地人没有给予重视，该节日最终被复活节替代了。这是因为以前布雷恩亚节日的时间与阿克拉 12 月的购物高峰期恰好重合，而大多数夸胡人是生意人，他们不会为了参加节日活动而不顾生意，所以该节日的参与度与活跃度非常低。相比而言，他们宁愿选择在复活节回家看望家人和朋友，于是夸胡的复活节成为当地最受欢迎的节日之一，尤其自 2005 年夸胡增加了滑伞运动后，该节日更受到大众的喜爱。夸胡地区紧挨着加纳首都阿克拉，所以该节日得到了阿克拉电视台的很多宣传。

三　婚俗

加纳有三种婚姻类型，即传统婚姻、现代婚姻和伊斯兰婚姻。享有习惯法权利的传统婚姻是加纳最基本的婚姻类型。在流程上，具有浓厚文化和历史意义的传统婚姻是先于现代婚姻和伊斯兰婚姻的。换言之，加纳的婚礼流程分为两步。根据习惯法，传统婚礼是新人确立关系的第一道手续。它明确了加纳男女双方在婚姻中的基本原则。之后，作为公正仪式的第二道流程，完成传统婚姻礼仪的新人夫妇将依照个人信仰，举行现代婚礼或伊斯兰婚礼。综上所述，习惯法授予了传统婚姻巩固加纳家庭人文关系的权力。传统婚礼是民俗文化的延伸。习惯法规定，聘礼是加纳婚俗中最重要的部分之一，是男方家庭必须完成的结婚手续。此外，在婚礼上，新郎新娘还需交换盛满杜松子酒的酒杯，然后一起饮下。习惯法婚姻承认一夫多妻制。

在加纳，受到婚姻登记条例保护的现代婚姻逐渐成为社会的主流。要结婚的男女双方必须经父母同意，在婚姻登记员或牧师的见证下，方可进行婚姻登记。符合婚姻登记条例规定的新人，在婚礼结束后将取得结婚证，从而确立夫妻关系。加纳婚姻法禁止重婚。加纳婚姻登记条例规定加纳实行一夫一妻的婚姻制度。对重婚的人，将依法追究刑事责任。需要注意的是，伊斯兰婚姻承认一夫多妻制。伊斯兰婚姻由伊斯兰神职人员主持。

尽管传统婚姻和伊斯兰婚姻都允许一夫多妻，但一夫多妻的婚姻在加纳并不常见。

第三节　特色资源

一　文化遗产

加纳主要有两个文化区：北部或热带草原带文化区和南部或几内亚海岸文化区。诚然，这些地域中没有完全同质的文化，但它们在文化践行上都有相似之处，比如在出生仪式、婚礼、葬礼以及传统的民间习俗中可以看到明显的同质性。其他如艺术、手工艺、传统服装、音乐和舞蹈等，加纳的南部和北部有很大的不同。

加纳南部和北部更多表现出的是相似之处。首先，两个地区都非常重视团体生活，或者更具体地说，都有紧密联系的亲属制度和协会。这种亲属制度倾向于界定人与人之间的关系、责任以及权利和特权，它支配着个体行为的形式、群体与个体的相互关系、婚姻、财产的取得和处置等。其次，两个地区的重要相似之处是仪式的重要性和传统生活中的礼仪，这在一定程度上源于人们拥有几乎相同的社会价值观，这些价值观加强了亲属团体和社区成员之间的联系。此外，还有一部分是来自支配人们观点、态度和行为的传统宗教价值观，加纳的信教人口占全国人口的极大部分，而信仰相同宗教的教徒，他们的行为、思想等会被引向同一方向。

（一）酋长制度

酋长制度是加纳文化中的一个重要方面，被称为加纳文化遗产的核心。酋长一般被视为政治和社会力量，他们的活动主要集中在其管辖地区。换句话说，酋长制度代表社会政治的神圣力量，拥有这种力量的人在加纳的许多地方被赋予酋长或长老的称号。

例如，该制度多次使得加纳社会免于分崩离析，多年来为各个社区的发展发挥了关键作用。从这个意义上说，酋长们不仅承担着重要的领导责任，还具有传承传统文化、保护历史遗迹以及维持社会稳定的责任。因此，酋长被视为当地艺术、手工艺、节日、语言、文学、传统法律和习俗的守护者。

像非洲大多数国家一样，加纳酋长之间的等级划分也十分明确。因此，村庄和镇子的酋长是酋长中级别最低的，更高级别的是管理村庄酋长的分部酋长，最高级别的酋长处于酋长等级中的顶点，分部酋长接受其指挥和命令。作为团结和力量的象征，每个酋长都有一个凳子（在加纳南部）或类似凳子的东西（在加纳北部）以及其他用具。最高级别的酋长是一个地区的领袖，并且是他所在地区的最高统治者（但不包括阿散蒂，因为阿散蒂赫内在所有酋长中位于最高的等级）。

不论等级如何，酋长们都是强大的，并具有权威性。但作为代表人物，酋长的行为也受到一定的限制，而规章制度正是由当地人民来决定的。换句话说，所有的酋长，从最高级别的酋长到村庄酋长，凡事必须和当地人民商量，按照人民的意见行事，特别是要通过长老会议了解民意，从而有效防止酋长自身滥用权力。如果一个酋长滥用权力，没有达到人民的期望，他可能会被免职。酋长和整个传统的政治组织与宗教有着千丝万缕的联系，比如酋长的宗教功能主要集中在擦拭祖先的凳子，以及主持祈祷与祭祀的相关仪式。

加纳将酋长制度纳入正式的行政治理体系，加纳 1992 年宪法（第270 条）强化了酋长的权力、作用和影响，而为了避免利益冲突，1992年宪法（第 276 条）禁止酋长和女王参加各种政党组织的政治活动。如果任何一位酋长或女王希望参加这类活动，如通过议会选举或任何选举谋求政治职位，意味着他/她将放弃其传统权力。

（二）肯特布产业

肯特布织造是加纳重要的文化遗产之一，穿肯特布做的衣服是加纳人独特身份的一种象征，特别是对于阿散蒂人和埃维人来说。在西非，肯特布已经有 400～500 年的发展历史，从历史上看，肯特布在西非被视为国王和王后的布匹。关于肯特布的产生，最流行的说法是，两个农民观察到一只蜘蛛在灌木丛中织网，然后受启发发明了用肯特布来织衣服的方法。在阿散蒂人的传说中，这两个人名为夸胡·阿米亚和奥托·肯巴，出生于邻近库马西的博内尔岛。作为对这一传说的证实，博内尔岛的人们断言，国王所穿的肯特布的织造者都是这两位织工的直系后代。

在加纳，阿散蒂人和埃维人主要负责肯特布织造。在阿散蒂省，肯特布生产最为广泛的地方是博内尔岛，估计有超过 1000 个关于肯特布的设计主题，其中大多数设计都可以通过它们的通用名称或特定名称来识别。埃维族的肯特布是在安亚科、克佩图伊、科帕恩杜等多个地区织造的（这些地区被公认为是外销肯特布的主要产地）。阿散蒂省的肯特布公司仅限于"几何"肯特布的设计生产（除了博内尔岛的一些设计会有所不同），而埃维族的肯特布则更强调图形符号的象征意义。

（三） 加纳北部的罩衫织造

在加纳大多数地方，罩衫通常被认为是全国性的传统和官方服饰。罩衫是手工编织的，剪裁精良，能根据不同的场合为穿着者量身定做最合适的穿着。曾经只有加纳北部的三个地区罩衫穿着率较高，但现在已经成为办公、会议、葬礼、杜尔巴仪式和一些传统聚会上最受国民喜爱的服装。传统的罩衫有几种不同的风格，而加纳北部不同民族生产的罩衫各有其独特的风格，比如上西区通常与最好的"冷色"罩衫的生产有关，上东区是公认的"暖色"罩衫生产地，北方地区则自诩为"重型"罩衫的生产地，罩衫一般是大尺码，且由厚重的面料制成。

酋长、长老和贵族所穿的罩衫在款式上都存在男性和女性的差异。不同场合罩衫的款式也不同，比如在婴儿出生仪式、婚礼、葬礼、节日等不同活动中所穿的罩衫和休闲放松时所穿的罩衫就有不小的差异。

（四） 阿丁克拉符号

"阿丁克拉"是库阿语词语，源于三个单词：单词"di"的意思是"利用"或"使用"，"nkra"的意思是"消息"，"a"是一个前缀，代表阿肯人。阿丁克拉符号被看作加纳文化价值和信仰的一种艺术表现，对于阿肯人来说更是如此。这种符号通常用来表达一个人对过去和现在所经历的或可能经历的事情的感受和观点。在加纳的当代文化中，阿丁克拉符号已经变成一种更大范围的社会心理的表达形式，并被纳入多层次的艺术形式范畴中。一般来说，这些符号会被刻在纺织品、陶器、凳子和其他器物上，起到象征作用。它们是研究阿肯人使用符号表达思想、目标、价值和信仰的着眼点。

二 传统建筑

加纳的建筑深受自然环境和社会环境的共同影响。土壤、植被、地质、气候、地形等因素塑造了加纳不同文化建筑的风格。此外，历史和社会因素在影响加纳本土的建筑形式方面也发挥了重要作用，其中一个重要的历史影响因素是传统加纳社会与欧洲人的接触，这一接触从南开始逐步向北延伸到热带草原地区。

加纳有三种常见的传统建筑，多见于农村而非城市。加纳北部属于热带稀树草原带，常年高温，典型的房屋类型是圆形小屋，有一个平的或圆锥形的屋顶。许多房屋被围墙圈起来围成一个圈，形成一个复合式房屋，象征着家庭团结。此外，每个建筑物的入口都很窄，以确保进出安全。建筑物的茅草结构能够调节温度。由于这类建筑物通常没有窗户，所以在靠近楼层处和屋顶附近有一些小孔，以促进空气流动，帮助去除建筑物的异味。

在加纳西北部可以看到不同的建筑。典型的房屋类型是大型的矩形平顶建筑，这种建筑最初是从苏丹西部引进的，目的是调节屋内的温度和确保家庭团结。

在加纳南部地区（阿肯人占多数），大多数房屋是矩形结构，并用稻草、木筏或竹子盖住屋顶。它们通常被组合成一个有室内庭院的矩形建筑，被称为复合式房屋。例如，典型的阿肯人的房屋，几乎所有的房间都被用作卧室，除了生病或不舒服等特殊情况外，这些房间在白天很少被使用。由于它们是夜间的庇护所，并储存着有价值的物品，因此窗户很小，以防止小偷入室偷窃等。

随着西方文化和技术的引进，加纳的建筑景观变得复杂和多元，这点在近年来所修的城堡、公路、铁路、教堂、学校、医院和住宅上有所体现。

三 自然资源

加纳拥有丰富的自然资源。数百年来，这些资源在就业、收入、税收、外资和外汇方面一直支撑着加纳的经济。加纳的主要自然资源包括农田、石油、黄金、铝、锰、钻石、银、盐、木材和水资源。

（一） 矿产资源

加纳矿产资源丰富。加纳富产黄金，这在传统的王室中有所体现。酋长或女王会穿着镶金边的服装，戴着黄金做成的首饰，端坐在象征着权力的金凳子上。另外，加纳的金矿开采历史悠久，在欧洲人到来之前就已有数百年的历史。

除了黄金，加纳还有大量铝、锰、钻石、银、盐等各种矿产资源，供本国使用和出口。加纳资源分布存在巨大的空间差异，大部分矿产资源位于加纳南部。

（二） 森林资源

加纳森林资源丰富，政府于1997年成立林业部门对林业资源进行有效管理。与此同时，大约占加纳陆地面积17.4%的地区受到保护：森林保护区占11.1%，野生动物保护区占5.6%，拉姆萨尔沿海湿地占0.7%。通常，自然保护区包括国家公园、自然公园、野生动物保护区、资源保护区和生物圈保护区五类。森林管理部门和隶属林业委员会的野生动物保护部门分别负责管理森林保护区和野生动物保护区。森林及其副产品在提高国内生产总值、创造就业机会、增加税收等方面都做出了巨大的贡献，极大地推动了加纳社会经济的发展。

然而，自20世纪初以来，加纳森林覆盖面积减少了79%，从20世纪初的820万公顷下降到21世纪初的170万公顷。从绝对数值来看，加纳已经丧失了约190万公顷的森林面积，年森林砍伐率大约为2%。环境急剧恶化，特别是森林资源遭到严重破坏，也在一定程度上影响了加纳采矿业、农业和其他制造业的发展。

为扭转森林面积不断减少的趋势，加纳林业委员会于 2001 年制定了"国家森林种植发展计划"。该计划启动以来，共有 192928.98 公顷林地被纳入国家森林计划保护名单。其中包括 86.93 公顷的重要流域种植区，272 公顷的示范种植园，4343.75 公顷的退化和储量不足的森林保护区，以及在外部森林保护区边缘延伸了长达 664.43 公里的边界植物种植区。

（三）　水资源

加纳境内河流众多，大多数最终汇入大海，其中具有内部排水系统的博苏姆特威湖除外。河流补给的溪流水流稳定，即使在干旱最甚之时，流量也很规律，而森林河流比加纳北部的沃尔特河系流量更稳定。不同河流呈现出多样化特征：有的呈狭窄状，因为长期被硬岩切割，或是河水流淌导致侵蚀加深；而有些则受到流经地区地形的影响，比如沿着甘巴加东西向陡崖方向流动的莫拉奇河。

加纳的主要河流有沃尔特河及其主要支流（黑沃尔特河、白沃尔特河以及奥蒂河）、塔诺河、安科布拉河、普拉河和登苏河等。因为湍流及瀑布存在，船只无法航行于上述大部分河流。沃尔特河是全国流域最广、最长的河流，因此沃尔特流域可以细分为众多较小支流流域，如黑沃尔特河流域、白沃尔特河流域、奥蒂河流域和沃尔特河流域（黑沃尔特河与白沃尔特河于下游地区合流），这些河流及其支流形成了沃尔特河系。沃尔特水库是世界面积最大的人造湖，从东南部的阿科松博水坝一直延伸到北部约 400 公里的亚佩伊镇。该湖可用于发电和内陆运输，也是发展灌溉农业和渔业极具潜力的资源。

白沃尔特河是沃尔特河的源头，它发源于布基纳法索，最终流入加纳的沃尔特河。同样，黑沃尔特河发源于布基纳法索西部，流入加纳的白沃尔特河。黑沃尔特河不仅是加纳和科特迪瓦两国边界的一部分，还是加纳和布基纳法索两国边界的一部分。奥蒂河也发源于东布基纳法索平原，是构成国际边界的一部分。

人们普遍认为，黑沃尔特河原来是从布基纳法索流出的，分别流经塔因河和塔诺河，再向南流入大海。黑沃尔特河和邻近的白沃尔特河之间没有任何交汇，后者汇入了奥蒂河，形成干流，并向南流入大海。但是，白沃尔特河支流冲蚀导致白沃尔特河支流占据了黑沃尔特河流域。因此，黑沃尔特河大致呈西东流向，而非向南流，塔因河的流向也由向南转为流向塔诺河。

普拉河在封闭森林地区流域最广，和安科布拉河一起流入加纳海域。塔诺河是唯一源自加纳并流入科特迪瓦共和国海域的河流。博苏姆特威湖是一个天然湖泊，位于阿散蒂省首府库马西以南约 34 公里处。该湖是一个火山口湖（由陨石撞击形成），面积达 49 平方公里，平均长度为 8.6 公里，平均宽度为 8.1 公里，平均深度为 45 米，最大深度为 81 米，四周被海拔 510 米的山丘环绕。此外，它还是周围 24 个部落的主要生计来源。

本章作者：

Simon Mariwah，University of Cape Coast，Ghana。

本章译者：

罗厅、郑舒意，电子科技大学，中国。

第二章

历　史

第一节　前殖民时代

根据历史文献记载，学者对加纳的起源各持己见。有的学者认为现代加纳人的祖先是从别处迁徙而来的，之后才出现国家化的政治实体，此看法得到诸多近代史学家的支持。比如加纳历史学家卡尔·赖因多夫博士提出，加纳人最早是从贝宁湾来到加纳的。有的研究者则认为多哥、达荷美和约鲁巴兰为加纳人的诞生地。也有一些学者从语言角度入手，认为包括埃维语、古安语、加-阿丹贝格语，以及阿肯语及作为其变体语言的阿散蒂语和芳蒂语等在内的数十种加纳现代民族语言均起源于加纳之外的地区。

然而，另一部分学者则对第一种看法表示怀疑，他们认为黄金海岸在欧洲人到来以前就已经出现了自己的国家化的政治形态，并在政治、经济、文化方面形成了独有的制度体系。阿尔伯特·阿杜·博亨教授就是持第二种看法的代表人物之一，他认为，现代加纳人的祖先，也即曾经生活在黄金海岸境内的古老族群，在前殖民时期就用自己的智慧建立了一个横跨黄金海岸南北的经济带。基于此，这些族群广泛进行贸易往来，展开文化交流，并逐步在这条经济带上建立各种为贸易服务的政治机构和社会组织。因此，黄金海岸经济带在带动沿线经济繁荣的同时，也进一步推动了地区的政治发展和社会进步。

要探究前殖民时期加纳的发展状况，以及了解其出现国家化的政治形态的时间，可以从沃尔特盆地、南部地区、北部地区和阿克拉平原的发展历程找到相应的答案。

1. 沃尔特盆地

有考古学家认为，在沃尔特盆地发现的大多数古文明遗址都是铁器时代的产物。这些古文化遗存见证了前殖民时期加纳国家的集权化进程。在他们看来，在19世纪西方列强到来以前，生活在沃尔特盆地的部落族群已经有了相当程度的政治发展。比如，作为商业城邦的达戈姆巴和曼普鲁西就是在这一时期飞速扩张的，它们在沃尔特盆地北部建立了高度完备的地方政权体系。一些历史学家则将其命名为中间地带新苏丹国，也就是介于多民族苏丹王国和公元1000年出现在西非荒漠草原及热带稀树大草原的帝国与南方雨林王朝之间的国家。热带稀树大草原的地位使得这些国家掌握了同雨林地区、尼日尔湾北方、豪萨兰贸易中心之间的远程贸易，比如黄金和可可果可以用来交换盐、布和谷物；同时，对商人交易收取交易税也助推了中央集权的发展。

此外，地处加纳东部边境的贡加有着更为久远的发展史。学者认为，曼德人的祖先最早居住在班达地区，是古安语系民族。直至13世纪，他们才进入了加纳的北部地区。由于贡加的地理位置优势，其成为通往尼日尔湾和豪萨兰北部的商业重镇，而这一得天独厚的战略位置也为贡加崛起为草原强国铺平了道路。到17世纪时，作为贡加王国经济中心的萨拉加逐渐成长为远近闻名的贸易之都，成为来自雨林和北部苏丹的商队和商人的终点站。也正是在这一时期，在国王拉塔的领导下，贡加向南一直扩张到白沃尔特河、黑沃尔特河汇合处，向东一直到纳农巴边境。

2. 南部地区

埃维族和加-阿丹格贝族是占领加纳南部地区的两个主要民族。埃维族主要生活在加纳的东南部、多哥南部以及贝宁。根据德国传教士迪德里奇·韦斯特曼的说法，埃维人、加-阿丹格贝人、约鲁巴人和达荷美人早期曾共同生活在贝宁共和国的一个城邦——科图。民间传说由于该地区不断发生战争和袭击，埃维人分两批离开了科图。一部分埃维人向西迁移，定居在多哥，作为他们的新家园。而另一部分埃维人先是迁移到多哥的东南部，而后穿越莫诺河，抵达多哥首都洛美东北部的诺西安定下来。17世纪上半叶，不同的埃维人从诺西迁往各处，比如加纳的安洛。而到18世纪中叶时，此地已建立起政治化的区域——州。

　　加人和阿丹格贝人之间有着密切的关系，除了生活在一起，他们还讲相差无几的方言。加人是居住在从阿克拉到特马的沿海平原上的人，而阿丹格贝人则占领阿克拉平原的东部和阿库佩姆山脊的山麓。加人的传说表明，他们是和阿丹格贝人一同从东部、约鲁巴、尼日利亚南部，穿越塞姆，才来到加纳的。加人的这个传说也得到了阿丹格贝人的证实。一些历史学家认为，加人最初生活在分散的部族，但到了15世纪，阿克拉地区30多个部族已经并入了一个中央集权王国。之后，加人成为最重要的，向16世纪开始频繁出现在西非海岸地区的欧洲商人提供日用品的供应者。阿丹格贝人虽然比加人略晚一点，但也以相同的方式发展起来，并建立了一个中央集权国家，他们也成为海岸欧洲人和内陆非洲人之间的重要中间人。

　　3. 北部地区

　　15世纪时，最初的阿肯人只进入雨林地区打猎或小规模季节性地淘金，而来自马里帝国的迪乌拉商人对金矿和可乐果的兴趣刺激了雨林地区的农耕和采金业的发展。在此背景下，一些阿肯人开始与迪乌拉人进行奴隶交易。这些阿肯人把买来的奴隶转化成了开采黄金的主要劳动力。16世纪末和17世纪初，阿肯人逐步建立了成熟的国家化政治实体（如塔福、夸胡以及瓦萨、色夫维、阿格纳等）。而直到17世纪后半叶，以阿散蒂和登基拉为代表的阿肯族强国才出现在了历史的舞台上。登基拉最初主导着普拉河—奥芬河盆地的采金业，但后来在18世纪被奥约王国所取代。这两个王国所在的地区至今实力仍然强大，比如加纳境内的阿肯族现在依旧保留着对草原地区的控制权。

　　此外，在加纳的贸易史中，伊斯兰教有着举足轻重的地位，它造就了对加纳影响深远的文化纽带。最初，来自苏丹国的穆斯林随着商队将伊斯兰教义传播到了非洲的各个地区，而拥有深厚商业传统的加纳北部地区也就顺理成章地成为加纳伊斯兰教的发源地。历史证明，加纳的伊斯兰化进程在总体上是和平的。因此，对于加纳北部的各国而言，伊斯兰教并不构成威胁。事实上，真正让北方各国寝食难安的是以库马西为首都的集权国家——阿散蒂王国。18世纪30年代，继中部、西部之后，贡加王国的东部也被阿散蒂王国占领，而直到18世纪50年代，其文官政府才建立起来。此外，18世纪60年代，达格邦王国也经历了同样的命运，但对阿散蒂人统治的持续反抗使得其文官政府直到18世纪70年代才最终建立。

4. 阿克拉平原

阿克拉平原自公元前4000年开始就有人类活动的痕迹，石器时代晚期曾有狩猎采集者在此居住。公元500～1400年的黄金海岸见证了铁器技术的飞速发展，这为后来古加纳王国的兴起创造了必要的历史条件。在15世纪初，作为阿肯人主要民系之一的古安人从沃尔特盆地移居到了沿海的温尼巴。但是，他们未能建立一个集权国家。之后，加-阿丹格贝族征服了这里，为今天阿克拉的建立奠定了必要的基础。根据加人的传说，他们的祖先曾经领导着30余个部族，于15世纪在阿克拉建立了第一个国家。这是一个以内陆城镇阿雅瓦索为首都的中央集权王国。16世纪，欧洲商人来到了阿克拉。很快，生活在这一地区的加人就成为欧洲商人的主要黄金供应者。在近代加纳的贸易史中，加人承担了一个中间商的重要责任。他们在出产食盐、鱼类和玉米的同时，还从欧洲人那里获得了大量的火器、织物、贵金属、酒类等货物。之后，加人又用这些货品与内陆人进行交换，继而获取黄金、奴隶、象牙、食物、牲畜等。这种贸易对欧洲人来说利润非常丰厚。因此，在17世纪时，荷兰人、英国人以及接踵而至的丹麦人纷纷开始在沿海平原修筑服务于贸易的商业城堡。由加人建立的这种贸易模式很快风靡了整个加纳。不久之后，阿克拉以东的阿丹格贝人也开始仿效加人。跟加人一样，阿丹格贝人在加纳对外贸易中也起着中间人的作用。

历任"蒂土之王"，即阿散蒂最高领导者——阿散蒂赫内都试图向南拓展疆域，这就直接导致了帝国与加族的领地冲突。除登基拉之外，还有一个对阿散蒂构成威胁的阿肯语国家就是阿夸穆王国，该王国是17世纪末突然崛起的强大政权。1667 年，该王国成功攻占了加人的首府——如今的大阿克拉省。三年后，尽管有欧洲要塞的保护，阿夸穆人最终还是占领了加人在沿海地区仅存的几处领地。然而在 1730 年，阿夸穆人被阿基姆人打败。之后，阿基姆人又于 1742 年被阿散蒂人所征服。至此，整个黄金海岸的滨海平原成为阿散蒂王国的南部省。

第二节　殖民时代

一　欧洲人的到来

贩卖黑人的奴隶贸易从 15 世纪中期开始，一直延续到 19 世纪末，长达四百多年，在黄金海岸尤为典型。现今，加纳存留着三座著名的奴隶贸易城堡，即海岸角城堡、埃尔米纳堡和奥苏城堡。

1471 年，在开启大西洋航线之后，葡萄牙人到达几内亚湾，登陆黄金海岸。他们是第一批踏上这片土地的欧洲人。葡萄牙人此行的主要目的是在政治思想、文化道德等方面对当地居民施加影响，企图以此获得雨林矿区的绝对控制权。为了满足独占金矿的野心，葡萄牙人于 1482 年在埃尔米纳建立了一个永久性据点以充当贸易要塞，即后来的埃尔米纳堡。尽管葡萄牙人的初衷是将这里当作南部非洲、印度、东南亚等殖民地的补给站，并利用城堡中的宽敞庭院存放布匹、武器等欧洲货物，更将这里当作攫取当地黄金的大本营，保护葡萄牙商人免受其他欧洲竞争者和敌对非洲人的侵害，但它很快就转变为进行奴隶贸易的"奴隶堡"。奴隶一旦被抓进这座城堡，等待他们的将是被装上开往欧洲和美洲的贩奴船，或被送给黄金海岸的当地贵族，以换取黄金和象牙。参与金矿开采的奴隶成了黄金海岸贵族最重要的经济来源，同时他们也成为欧洲人城堡中最早的苦力。

继之而来的是荷兰人，其迫切地想从葡萄牙人手中夺取对黄金海岸的控制权，不过直到 1637 年，荷兰人才成功地把葡萄牙人从埃尔米纳堡赶走。五年后，葡萄牙人彻底丧失了对黄金海岸的控制权。随着奴隶贸易被禁止和荷兰势力的衰落，1897 年黄金海岸全境沦为英国殖民地。

在葡萄牙人被赶走之后，英国、瑞典、丹麦等国的商船先后到来，彼此争夺并瓜分势力范围，建立防御性的军事要塞，因而瞭望台上均架有火炮。其中，由葡萄牙人于 1578 年始建，而瑞典人于 1657 年重建的克里斯琴博堡最具代表性。1662 年，英国人从瑞典人手中夺取了海岸角城堡。据统计，欧洲人在整个西非地区一共修筑了 110 座城堡，其中大约 100 座在黄金海岸。这一事实足以证明当时采金业竞争的激烈。在当时，欧洲人修建城堡虽然需要得到非洲人的同意，但谈判过程是非常轻松的。这是因为非洲当地居民居住十分分散，没有形成集中统一的力量，所以非洲人总是在谈判中处于劣势地位。

到了 19 世纪，由于欧美近代工业的发展，美洲奴隶制庄园经济衰落。资本主义工业的发展，要求非洲提供更多的原料和市场，而不是奴隶。于是资本主义各国先后颁布了废止奴隶贸易的法令。丹麦是第一个废除大西洋奴隶贸易的欧洲国家。

二　英国的扩张

在前国家形态的阿散蒂社会中出现了明显的劳动分工，从地区内自给自足的农业、手工业和小规模的不定期交换中分化出以交换为目的的跨地区商业，商人成为社会新兴阶层。为满足自身日益增长的生产和运输需求，比如拥有更多的劳动力和更高的安全保障，新兴商业阶层迫切要求阿散蒂诸部落形成联合体，以减少损失，并加大同欧洲人进行贸易的可能性。

17 世纪后期奥比里·叶波阿在位时，阿散蒂族内的联合趋势已相当明显，无论是中心部落还是边缘部落都希望有一个强有力的政治实体来保障其权益，为建立在各部落之上的酋长国奠定了深厚的思想基础。

18 世纪初，原为登基拉邦藩属的阿散蒂在奥塞·图图的带领下对登基拉发起战争，并与 5 个相互独立的酋长国结成了军事联盟，最终取得胜利。此时虽无明确的王权，但已形成了凌驾于各酋长权威之上的事实。同时，奥塞·图图设置了一个金凳子，金凳子使王权有了神圣化的实体象征，代表着民族意志和国王权威。

从表面上看，阿散蒂王权是由战争推动而形成的，但从社会发展角度不难看出，财富集聚使社会出现贫富分化，少数人的地位得以迅速提高。本地黄金和奴隶作为大宗商品，个人权力高低由其数量多寡决定。让·巴博特发现在1682年奴隶买卖在森林国家中已经普及，且贸易权已牢牢掌握在上层分子之手。贫富分化使一些经营贸易的酋长、商人掌握了实权，原本分散的权力出现集中化趋势，打破了平均主义下的政治结构。从"权威理论"来看，对外征服为国王建立权威提供了契机，并与传统的金凳子相结合，增强了王权的凝聚力。同时，黄金和奴隶的流入又进一步巩固了商业既得利益集团的势力。三者共同促进了中央集权的强化。

阿散蒂赫内是联盟最高的阿曼汗，是整个联盟的政治和精神领袖。各联盟的阿曼汗参加阿散蒂联邦酋长议事会，阿散蒂赫内无权处置他们的土地和财产，但他们要宣誓效忠，交纳贡赋，遵守贸易规章，战时要提供一支部队参战。

19世纪初，英国人登上了黄金海岸。他们以征服或收购的方式，迅速取得了对绝大多数城堡的控制。英国人在黄金海岸的政治扩张和传教活动是同时进行的。另外，在这个时期前后，阿散蒂王国也将自己的疆土范围拓展到了黄金海岸的沿海平原。之后的历史发展表明，阿散蒂王国向沿海平原的扩张同时强化了英国对黄金海岸的殖民影响。导致英国政治扩张的原因有两个：一是恢复被阿散蒂王国以军事手段中断的黄金海岸贸易，二是废除具有剥削性质的奴隶贸易。此时，阿散蒂人已经决意通过武力争夺黄金海岸沿海平原的领土主权。这种扩张战略让英国人倍感压力，阿散蒂人对沿海平原的政治渗透意味着贸易物资的供价失衡。就是说，阿散蒂王国将获得对市场的绝对垄断，而来自王国的商人则拥有对奴隶、金砂、象牙等商品随意定价的权力。1806年，阿散蒂国王奥塞·邦苏对芳蒂人发动了侵略战争，继而成功占领了阿诺马布的英属城堡。之后，在1811～1816年的五年里，阿散蒂又数次向芳蒂语国家发动进攻，最终确立了王国在沿海平原的绝对霸权。至此，阿散蒂王国彻底垄断了黄金、木材和棕榈油等商品的贸易，并且在战略上对黄金海岸的欧属城堡构成了全面威胁。阿散蒂王国的军事胜利迫使丹麦、荷兰和英国不得不向其妥协。1817年，以丹、荷、英为代表的欧洲列强与阿散蒂王国签订了《1817年英阿和平条约》，该条约承认阿散蒂王国在沿海平原的领土主权。

在此背景下，由芳蒂族、加族、登基拉族、阿肯族、阿夸穆族组成的部族联军同英国人结成了军事同盟，他们在阿克拉平原的多多瓦击败了阿散蒂的军队，从而结束了阿散蒂对沿海平原的控制。对于比次战败，阿散蒂王国指责英国人煽动沿海居民，蓄意违反和平协定。在经历了一系列长久的谈判后，阿散蒂王国和英国签订了《1831年英阿和平修正条约》。根据这一条约，为了确保英国在黄金海岸的贸易自由，阿散蒂在向不列颠政府缴纳600盎司的黄金作为保证金的同时，还须派遣两名王子入英为质。除此之外，阿散蒂王国还必须承认登基拉、阿辛和芳蒂等国的独立主权。与此同时，英国驻加商会会长麦克林通过外交手段成功说服芳蒂人与其签订了一个特殊条约。这一条约后来升格为著名的《1844年和平条约》。该条约规定，黄金海岸的酋长不再拥有对重大案件（如谋杀、抢劫等）的受理权，此项权力由英国驻黄金海岸法官全权代理。换言之，《1844年和平条约》允许英国政府对黄金海岸进行司法干预，使得英帝国主义首次取得了殖民黄金海岸的法律基础。阿散蒂人或许在形式上承认了《1844年和平条约》，但是他们不一定认同条约中的款项，1873年爆发的第七次阿散蒂抗英战争从侧面证实了这一点。1874年，英军彻底击败阿散蒂军队并占领首都库马西，第七次阿散蒂抗英战争以阿散蒂人的全面失败宣告结束。不久，英国人宣布阿散蒂王国统治下的黄金海岸为英属殖民地。殖民地实行总督制，而作为最高行政长官的总督则由英国政府直接委派。

三 英国殖民时期

19世纪中叶，英国委派驻任黄金海岸英属城堡的总督在殖民地立法和行政委员会的协助下取得了对整个沿海平原的控制权。立法和行政委员会是一个由欧洲官员组成的顾问机构，这个机构代表总督对当地的立法、税收等相关事宜负责。此外，该委员会代表英国在矿区的商务利益。1900

年，该委员会为当地的非洲居民设立了六个席位，这六个席位包括三名酋长和三名人民代表。他们来自塞康第、海岸角和阿克拉，是这三个地区被高度欧洲化的证明。虽然委员全部由总督任命，但是就委员代表的人数而言，官方代表占据了绝大多数席位。地方政府的政治结构依旧参照了非洲传统社会的治权模式。由部落酋长和长老组成的村议会几乎总揽了包括法律、民生、民事诉讼在内的所有一般治理事宜。然而，支撑这种村议会运作的治权基础是由政治共识所决定的，而非制度化的权力。酋长由统治阶层推选产生。当然，在维护治权的过程中，作为传统领袖的酋长不仅要争取到统治阶级内部的认同，还要获得民众的支持。如果酋长不得民心，那么长老会便会发起弹劾。因此，招纳这些酋长是英国殖民者间接统治非洲的主要策略。这种"间接统治政策"的制定者弗雷德里克·卢加德认为，他的政策让英国的统治变得十分高效，因为它能让欧洲官员以最小的政治输入换取最大的实际利益。让当地统治者对民众实施直接统治，可以最大限度减少当地民众对欧洲人的抗拒。

第三节　黄金海岸民族独立运动

一　二战后黄金海岸民众与殖民政府的关系

正如加纳的历史所揭示的那样，1870 年以前英国对待黄金海岸的官方政策是反对殖民主义的。但到 1874 年，这种情况发生了变化，英国人正式宣布黄金海岸的南部地区成为英国殖民地。到 1918 年第一次世界大战结束时，黄金海岸的所有领土都由英国王室控制。从这个时期到加纳取得独立的 1957 年，英国的殖民统治对加纳产生了很大影响。

第二次世界大战后，整个非洲大陆争取自治和民族独立的斗争日趋高涨，从而导致了殖民体系的崩溃。1957 年，加纳成为撒哈拉以南非洲第一个独立的主权国家。不久之后，民族独立浪潮席卷了整个非洲大陆。20世纪 50 年代中期到 60 年代末期，有 37 个非洲国家从殖民统治中独立了出来。二战结束时，整个黄金海岸人民（尤其是退役军人和受过教育的阶层）对国家独立的光明未来充满了无限憧憬。然而，这一愿望在战争结束后并没有立即实现。二战期间，成千上万的非洲士兵被派往中东和缅甸作战。他们中间的一部分人在战争中不幸牺牲，但是绝大多数隶属于黄金海岸的士兵活着回来了。战后，英殖民政府并没有履行它在战时的承诺。退役士兵成了无人问津的失业人员，继而不得不流落街头，沿街乞讨。这些退役军人就自身的待遇问题多次向殖民当局提出诉求，但均遭到了不公正的忽视。殖民政府的冷漠态度激怒了退役军人。

此外，这一时期的黄金海岸还经历了"劳动力过剩"的特殊时期。大量持小学文凭的劳工满怀期望地涌入了城市，却鲜有工作机会能够提供给他们。在这种背景下，黄金海岸的失业人口激增。另外，在二战末期的1944年，殖民政府制定了一项新的教育计划，以应对黄金海岸对初中级教育不断增长的需求。同时，艾略特委员会还建议，应在黄金海岸、尼日利亚、塞拉利昂各建一所大学，作为非洲高等教育发展的首要任务。然而，当时有少数的反对派认为在整个英属西非只建一所大学即可。不幸的是，殖民政府采纳了反对派的意见，将殖民地内唯一的一所大学建在了伊巴丹（尼日利亚）。这个决定直接激起了黄金海岸的民族独立运动。在黄金海岸的人民看来，教育是民族独立运动中最为重要的一环。

战后殖民政府的不公正经济待遇也增强了黄金海岸人民寻求独立自主的愿望。在"优先服务本土经济建设"这一政治思想的指导下，殖民政府把从可可贸易中榨取的暴利毫无保留地输往英国，进而肆无忌惮地对黄金海岸人民实行经济掠夺。

殖民政府在黄金海岸农业发展上的不作为也激化了农业生产者与殖民政府之间的矛盾，导致黄金海岸民众对英国人的不满情绪愈演愈烈。战后的殖民政府并没有像战前所承诺的那样，加大橡胶、土豆、大豆、菜籽油等作物的生产。而这些是贫困农民维持生计的主要经济来源。

另外，有很多的黄金海岸国家主义者认为，海外的矿业公司对矿物资源的持续剥夺是在侵犯黄金海岸民众的领土主权。来自欧洲、黎巴嫩、叙利亚的采矿公司强行将黄金海岸的民众排除在商业活动之外。为了牢牢地握住黄金海岸的矿业权，包括英国人在内的所有欧洲商人把强化了的管理机制扩散到了整个西非大陆。这让原本就已经十分尖锐的欧非矛盾进一步恶化。欧洲商人采用了很多制度性的策略以更好地服务于他们的剥削目的。比如，这些商人成立了一个名叫"西非商会"的经济组织。这个组织由非洲联合公司直接领导，是一个专门为掠夺黄金海岸矿产资源保驾护航的特权机构。依照博亨的叙述，当时的非洲市场还出现了一种"附加条件销售"的交易模式。对于那时的曼考拉女商贩而言，这种所谓的"附加条件销售"是一种胁迫性的搭售行为。根据规定，这些女商贩在购买自己急缺的必需商品之前，必须购买一些附加的不愿购买的产品或服务。这种在社会、经济、政治、制度等方面盛行的种族歧视引起了黄金海岸人民的集体愤怒。殖民统治受到了前所未有的挑战。

　　很快，反殖民主义的声浪就引起了黄金海岸民众强烈的反响。在众意难违的情况下，黄金海岸的殖民政府迅速颁布了 1946 年宪法，这部宪法旨在修正之前受人诟病的《1925 年古吉斯伯格宪法》（The Guggisberg Constitution of 1925）。然而事与愿违，1946 年宪法的颁布非但没有缓解紧张的欧非关系，反而进一步激化了殖民政府与黄金海岸知识分子的矛盾。对于一般民众而言，1946 年宪法是以牺牲知识阶层的政治利益，换取酋长贵族的统治地位。然而，受过教育的知识阶层恰恰代表了平民的权益。根据 1946 年宪法，在立法委员会的 31 个席位中，应有 18 个席位属于非洲人。这对于黄金海岸的法律政务而言，虽然看起来是一次史无前例的突破，但事实上 1946 年宪法依旧没有摆脱旧时代的殖民主义做派。该宪法明文规定，这 18 个席位中只有 5 个席位通过民选产生，而且这 5 个席位的选民只能是海岸角、库马西、阿克拉和塞康第－塔科拉迪这四个主要城市的市民。除此之外，宪法还规定，地方税收是市政管理的唯一经济来源。这一宪法条款催化了黄金海岸人民的政治自觉，使原有的殖民统治的合法性受到了质疑。在余下的 13 个委员会席位中，省酋长联合委员会负责 9 个席位的推选，还有 4 个席位则由阿散蒂酋长委员会直接委派。这是一个精心设计的安排：酋长们继续充当傀儡，以长久地服务于殖民者的剥削统治。

　　与 1925 年的宪法相比，1946 年宪法虽然在法律政务方面有所改进，但是沃森委员会的调查报告也证实，当时的民众已经发现，该宪法的主要意图是在误导民意：殖民政府利用非洲贵族固有的社会权威，蓄意弱化殖民统治和非洲主权之间的界限，是一种鱼目混珠的政治欺诈。综上所述，黄金海岸人民长久以来在政治上受到的不公正待遇激发了他们的政治自觉，使得殖民政府虚伪的"间接统治"难以维系。

二　民族主义政党的形成

二战结束后，政治思想逐渐成熟的黄金海岸人民对殖民政府的不满与日俱增。在英属西非国民大会和原住民权益保护协会解体之后，一个不同于以往的独特政治运动应运而生。1947 年，四名黄金海岸的知识分子聚在一起，讨论发动一场推翻殖民统治的政治运动的可能。这四人分别是乔治·格兰特、阿武诺 - 威廉姆斯、J. B. 丹夸、R. S. 布雷，他们当时的身份是律师或商人。1947 年 4 月，他们的讨论最终转变为一场在迦南洛奇举行的有 40 多人出席的政治会议。这次会议促使他们于 1947 年 8 月成立了黄金海岸统一大会党。该党的宗旨是："通过符合宪法的手段，在尽可能短的时间之内，确保政府将领导权和控制权移交到人民和他们的酋长手中——在尽可能短的时间之内，实现政府治权的独立自主。"黄金海岸统一大会党代表的是精英阶层的权益。该党的执行委员由知识精英、律师和商人组成，他们的政治基础是传统的贵族阶级（酋长和长老）、职业阶层和利益受损的商人。绝大多数的执行委员都拥有律师背景。这就解释了为什么黄金海岸统一大会党采取渐进主义的法律手段来争取民族独立。

而恩克鲁玛的到来为当时的黄金海岸统一大会党乃至所有的黄金海岸民众点燃了希望之火。他展开了一系列远比以往的任何策略还要激进的政治改革。在他的构想中，这套政治改革的作用范围将覆盖黄金海岸的北部省、阿散蒂省及沃尔特盆地。恩克鲁玛在改造统一大会党的过程中走遍了黄金海岸的天南地北。他通过慷慨激昂的集会演讲很快在农民、小商贩以及失业者中取得了无与伦比的声望。政治思想十分敏锐的恩克鲁玛很快就意识到："民族独立解放仅仅依靠对殖民者不满的知识分子是远远不够的，因为国家主义必然在普通民众中诞生，进而由普通民众所领导。"不久，恩克鲁玛发现了一个名叫阿散蒂青年会（Asante Youth Association，以下简称"阿青会"）的组织。这个完全由一群年轻人构成的组织是 1947 年在库马西创立的。阿青会的创始人包括科洛博·埃杜塞、J. K. 邦苏、贝蒂亚克·波库和阿塔·蒙萨。他们的目的是争取殖民地的社会解放和政治解放。在手段上，阿青会跟其他政党比起来更为激进。他们主张"还政于民"，在黄金海岸成立一个由人民领导的独立主权国家。他们强烈反对宪法赋予酋长的行政权力。阿青会认为，只有当旧时代的贵族阶级被彻底孤立在法律之外，"民主"一词才会有"人民自决"的意涵。在科比纳·凯西和 B. D. 阿戴的努力下，阿青会最终成为黄金海岸统一大会党的下属组织。

1948 年 1 月，黄金海岸爆发了一场抗议物价过高的抵制运动，即阿克拉起义，这是黄金海岸走向民族独立的标志性事件。在争取民族独立的国家主义者看来，商品价格的持续上涨是由西非商会精心策划的一个阴谋。消费者和货物短缺的小商贩都认为，外国公司是为了提高自己的利润而哄抬物价的。此外，当时的黄金海岸贸易法规定，殖民地境内的公司往年的贸易总量直接决定了该公司进口许可证的申请是否能够成功通过审核。在这种情况下，作为本地商业大亨（同时也是阿克拉大酋长）的奈伊·夸贝纳·波恩二世发起了一场针对海外大公司的抵制运动。他认为，包括黎巴嫩公司在内的外来企业已经垄断了整个黄金海岸的市场，对当地的经济环境造成了无法弥补的伤害。起初，波恩二世向阿克拉商务局提出请愿，要求达成一项双方都能接受的共赢互惠的价格管制协议，但是遭到了商务局的拒绝。很快，波恩二世组织了一场声势浩大的反物价膨胀抵制运动。

此外，政府在解决待遇问题上的不闻不问，使得从黄金海岸前线回来的退役军人义愤难平，他们再也不愿和代表殖民者利益的政府进行任何形式的谈判。他们坚信，民族独立的国家未来不可能通过谈判产生。基于这种思想，一批退役士兵于 1946 年成立了黄金海岸退役军人联合会，由 B. E. A. 塔玛克罗担任秘书长。而在反物价膨胀抵制运动结束以后，塔玛克罗又于 1948 年 2 月 28 日领导这些退役军人发动了一次大型的游行示威活动，包括库马西、恩夸夸、科弗里杜阿、恩萨瓦姆在内的数座城市发生了不同程度的暴力运动。为了镇压骚乱者，英国政府从邻近几个国家增调军队以便控制局面。暴乱结束后，刚刚成立一年的黄金海岸统一大会党似乎就成了最为理想的替罪羊。杰拉德·克里希总督下令逮捕了丹夸与该党另外五名领导人。然而，这次拘留反而使统一大会党的政治声望传遍了整个殖民地。此次被拘留的六人在后来被当地民众合称为"六杰"。

骚乱后不久，英国政府便成立了一个专项调查委员会——沃森委员会。该委员会有两个主要职责：一是调查骚乱的起因，二是提出相应的处理建议。根据沃森委员会的报告，可可树的砍伐计划、退役军人对战后待遇的不满、住房短缺、欧洲人和黎巴嫩人对经济权力的把持、飞涨的物价以及高昂的生活开销均是引起这场暴乱的重要诱因。该委员会还发现，以酋长为傀儡的间接统治模式已经不再适用。殖民地的民众极度反感这一旧时代做派的统治模式，而赋予"间接统治"合法地位的 1946 年宪法也自然而然地为民众所唾弃。因此，沃森委员会也在报告中将缓解"间接统治"的政治矛盾看作解决英非民众对立问题的首要任务。根据委员会的报告，黄金海岸的殖民政府应立即废除 1946 年宪法。新宪法由黄金海岸的民众共同起草。委员会建议，殖民政府应该尽快推进地方政府和教育系统的改革。1949 年，英国政府接纳了委员会的意见，并成立了一个由亨利·库赛领导的黄金海岸人民委员会。该委员会由 35 名成员组成，其中，总督负责 23 名成员的人选提名，其余 12 名则由省酋长联合议会、阿散蒂联盟议会和北方领土议会联名举荐。

在暴乱发生后不久，黄金海岸统一大会党的部分领导人就公开谴责了骚乱者的行为。他们认为暴力示威背叛了民族解放的宗旨，是政治操守的变节。此外，部分对殖民政府仍心存侥幸的部落酋长也否定了暴乱者的合法性，"间接统治"带来的利益驱使这些酋长对黄金海岸总督（还有其身后的英帝国主义）宣誓效忠。在如何看待暴乱者的问题上，恩克鲁玛站到了黄金海岸统一大会党的对立面。在当时，支持恩克鲁玛的有阿青会的领导者们。他们和恩克鲁玛一样，坚决主张用推翻现有殖民政府的方式来建立一个真正的独立国家。这种锐意进取的政治立场自然也让阿青会成为反动势力的主要攻击目标。旧势力的反扑让恩克鲁玛清醒地意识到，他的政治领导需要坚实的民众基础。平民、学生、农民、流民之所以会支持统一大会党，完全是因为他个人的政治声望。为了把这种支持转变为具有组织性的政治力量，恩克鲁玛创建了青年组织全国委员会，由 K. A. 格贝德纳担任主席、科约·波斯特休出任书记。恩克鲁玛创立了海岸角中等学校，并收容了大量因参与 2 月暴力运动而被开除的中学生。恩克鲁纳还创办了属于自己的政治报刊《阿克拉晚报》，他亲自担任主编并发表了数篇政论文章。在这些文章中，他批判了黄金海岸统一大会党的政治路线。他认为，该党领导人的阶级出身致使他们无法代表普通民众的根本利益："（统一大会党）在剥削民众的本质上和殖民政府并无任何区别。"在这之后，恩克鲁玛甚至把笔锋直指代表殖民政府的库赛委员会，猛烈抨击黄金海岸的现有政治结构。

此时，恩克鲁玛的政治抱负日渐成熟，跟统一大会党的决裂也就在所难免。阿青会的领导者们公开支持恩克鲁玛与阿肯酋长的政治斗争。在统一大会党不知情的情况下，恩克鲁玛在库马西与阿青会的领导人格贝德纳和波斯特休共同筹备了一次青年大会。在会上，他宣布了"全面立即自治"的政治主张。1948 年 8 月，统一大会党常务委员会举行了一次会议。这次会议对恩克鲁玛提出了数项不实指控。最后，常务委员会以"工作不力"为由撤去了恩克鲁玛的总书记职务。之后，恩克鲁玛又被统一大会党邀请出任财务部长一职。起初，恩克鲁玛婉拒了这一邀请，但在1948 年 11 月他突然改变主意，接受了聘任。阿武诺认为，恩克鲁玛接受财务部长之职是"为了与统一大会党最终决裂争取时间"。在之后的一段时期内，恩克鲁玛将他的全部精力放在了民族独立运动的进程上。他一方面加强了对统一大会党右倾机会主义的批判，另一方面又积极主持全国各地青年委员会的组织建设。1949 年 6 月，统一大会党常务委员会提出，实行"全面立即自治"政策的青年大会组织于行为上有悖于大会党的党章原则，对恩克鲁玛进行了不公正制裁。他们取缔了《阿克拉晚报》和黄金海岸国民学院。恩克鲁玛于 1949 年辞去了统一大会党党内的一切职务。同年 6 月 12 日，恩克鲁玛宣布了一个新的政党——人民大会党（People's Convention Party）的成立。恩克鲁玛任党的主席，波斯特休和格贝德纳分别担任总书记和副主席。

三　人民大会党的独立路线

人民大会党的政治目标主要包括以下几个方面：一是尽快取得黄金海岸人民的全面自治，二是建立一个与剥削抗争到底的民主政府，三是确保整个黄金海岸的区域安全，四是促进工会运动的发展并为工人们争取到更好的工作条件，五是努力重建一个更美好的黄金海岸，六是最终建立一个统一自治的国家。人民大会党第一个需要消除的障碍就是如何处理库赛委员会提出的建议。恩克鲁玛认为，1950 年宪法体现了殖民政府的"虚伪和狡诈"，是反动的部族酋长和英帝国主义相互勾结的产物。基于这种认识，恩克鲁玛领导的人民大会党开始逐步筹划名为"积极行动"的政治抗争。"积极行动"采用了甘地的非暴力不合作原则，以和平的方式宣告人民大会党要把民族独立运动进行到底的坚定立场。"积极行动"号召民众用宣传、合法罢工等示威手段来反对殖民政府的统治。至此，反动的殖民政府已别无选择，只能召开第一次黄金海岸人民代表大会。在这次大会上，民众代表要求立即实行由黄金海岸人民领导的民主自治。不过，民主自治就意味着殖民统治的终结，这对殖民政府来说是不能接受的。因此，在殖民统治者的眼中，恩克鲁玛领导的"积极行动"和 1948 年的骚乱一样，都是需要被镇压的。面对殖民政府的迫害，恩克鲁玛非但没有屈服，反而进一步加强了对"积极行动"的政治援助。作为报复，殖民政府以"煽动颠覆国家政权罪"逮捕了人民大会党党报的编辑和退役军人联合会的书记。恩克鲁玛本人也被逮捕并被处以 300 英镑的罚金。尽管如此，在 1950 年 1 月 22 日，也就是工会代表大会（TUC）召开会议之后的第二天，恩克鲁玛还是宣布正式启动"积极行动"。工会代表大会是全国工会的伞状组织，于 1945 年成立。"积极行动"在全国范围内号召工人进行总罢工。这次罢工是为了声援气象员工工会而组织的行动。

　　在此期间，黄金海岸统一大会党的领导人和省酋长联合委员会均对恩克鲁玛的行为颇为不满，他们给恩克鲁玛编织了"挑战宪法权威"的罪名。另外，与酋长们的舆论攻击不同，殖民政府执行了更反动的压迫政策。殖民政府宣布自 1950 年 1 月起，黄金海岸地区进入紧急状态，并在黄金海岸的各大城市实行全面宵禁。此外，为了保证对大城市的统治权，英国殖民当局又推行了一系列旨在增强政策透明度的改革。与此同时，殖民政府还逮捕了工会代表大会和人民大会党的成员。殖民政府对这些被捕者进行了不公正审判，并且在没有证据的情况下，判定他们犯有"煽动民众非法罢工罪"。恩克鲁玛再次被捕入狱，殖民政府以数项罪名判处他三年有期徒刑。事实上，恩克鲁玛的被捕反而增强了人民大会党在普通民众中的影响力。当恩克鲁玛在监狱服刑的时候，人民大会党赢得了 1950 年 4 月城镇议会选举的胜利，包揽了阿克拉和库马西市议会的所有席位。这时，新上任的总督查尔斯·阿登 - 克拉克意识到，人民大会党已经是一个众望所归的庞大政治组织，恩克鲁玛因其"个人魅力"得到了民众广泛的支持。阿登 - 克拉克意识到，如果殖民政府还想继续维持它在黄金海岸的统治地位，那么真正的政治改革就是势在必行的唯一选择。基于这样的考虑，总督允许恩克鲁玛在狱中服刑期间作为候选人参加 1951 年的竞选。1950 年宪法的实施在一定程度上为 1951 年的竞选提供了民主自治的基础。该宪法规定，黄金海岸将通过普选的方式成立一个黄金海岸临时自治议会。

　　在这次竞选中，人民大会党以四分之三的多数席位赢得了压倒性的胜利，而作为其对手的黄金海岸统一大会党仅在阿基姆 - 阿布阿夸获得两个席位。从选举结果来看，由人民大会党来组建新的政府已经是大势所趋。此时身为总督的查尔斯·阿登 - 克拉克已然没有任何选择的余地，他只能下令释放恩克鲁玛和其他被捕的人民大会党成员。1951 年 2 月 12 日，恩克鲁玛成为黄金海岸政府事务领导人。一年以后，即 1952 年的 3 月 5 日，恩克鲁玛在总督和英国政府的默许下获得了一个更为妥帖的头衔——黄金海岸总理。1951 年的选举结果在加纳历史上具有四个重要意义。第一，政府的治权结构完成了从精英阶层（部落酋长、商人、知识分子）到平民阶层的转变；第二，政党政治成为理念成熟的政治家的专职事业；第三，1951年的选举彻底击碎了以黄金海岸统一大会党为代表的势力的黄粱美梦，使日后黄金海岸的独立成为可能；第四，这次选举证明，由恩克鲁玛领导的黄金海岸民族独立解放运动的进程已经势不可当。

四　民族独立

1951～1957年民族独立时期（也称民族自治过渡时期）是加纳历史上标志性的重要时期。1951年至1954年6月为人民大会党的第一届政府任期，这一时期黄金海岸有了重大的历史发展，因此也被称为恩克鲁玛的黄金时代。在恩克鲁玛的领导下，为了推动黄金海岸的发展，人民大会党政府发起了多项经济政治改革。历史证明，恩克鲁玛在第一个任期内颁布的多项政令使殖民地变得空前繁荣，也在极大程度上消减了恩克鲁玛与殖民政府之间的分歧和摩擦。由恩克鲁玛领导的黄金海岸政府拥有一个通过普选产生的国民议会。该议会由80名议员代表组成。在这80名代表中，有33名代表来自阿散蒂的农村地区，5名代表来自阿克拉、海岸角、塞康第－塔科拉迪和库马西，3名代表由商务局举荐，3名代表由矿务局举荐，33名代表由地方酋长议会举荐。此外，还有3名议员代表由总督直接任命。

二战时期实行的物资配给制度使得战后黄金海岸的资源喷发，帮助恩克鲁玛当政时顺利度过经济低迷期，甚至还有大幅度的回升。此时的黄金海岸经济形势一片大好，政府还将非技术工人的工资提高了30%。在行政方面，政府也大幅增加行政人员数量，此举措使行政高层的非洲化改造成为可能。到1954年时，黄金海岸行政部门的非洲化程度超过了38%，相比1949年增加了24.2%。虽然这些新任命的非裔政府职员并不一定都是人民大会党的支持者，但这种非洲化在很大程度上减少了恩克鲁玛与英国政府之间的直接矛盾。

恩克鲁玛政府领导的另一项改革就是废除了1946年经济计划。在恩克鲁玛看来，1946年经济计划并不具备策略性的远见。因此，政府制定了另外一套名为"五年发展计划"的政治经济规划，并把黄金海岸的教育部门列为发展重点。事实证明，"五年发展计划"是一套极为高效的发展规划。随着这项规划的实施，恩克鲁玛政府开始推动黄金海岸的全方位发展，涵盖了公共服务、行政管理、社会服务、通信、经济生产服务等在内的各个部门。在全面发展理念的引领下，黄金海岸现有的公路得到了改建，连接阿克拉和塔科拉迪的沿海公路也得以竣工。在恩克鲁玛第一个任期内还全面建成了阿克拉—博尔加坦加公路和连接沃尔特省的阿多米大桥。同时，特马港和塔科拉迪港的修建也被提上了政府议程。在房地产方面，政府推行了"经济适用住房项目"。根据统计，恩克鲁玛政府在阿克拉、海岸角、塞康第－塔科拉迪和库马西等城市投入了 250 万英镑的建设经费。经济适用住房项目是解决黄金海岸中低收入家庭住房困难的保障性手段。另外，在恩克鲁玛的第一个任期中，公共卫生设施建设也是政府的主要战略规划之一。据统计，恩克鲁玛政府在建设现代化医院上共耗资150 万英镑。此外，恩克鲁玛政府还完成了全国安全饮用水供应系统的建设。1953 年，人民大会党就"修建现代化水电站"的问题与外资企业进行会谈。参与这次会谈的外资企业有加拿大铝业有限公司和英国铝业公司。这次会谈促成了阿克索姆博水电站的修建。按照恩克鲁玛政府的设想，阿克索姆博水电站将持续为黄金海岸的工业化进程提供必要的电力能源。在教育领域，恩克鲁玛对教育机构的发展给予了大力支持。在他的支持下，库马西科技大学得以成立。此外，恩克鲁玛还建立了 16 所教师培训学院，对黄金海岸的师资力量建设做出了巨大贡献。与此同时，恩克鲁玛还为加纳大学（前身为黄金海岸学院）提供了大量的政府资助。为达成人才战略强国的重大目标，恩克鲁玛政府专门成立了国家留学项目基金委员会。该委员会向公派性质的黄金海岸留学生提供奖学金，重点集中于医学、法学、应用科学等学科领域。

　　然而，人民大会党政府成了反对派攻击的目标。在反对派看来，由人民大会党政府所推行的教育改革是导致黄金海岸教育质量总体下降的主要诱因。他们污蔑恩克鲁玛在"扩建小学教育系统的同时忽略了师资培养的重要性，这就导致了目前黄金海岸的中小学教师无法胜任教育工作"。此外，在完全没有证据的情况下，反对派无端指责恩克鲁玛政府奉行

"任人唯亲主义"。他们认为,恩克鲁玛的"结党营私"已经危害了整个黄金海岸的民主自治进程,是一种另类的"政治腐败"。反对派对恩克鲁玛政府的破坏有着无法忽视的实际影响。在政府高等书记的选拔方面,非洲化尚未有显著成效,这些书记仍然由欧洲人担任,他们所代表的殖民主义自然驱使他们与民族独立运动不共戴天,有时会对自己不赞同的政策采取拖延执行的策略,甚至在某些时候会公然违抗政府的命令。虽然当时的行政部门已经有了相当程度的非洲化,但是在政府改革的作用下,扩张的行政系统致使欧洲官员人数激增。其实欧洲官员人数的增加是一种无法避免的现象,因为政府的职能也被扩大了很多。因此,一些身处关键职位的欧洲官员仍给黄金海岸的自治独立带来了不小的阻力。

在1954年大选临近之际,1950年宪法提出了加大自治力度的主张。根据这一主张,立法议会的规模进一步扩大。按照负责各选区议会席位分配的凡·拉尔委员会的建议,全国被划分成了104个选区。尽管人民大会党依然是黄金海岸的第一大政党,但是在反对派的挑唆下,有一部分党员对恩克鲁玛的领导产生了怀疑。于是,在正式候选人提名的问题上,党内出现了多个派系。当时提出参选要求的有1000多人。其中,有81名"叛逆者"被恩克鲁玛开除出党。最后,部分"叛逆者"与黄金海岸统一大会党的残余势力串通一气,共同组建了加纳议会党(Ghana Congress Party)。还有一些"叛逆者"则决定自成一派,以独立竞选人的身份参加大选。加纳议会党的领导人包括多姆博、布雷马、姆姆尼·巴乌米亚、阿达马、杰托·卡利奥、亚当·阿曼迪。此次大选的时间为1954年6月15日。参加大选的政党大致有人民大会党、加纳议会党、穆斯林协会党(Muslim Association Party)、多哥兰会议(Togoland Congress)、北方人民党(Northern People's Party)等。可以看出,有些参加1954年竞选的政党是带有族群、区域或宗教背景的。

真正对人民大会党构成威胁的是北方人民党。这是一个于1954年刚刚成立的党派。与加纳议会党不同,北方人民党享有很大的区域支持,因为人们担心其受到来自南方的激进分子的支配控制。而穆斯林协会党则主要由豪萨移民和赞布拉马人构成。人民大会党在此次大选中获得了72个选区的支持，再一次大获全胜。同时，独立参选人在议会中获得了 16 个席位，北方人民党获得 12 席，而加纳议会党仅获 1 席。虽然 1954 年大选前的党内斗争动摇了人民大会党的地位，但还不足以对恩克鲁玛的领袖地位构成实质性的威胁。恩克鲁玛的个人魅力固然是他胜选的原因之一，但是人民大会党在第一届任期内取得的诸多里程碑式的成就才是其赢得人心的关键所在。此外，选举的结果还证明，在民众的眼中，恩克鲁玛主张的"立即自治"是顺应时代潮流的正确抉择，是符合时代发展的治理正道。

　　起初，1954 年的选举结果和殖民统治者的妥协，使恩克鲁玛认为民族独立将在数月之内迎来最终的胜利。事实上，黄金海岸的独立运动一直持续到三年之后的下一次选举才最终尘埃落定。造成独立运动延期的因素包括民族解放运动（National Liberation Movement）的兴起以及英属多哥兰问题的出现。令人惊诧的是，大选才刚过三个月（即 1954 年 9 月），民族解放运动就在库马西开始了。导致这场运动发生的因素有三。首先，阿散蒂人认为凡·拉尔委员会对他们抱有很大的政治敌意。在 1954 年大选之前，北部地区的席位从 19 个增加到 26 个，殖民地的席位从 37 个增加到 44 个，沃尔特河东岸地区的席位从 8 个增加到 19 个。相较之下，阿散蒂的席位仅从 19 个增加到 21 个，这就引起了阿散蒂人（乃至一些有阿散蒂背景的人民大会党党员）的不满，他们要求增加阿散蒂的席位，但这一要求遭到了凡·拉尔委员会的拒绝。这便是民族解放运动的主要导火索。其次，阿散蒂族的传统酋长也认为自己受到了恩克鲁玛政府的疏远。于是，以阿散蒂酋长为代表的旧势力利用了民族解放运动。酋长们认为，只要民族解放运动推翻了恩克鲁玛政府，他们就可以领导地方重新建立传统的政府治权。至此，民族解放运动逐渐形成。而在反动势力的恶意误导下，很多阿散蒂年轻人脱离了人民大会党，转而加入了民族解放运动。最后，人民大会党政府在选举后不久就决定将可可的价格标定为 3 英镑 12 先令，这有违其对农民做出的提高可可价格的竞选承诺。

　　民族解放运动的兴起在加纳政治史上占有重要地位，因为它在库马西开启了一个暴力、纵火和无政府的时代，而这个时代延续了大约三年的时间。据报道，民族解放运动的政治宣传书记 E. Y. 巴佛在 1954 年 10 月遭到了人民大会党地区书记图马西·安克拉的刺杀。自此之后，在黄金海岸发生的政治暴力事件愈演愈烈。民族解放运动和人民大会党分别创建了属于自己的武装集团"行动队"和"行动团"。这两个武装集团迅速将两党的政治矛盾激化为暴力火并。尽管民族解放运动的领导者起初宣称该运动并非由政党组织发起，但他们很快就开始模仿人民大会党的政党结构。他们设计了彰显民族解放运动政治立场的党旗、政治标语、宣传车和敬礼方式。民族解放运动还与包括北方人民党、穆斯林协会党和多哥兰会议在内的几个反对党结成了同盟。民族解放运动从一开始就主张联邦体制的宪法模式，但是这一主张遭到了人民大会党的反对。人民大会党认为，只有集权制的宪法才符合当下黄金海岸的实际国情。此外，在选举问题上，民族解放运动不承认1954年的选举结果，认为只有重新组织一场大选方能最准确地反映民众的意愿。民族解放运动的领袖 K. A. 布西亚向英国人提交了一份请愿书。该请愿书指出，权力分散的联邦制才是保护人民的各项自由权益免受侵害的最好政府结构。而人民大会党却对该请愿书表示坚决反对。人民大会党认为，1954年的选举结果是合法且符合民众意愿的。基于此种情况，英国总督只能委任费德里克·布尔恩勋爵介入调查。布尔恩勋爵在报告中得出了以下结论：一是面积较小的黄金海岸不适合实行联邦制；二是独立后的黄金海岸应在中央集权的大背景下实行行政区划体制。

民族解放运动及其同盟均反对接受布尔恩的报告。因此，为了避免暴力事件的继续发生，英国政府被迫决定，在民族解放运动和人民大会党就国家行政体制问题达成共识之前，暂时延缓黄金海岸的独立进程。在不考虑重新组织大选的情况下，人民大会党提议在阿奇莫塔举行党际会议来讨论布尔恩报告，但反对党拒绝参会。尽管人民大会党竭力反对，黄金海岸还是于1956年7月17日举行了新的选举。人民大会党推举了104名议会候选人，而民族解放运动仅推选了66名。另外，参加这次竞选的独立议会候选人有45名，而在这当中已有17人于竞选之前就宣布支持民族解放运动。在1956年的大选结束后，人民大会党赢得了71个席位，收获了57%的选票。在地区席位的分配方面，人民大会党在阿散蒂地区、北部地区和多哥兰地区分别赢得了 8 席、11 席与 8 席。相比之下，民族解放运动所赢得的 12 个席位全部来自阿散蒂地区，而北方人民党赢得的 15 席则在北部地区。另外，穆斯林协会党和联邦青年组织在 1956 年大选中各获 1 席，多哥兰会议赢得 2 席。此时，种种迹象都已经表明，黄金海岸殖民地正向着国家独立的目标大步前行。反对党在竞选之前的示弱成就了人民大会党的绝对胜利。尽管组成了同盟，但是这些反对党无法推举出符合议会人数的 104 个席位提名。此外，人民大会党和民族解放运动在政治主张上的相似也是导致后者落败的重要因素。在选举之前，恩克鲁玛就发起了宣传攻势，帮助人民大会党赢得了包括黄金海岸南部地区在内的绝大多数选票。当然，恩克鲁玛强大的个人魅力也是反对党的候选人无法匹敌的。

在取得这一辉煌胜利之后，恩克鲁玛立刻就把独立提上了政府议程。1956 年 8 月 3 日，恩克鲁玛正式向议会的直属部门，即立法委员会提交了"国家独立请愿书"。英国政府对准予独立的要求是，选举的获胜方必须在国民议会中获得"合理多数"。显然，人民大会党已经满足了英国政府的这一要求。虽然反对中央集权的民族解放运动拒绝参与这次议会讨论，但恩克鲁玛的提议还是以 72 票比 0 票的绝对多数获得批准。据此，英国政府于 1956 年 9 月 18 日宣布，经英国议会批准，黄金海岸将于 1957 年 3 月 6 日独立。1957 年 3 月 6 日，加纳成为撒哈拉以南非洲第一个从殖民统治中取得独立的国家。

第四节 加纳共和国

一 恩克鲁玛领导下的独立时期

在独立之初，加纳就成为非洲的一颗璀璨明星，成为所有非洲殖民地向往的国度。加纳人对经济繁荣、消除贫富不公和取得生活水平的改善抱有十分乐观的心态。1957 年黄金海岸的人口大约是 620 万人，年增长率为 2.5%。1948 年黄金海岸人口的预期寿命为 39.5 岁。这是独立前最后一次官方人口普查数据。而到 1960 年时，整个国家的人口预期寿命上升至 45.5 岁，其中 44.5% 的人口在 15 岁以下，这也反映出人口增长的高速度。此外，来自邻国的大量移民也加快了加纳人口的增长。极高的生育率（每个加纳育龄妇女平均生 7 个孩子）导致加纳成为人口增长率最高的西非国家。

（一）政治

人民大会党政府从来都不喜欢英国政府在独立宪法中强设的地方议会，并且地方议会的存在也引起了多方的不满。事实上，多哥兰人在加纳刚刚独立之时就公开表达了他们对地方议会的排斥情绪，不仅公然反叛，而且还拒绝参加加纳的独立庆典。为了稳定局势，政府向该地区派遣了警察部队。在警察与多哥兰人交涉期间，有 3 人在沃尔特省被打死。此外，在阿克拉，也就是恩克鲁玛的大本营，亦出现了紧张的政治局势。当地的加族人认为，相较于自身的待遇，政府明显给外来移民在住房和就业方面提供了更优厚的政策支持。

1957 年 7 月，许多加族人走上阿克拉的大街，以游行的方式宣告了"加族坚定同盟"这一政治运动的诞生。为了抑制这一运动，政府决定暂时解散阿克拉市政议会。然而，此举并没有能够缓解局势。加族坚定同盟与其他几个反对党结成了联盟，人民大会党的领导地位就此迎来了另一场挑战。

此外，为了彻底瓦解民族解放运动，恩克鲁玛在强制解散被该组织控制的库马西市政议会的同时，还要求民族解放运动之后的社会活动必须接受政府的严格审查。恩克鲁玛开始了他的"去欧洲化"计划。他首先把人民大会党党员任命为地区专员，以此取代有英国背景的行政官员。而后，当恩克鲁玛意识到"反对党有可能会颠覆人民大会党的政治领导"的事实后，他便授权政府颁布了颇具争议的《加纳国籍及公民资格法案》。该法案规定，内务部长对公民拥有绝对审查权力。该项权力独立于法律系统之外，是不受法律制约的特殊权力。1957 年 7 月，政府通过了《驱逐出境法》，并很快将一大批反对党人士驱逐出境。这些人包括常住库马西的穆斯林协会党领导人阿马杜·巴巴和阿尔哈吉·拉勒米以及境内一些反对人民大会党的叙利亚人和黎巴嫩人。恩克鲁玛政府还对传统部族酋长进行了一系列的政治打压，比如他撤销了阿散蒂赫内阿基姆－阿布阿夸邦邦主纳纳·奥弗里·阿塔的册封，而此人是民族解放运动的坚定支持者。同时，针对阿基姆－阿布阿夸邦秘密进行的反人民大会党活动，恩克鲁玛成立了一个审查委员会。根据该委员会最终的审查结果，两位部族酋长被剥夺政治权利终身。另外，委员会还以"滥用职权"的罪名废除了纳纳·奥弗里·阿塔的王位。

在加纳，作为殖民时代产物的酋长制度成功通过了时间的检验而被保留下来。虽然在恩克鲁玛时期，部族酋长受到过各种各样的冲击，但这并未导致酋长制度的终结。对于普通民众而言，酋长制度在某种意义上已经上升到了文化传承的层面。所以，尽管恩克鲁玛有着极高的威望，但由他主导的一些"酋长罢黜事件"却因为被认为有违传统而受到民众的非议。不过最后，恩克鲁玛政府还是通过法律对酋长制度进行了进一步的规范。1959年的《酋长（册封）法》规定，政府对部族酋长拥有册封（或罢黜）的权力。更为重要的是，《酋长（册封）法》取消了传统法在"酋长选任"问题上的至高地位。这就是说，在《酋长（册封）法》颁布之后，加纳政府可以不参照传统法而直接行使酋长罢黜（或册封）权。在实际层面上，《酋长（册封）法》的执行使得部族酋长成为政府的依附。显然，这是恩克鲁玛精心设计的政治策略。有了《酋长（册封）法》的震慑，地方议会和部族酋长就会重新考虑他们和人民大会党之间的关系。

1957年12月，政府通过了《避免歧视法》，禁止组建带有地区、部族或宗教背景的政党。这项法案的实施几乎使所有反对党变成了违宪的组织。1958年，政府在库马西又实行了《紧急权力法》。据此，布朗阿哈福从阿散蒂中分离了出来，成为拥有独立酋长议会的省。在阿散蒂和沃尔特，几乎所有支持人民大会党的酋长都得到了官方的册封，并成为地方最高领主。在1956年的大选中，正是他们将大量的选票投给人民大会党，才使得该党成功取得选举的胜利。然而，废除地方议会的决议也让恩克鲁玛政府声望大减。1958年7月，恩克鲁玛颁布了最具争议性的《预防性拘留法》。该法案规定，在威胁到国家安全的情况下，政府有权对涉案嫌疑人实行最高长达五年的拘禁，并且在拘禁期间，被拘禁者无权向法院提出上诉。《预防性拘留法》出台的原因有两个。第一，1957 年的《避免歧视法》未能达到预期的撤销反对党的目的。在《避免歧视法》实施的同年，包括阿散蒂青年同盟、西非青年党、北方人民党、民族解放运动、穆斯林协会党和加族坚定同盟在内的反对党派就联合起来，组成了以 K. A. 布西亚为主席的联合党。这在根本上宣示了《避免歧视法》的名存实亡。而《预防性拘留法》的颁布替恩克鲁玛解决了这一难题。1958 年 11 月，在《预防性拘留法》的授权下，有 39 名联合党党员遭到逮捕。第二，当时危机四伏的政治环境使恩克鲁玛决意施行《预防性拘留法》。1958 年 6 ~ 7 月，人民大会党收到了三份报告。这些报告中显露的紧张的政治气氛让恩克鲁玛政府感受到了空前的压力。因而，在此非常时期，恩克鲁玛政府选择了非常手段，以图扭转局势。在 1958 年至 1959 年的两年里，恩克鲁玛以雷霆手段先后逮捕了 R. R. 安蓬萨、本杰明·阿维泰、M. K. 阿帕卢、乔治·萨姆皮恩、纳纳·夸多·安皮姆。此时，借助《预防性拘留法》，恩克鲁玛终于在全国范围内取得了相当程度的和平与稳定。在此过程中，议会内外的反对党基本上被肃清。反对党的成员有的遭拘禁，有的被放逐，但更多的人选择接受政府的招抚。综上所述，《预防性拘留法》的严酷造成了加纳国内人人自危、风声鹤唳的政治局面。

（二）经济

加纳 1957 年独立宪法规定，严禁外资企业恶意干扰加纳的自主发展，目的在于最大限度地保护民族企业，以促进国家经济的快速发展。当时，加纳人的年均收入为 170 美元。早在 1949 年，恩克鲁玛就向黄金海岸的民众承诺："在不久的将来，由人民大会党领导的独立自治政府会让国家在十年内成为一个天堂。"后来由恩克鲁玛开创的"黄金时代"（1951 ~ 1954 年）也证明，人民大会党的政治设想并非纸上谈兵。恩克鲁玛政府提出的"五年发展计划"让黄金海岸的基础设施建设产生了质的飞跃。这种成就在人民看来，是 1946 年经济计划永远无法超越的。因此，独立之后的加纳民众对恩克鲁玛的领导可以说是信心百倍。然而，恩克鲁玛和他的政府忽略了一个极为重要的问题，那就是独立之后的加纳仍然是一个较为落后的农业国家，以可可为代表的农产品贸易是支撑之前黄金时代国家飞速发展的主要经济来源（当时加纳的可可价格已经达到每吨247英镑）。自1955年之后开始，较为激进的社会经济改革给加纳造成了巨大的财政赤字。1956年加纳的财政赤字为1400万英镑，而之后1957年的年终预算又显示，政府的国库资金已经被一些"面子工程"消耗殆尽了。而在这之前，黄金时代的恩克鲁玛政府有每年1700万英镑的盈余。

独立给加纳带来的经济繁荣只是昙花一现，这是因为加纳的独立并没有改变其固有的经济结构。恩克鲁玛雄心勃勃的发展规划对可可贸易也造成了空前的经济压力。由于独立前后的恩克鲁玛政府并没有对农业发展给予高度的重视，而作为当时加纳主要经济支柱的可可贸易也就此开始衰落。于是，当国际可可价格下跌到每吨490美元的时候，形势迫使恩克鲁玛政府另寻发展国家经济的出路，即大量引入外资企业以振兴本国经济。

在当时，外国公司几乎侵占了加纳所有的经济部门，包括进口贸易、伐木业、黄金与钻石开采、银行与保险业。除此之外，建筑业也成了外国商人的禁脔，而加纳的零售业与来自黎巴嫩、叙利亚和欧洲的商人开办的比起来，也处于绝对的劣势。面对经济由外资企业把持的这一现状，一筹莫展的政府显得无能为力。在这种情况下，没有完成工业化、国际化、现代化的加纳的大量利润流往国外，而被外资企业剥削得体无完肤的加纳民众只能生活在贫困中。当时的加纳经济主要依赖于可可的出口贸易，然而加纳农产品的市场销售在很大程度上受到西非法国公司集团、吉百利和弗莱公司、联合技术公司、联合加纳农场委员会以及其他外国公司的打压影响。阿杜·博亨曾指出，独立后的加纳经济仍是一种典型的殖民经济。这就是说，以英法企业为代表的外资企业依旧在侵害加纳人民的经济利益。

在加纳独立后的前三年，恩克鲁玛唯有接受这种殖民经济的现实。迫于西方资本主义国家的压力，恩克鲁玛政府只能在不扰乱现有加纳经济秩序的前提下暂缓社会主义经济建设。在人民大会党原有的设想中，加纳经济的工业化和资本化应由加纳民众集体主导。但是这种设想却因为外国公司的强势而暂时中止。尽管在 1958～1960 年的两年中，政府分别成立了国有的加纳国家建设公司、国家发展公司、加纳合作保险公司，但主导这些领域的仍然是外国公司。

（三）外交

恩克鲁玛外交政策的基础是泛非主义。他的目标是要解放整个非洲大陆，进而建立独立统一的非洲国家。1958 年 4 月，为了启动非洲解放运动，恩克鲁玛在阿克拉召开了非洲独立国家会议，参加会议的除加纳外还包括阿拉伯联合共和国（埃及、叙利亚）、突尼斯、摩洛哥、苏丹、利比亚和埃塞俄比亚共 8 个非洲独立国家的代表，以及当时尚未独立的阿尔及利亚、喀麦隆、多哥等国的民族解放运动领导人。在非洲独立国家会议召开的同年，恩克鲁玛又倡议召开了全非人民大会，它明确了加纳以清除殖民主义、构建非洲世界新秩序为目的的外交政策。1959 年，为了在非洲继续推进加纳模式的泛非主义，恩克鲁玛设立了专门负责非洲各国解放运动的非洲事务局。非洲事务局直属于恩克鲁玛。它以民族解放为核心理念，在非洲各国展开外交和人道主义援助活动，为后来非洲国家联盟的创建创造了客观的历史条件。恩克鲁玛本人也得到了全世界非裔人民的支持和声援，流落于世界各地的黑奴后裔纷纷举家迁回黄金海岸。此外，还有大批美国知识界的精英分子（包括著名历史学家威廉·爱德华·伯格哈特·杜波依斯）因赞赏恩克鲁玛的外交政策而移民加纳。

二　加纳第一共和国

（一）全民公投

1960 年，恩克鲁玛政府举行了一次全民公投。这次公投的结果将决定加纳是否应该成为一个总统制共和国。总统制将赋予恩克鲁玛远超总理的权力。然而，各大城市的民众对这次选举其实是持消极态度的。阿克拉的登记选民中仅有 45% 的人参加了投票。此外，还有相当数量的人（35%）投了反对票，他们是丹夸的坚定拥护者。然而，各反对党派已经

沦落为人民大会党的陪衬。恩克鲁玛最终赢得了 89.1% 的总统选票和
88.5% 的宪法修改选票。共和国宪法废黜了由英国人（里斯托维尔侯爵）
担任的总督之职。1960 年 7 月 1 日，恩克鲁玛成为共和国宪法下的第一
位加纳总统。

在这一时期，加纳整体经济形势迅速恶化，尤其在此情况下国家对基
础设施与国营企业的投入仍不断增加以及赤字预算依旧逐渐扩大，这对处
于经济困境中的加纳更是雪上加霜。1961 年，由于国际市场的可可价格
大幅下降，恩克鲁玛不得不采取严厉措施来挽救危局，以稳定加纳的经
济。因此，恩克鲁玛及其领导的人民大会党选择实施压制性预算。具体而
言，恩克鲁玛政府着手征收购置税，并实行强制性存款措施，迫使工薪阶
层将其 5% 的收入作为固定存款。然而，在此期间，加纳全国的商品和服
务价格大幅上涨，普通民众尤其是农民的购买力急剧下降。对这种现象，
加纳国内怨声载道。1961 年 9 月，塔科拉迪的工人举行了大规模罢工以
示抗议，他们反对国家进行强制性征税，并呼吁废除共和国宪法。

恩克鲁玛把骚动视为具有政治动机的行为，于是再一次引发了逮捕浪
潮。随后不久，人民大会党内部发生争斗。1961 年 4 月 8 日，恩克鲁玛
在广播讲话中向大众表示自己将以总书记和终身主席的身份接管人民大会
党。当卫生部长 K. A. 格贝德纳和其他几名人民大会党党员被要求清退超
过政府官员被允许持有的多余财产时，人民大会党党内斗争进一步升级。

恩克鲁玛于是采取了一系列预防政变的措施，比如在温尼巴成立了恩
克鲁玛意识形态学院（Nkrumah's Ideological Institution），专门教授与传播
他的思想原则。恩克鲁玛撤换非嫡系的武装部队和治安部队的高级军官，
扩大效忠于他的民兵组织，并通过国家安全局和总统府卫队加强社会治
安。在 1966 年 2 月军事政变之前，恩克鲁玛曾几度遇刺，表明反对党已
经准备不惜使用任何手段来推翻恩克鲁玛及人民大会党。1966 年 2 月 23
日晚，在前往越南访问的途中，恩克鲁玛被告知国内军队和警察已成功夺
取了政权。经过几天犹豫，恩克鲁玛决定飞往几内亚首都科纳克里。在恩
克鲁玛身处科纳克里期间，加纳军方宣布成立一个由安克拉中冷领导的新
政府。此后，恩克鲁玛一直居留于科纳克里，直至去世。几内亚总统塞

古·杜尔授予恩克鲁玛共同总统的名誉头衔。1972 年 4 月 27 日，在与癌症进行了长期搏斗之后，恩克鲁玛最终与世长辞。

（二）全国解放委员会的兴起

1966 年 2 月 24 日上午 6 时，加纳广播电台报道总统府传出零星枪声，并称军方与警方的联合部队推翻了恩克鲁玛政权，接管了政府权力。在发动政变两天后，军警双方共同成立了由 8 人组成的全国解放委员会（National Liberation Council）。该委员会主席为 1965 年被恩克鲁玛解除军队总司令之职的安克拉中将，副主席为警察总长哈利。另外 6 名委员由军警双方分摊，其中最重要的 2 名成员是政变的主要策划者，即阿克瓦斯·阿弗里法少校和科托卡上校。全国解放委员会成立了 4 个专门委员会，分别是军事委员会、外交委员会、行政委员会，以及为人民大会党政府统治时期的受害者设立的救助委员会。

全国解放委员会必须采取严厉措施来减轻民众的痛苦以及促进经济增长。另外，全国解放委员会也对政府各部门及其行政机构进行了重组和调整，以实现简政放权，并提高行政效率。1968 年，全国解放委员会颁布了《加纳企业促进法》，旨在保护小额零售、大额批发、提炼加工、生产制造以及产品运输行业的加纳民族企业。该委员会还降低了进口食品和石油产品的税收，并提高了国内低收入者的收入。在外交方面，该委员会遣返了加纳境内所有具有不良企图的外国难民。这些难民主要来自尼日利亚、科特迪瓦和多哥，他们把加纳当成酝酿自己国内动荡的策动基地。而那些愿意遵守非洲统一组织条约的外国难民则被允许继续居留在加纳。这一时期，加纳还对包括多哥和科特迪瓦在内的邻国开放边境。

在国际方面，全国解放委员会继续奉行积极中立和不结盟原则，并与英国建立了十分密切的关系。由于当时越南战争正在进行，加纳与美国的关系则要复杂得多。西方国家为加纳提供了食品和基本药品的援助。国际货币基金组织也提供了超过 3600 万美元的信贷，用于短期贸易支付。此外，全国解放委员会还成功从东西两个阵营的债权国家手中获得了一些中期贷款。全国解放委员会起初支持美国，随后在非统组织的压力下被迫转变了立场。

1969 年 5 月，全国解放委员会解除了对政治活动的禁令。同年 8 月 29 日被定为大选日，10 月 1 日则被定为还政于民的日子。

三 加纳第二共和国

（一）1969 年选举

参加 1969 年竞选的政党有科菲·阿布雷法·布西亚（K. A. 布西亚）领导的进步党、K. A. 格贝德纳领导的全国自由主义者联盟（National Alliance of Liberals）、P. K. K. 库埃多领导的全民共和党、伊莫洛·埃亚纳领导的人民行动党以及 H. S. 班纳曼领导的联合国民党。在 1969 年 8 月 29 日举行的选举中，全国自由主义者联盟赢得国民大会的 29 个席位，进步党则赢得了国民大会 139 个席位中的 105 席。其余的席位分别为联合国民党 2 席、人民行动党 2 席和全民共和党 2 席。进步党领袖 K. A. 布西亚于 1969 年 9 月 3 日出任总理。全国自由主义者联盟领导人是进步党的主要挑战者，曾经是人民大会党的忠实维护者，但在 20 世纪 60 年代与恩克鲁玛分道扬镳。全国解放委员会最终于 1969 年将权力移交到一个通过宪法程序选举出来的政党手中，并宣告第二共和国成立。1969 年的宪法与 1960 年宪法大相径庭。新宪法强调多党制和对行政权力的限制，以及政治活动的宪法权利和公民权利。该宪法还禁止了一党制政体，准许反对党的存在。进步党在 1969 年选举中大获全胜，主要归功于当时人们对人民大会党的反感，加之进步党通过全国解放委员会办事部门体现出其良好效能与组织优势。1969 年选举的结果还表明，进步党和全国自由主义者联盟的成功在很大程度上得益于阿肯族与埃维族的支持。全国自由主义者联盟领袖 K. A. 格贝德纳得到了沃尔特省的拥护，而沃尔特省是埃维人的聚居地。进步党领袖 K. A. 布西亚及其政党则受到阿肯族的大力支持。由于阿肯族拥有相当大的一部分人口，因此他们参与选举对进步党而言非常有利。全国自由主义者联盟和其他较小党派被排挤到反对党的位置。于是全国自由主义者联盟和其他反对党发起了反部族主义的政治活动。最终，受部族主义影响的政党环境，加之一些其他因素，掌权 27 个月的进步党政府于 1972 年的一次政变中被推翻。

1969 年宪法扩大了总统的顾问权和咨询权，并且司法机构被赋予完全的独立性，法官的任期也得到保障。此外，该宪法还规定了设置监察专员之职和设置协助司法及维护基本人权和个人自由的调查委员会的条款。然而，声称践行民主原则与保障公民权利的布西亚政府开始施行一些令人厌恶的政策，比如其以宪法赋予的聘任权和解雇权为依据，公然解聘了568 名公务员。其中一名被解聘者萨拉告上法庭，并且胜诉。法庭判决布西亚政府应当恢复萨拉的职务，并赔偿其损失费。布西亚对此大为恼火，指责法庭玩弄政治。后来，布西亚政府又颁布了《外国人遵行法令》，规定未按要求长期居留的外国人，包括父母在加纳出生的，都将被驱逐出境。依据此法，1970 年有 100 多万名外国人遭到驱逐。在经济陷入困境的情况下，布西亚政府采纳了国际货币基金组织一项不得人心的建议，即将加纳货币贬值了 40%。加纳货币塞地的贬值对经济造成了严重破坏。1972 年 1 月，当布西亚在伦敦治病时，加纳军队用一次不流血的政变推翻了他的政府。政变领导人即阿克拉第一军旅旅长伊格内修斯·阿昌庞上校。阿昌庞宣称，"滥治、受贿、贪腐、部族至上、随意解聘、经济管理不当、浪费公款、干涉司法以及其他诸多劣行又出现在加纳社会"。布西亚的反对者甚至将他描述为一个独裁者。

（二）救国委员会

与 1966 年推翻恩克鲁玛政权的军人一样，阿昌庞上校及其幕僚对布西亚对待军队的恶劣态度与手段耿耿于怀。1971 年的严格预算案大幅减少了国家武装力量的开支，降幅几乎达到 25%。此外，军方还必须支付从海外订购装备的税款；这使得军方根本没有多余资金购买装备的更换部件和材料，导致许多装备无法保养维修，也没有额外经费用于训练和演习。另外，布西亚政府还试图重新界定军队的职责，使其从执行宏观的国防任务转为从事更加具体的工作，如协助边防部队进行反走私运动，帮助警察进行反犯罪行动以及参与抗击霍乱疫情，甚至还有人谈论军队将参加筑路和修建卫生设施等建设工程。阿昌庞抱怨军官丧失了许多特权，就连恩克鲁玛统治时期军队尚可享有的一些待遇和设施也都被夺走。许多中级军官认为他们在晋升问题上遭到不公正待遇。到 1972 年，进步党政府甚至疏远了那些最初支持它的军官。因此，这次政变恰恰反映了当时加纳国内各方对布西亚政府的强烈不满。

在此情况下，救国委员会（National Redemption Council）应运而生。1969 年宪法被终止实行，但保留了关于司法机构和行政机构的条款。1973 年的一项法令赋予阿昌庞上校更大的权力，使其可以在救国委员会内部成员未达成一致的情况下采取某些行动。1975 年 10 月，最高军事委员会（Supreme Military Council）成立，将救国委员会降格为一个部级组织。最高军事委员会由阿昌庞将军担任主席，其他成员包括陆、海、空三军司令，边防卫队司令，以及警察总长，而这也意味着加纳军委会主要由军方各兵种司令组成。最高军事委员会成为国家行政和立法机构，其主席阿昌庞将军既保留军事权，还拥有行政权。由于从布西亚政府那里接手了一个千疮百孔的经济烂摊子，阿昌庞将军只能采取严厉措施来拯救经济。1973 年，一个名为"自给自足"的全国性粮食计划全面展开。该计划非常成功，大米和玉米产量大增，甚至还有部分富余的农产品可供出口。"自给自足"计划的成功使阿昌庞深得民心。为了鼓励农业生产，政府向民众发放大量贷款，并提供种子、秧苗、化肥、农药以及农业技术咨询。然而，为扭转布西亚造成的塞地贬值的局面，政府过度提高工人工资，造成财政赤字，导致经济陷入恶性循环，给国家和人民都带来了巨大影响。在经济不堪重负的情况下，向多哥和科特迪瓦等邻国的可可走私贸易日益猖獗。经济运行不善与官员腐败是阿昌庞政府时期十分普遍的现象，几度引发试图推翻其政权的政变。1976 年，阿昌庞试图制定一部新的宪法，以赋予军方在政府中的永久性地位，同时也接纳不属于任何党派的平民进入政府。阿昌庞将这样的政府称为"联合政府"或"联政"。他指出，"政党政治带来分裂、族群至上、迫害和各种社会弊端"，因此他希望建立一个"民有"、"民享"且"人人都有归属感"的政府。联合政府实际上是要建立一个没有反对党的一党制国家。1978 年 3 月 30 日，加纳举行了一次全民公决，选举委员会委员长因质疑阿昌庞操控选举而被解职。最初的结果显示"联政"受到反对，但是第二天新上任的选举委员会委员长却宣布"联政"获得了 56% 的选票。由于担心会遭到反对者的抵制与反抗，阿昌庞很快便下达禁止私自组建政党的命令。随后，他还采取了进一步行动，逮捕并监禁了一些反对"联政"的领袖，如 K. A. 格贝德纳、维克托·奥乌苏和威廉·奥弗里·阿塔等。

　　1978 年 7 月 5 日，一群中级军官成功地将阿昌庞与其侍卫队隔离，并迫使其签字辞职。这群军官推举了时任国防参谋总长以及最高军事委员会委员、地位仅次于阿昌庞将军的弗雷德里克·阿库福作为政变领导人。随后，另一些最高军事委员会委员也被赶下台，而一些平民官员被接纳入新政府。新政府实际上是前任政府的改良版，史称"第二最高军事委员会"。那些因反对"联政"而遭到逮捕的人被释放，支持阿昌庞的组织也被解散，但该政府并未对导致腐败和管理不善的责任人施行惩处。阿昌庞被剥夺军衔，并被短暂关押，之后新政府便派人将阿昌庞送回了他在阿散蒂省的老家。最能够表现政变并未带来多少实质性变化的是，阿库福宣布打算暂时维持"联政"宪法，待到 1979 年再还政于民。阿库福以"第二最高军事委员会"领导者的身份，解除了警察总长阿尔科和科太将军的职务，军队高层权力受到削弱，这将加纳推向危险境地。

　　加纳经济处于崩溃之中。政党领导人要么锒铛入狱，要么流亡海外。在 1978 年，阿库福一直处于被要求还政于民的日趋强大的压力下。1979 年 1 月，阿库福被迫解除对政治活动的禁令，后来又被迫颁布宪法，将 1979 年 6 月 18 日定为大选日，以选举新一任总统和新一届国民大会。与此同时，禁党令也被解除，许多新旧政党又接连涌现出来。然而最终只有六个政党得以参加 1979 年的大选。这些政党包括希拉·利曼领导的人民民族党（People's National Party）、维克托·奥乌苏领导的人民阵线党（Popular Front Party）、威廉·奥弗里·阿塔领导的统一国家大会党（United National Convention）、阿尔哈吉·易卜拉欣·马哈马领导的社会民主力量党（Social Democratic Force）、约翰·比尔森领导的第三力量党（Third Force Party）以及弗兰克·乔治·伯纳斯科上校领导的行动大会党（Action Congress Party）。正当各大政党竞选尤酣之际，6 月 4 日起义悄然发动。

（三）武装力量革命委员会

就在 1979 年大选之前一个月，即 5 月 15 日发生了一场蓄谋政变，策划者为飞行中尉杰里·约翰·罗林斯。此次政变的成员还包括一批陆军和空军下级军官，他们包围了阿克拉军方总部，成功将最高军事委员会未能抓捕的贪污军官绳之以法。但这一行为激怒了罗林斯，因为他起初的主要动机是想与最高军事委员会高层进行对话。政变失败后，罗林斯受到审判，但他也成为军中的一个英雄人物。1979 年 6 月 4 日，一群武装军人袭击了关押罗林斯及其飞行员战友的牢房，并成功将他们解救出来。随后，这些年轻军人占领了加纳广播电台，罗林斯宣布阿库福政权已经被推翻，要求所有最高军事委员会军官立刻投降，并且他将成立革命委员会以取代最高军事委员会。由于军队中尚有效忠于最高军事委员会的分子存在，他们与解救罗林斯的军人之间还在进行战斗，因而局势会如何发展，一时还不明朗。最后，由于抵抗部队的指挥官、陆军司令奥达尔泰·威灵顿少将在战斗中被打死，抵抗部队最终分崩离析。

罗林斯及其追随者成立了武装力量革命委员会（Armed Forces Revolutionary Council），其成员主要由代表基层军人的中下级军官组成，罗林斯则被推选为主席。武装力量革命委员会旨在"清理门户"，即清除武装力量中的腐败分子。这一时期的加纳尤为混乱，阿昌庞和阿库福麾下的一些士兵打砸抢掠，不仅洗劫商店、瓜分财物（尤其是黎巴嫩和叙利亚商人损失最大），还将抢夺来的货物没收，然后以高价出售给民众。随后，阿昌庞和阿库福军队的高层军官遭到逮捕与监禁。罗林斯还成立了人民法庭，旨在对阿昌庞和阿库福政府的军官进行审判。后来，阿昌庞被押解到阿克拉，于 6 月 6 日在国家电视台接受民众对其种种罪行的声讨。6 月 16 日，他和前边防卫队司令乌图卡将军被枪决。其他高级军官，包括罗杰·费利上校、博阿切空军上将、罗伯特·科太将军、阿库福将军、阿梅杜梅海军少将和阿弗里法将军最后都被处决。高层军官们除被处决以外，其被认定为非法获得的房产也被国家所没收。在持续了大约四个月后，政府宣布停止处决。当时尼日利亚政府要求加纳停止处决，否则将中断对加纳的石油出口。

经济方面，在武装力量革命委员会执政时期，可可价格上涨了50%。在武装力量革命委员会执政的最后阶段，加纳可可市场理事会被迫解散。因为这个机构被少数人所利用，非法捞取了大量钱财。另外，武装力量革命委员会还成功收回了一大笔欠缴的税款。总的来说，罗林斯的举措激发了加纳人的热情，并唤醒了加纳人奋发的民族主义和爱国主义精神，这也使得他深得民心，从而为其政权巩固奠定了民众基础。

四 加纳第三共和国

在夺得权力几天后，各政党领导人都被召集起来，共同商讨与制定举行大选的时间。大选在1979年6月18日如期举行。行动大会党总统候选人弗兰克·乔治·伯纳斯科获得9.4%的选票，其所在党获得国民大会140个席位中的10席；第三力量党总统候选人约翰·比尔森获得2.8%的选票；社会民主力量党总统候选人易卜拉欣·马哈马获得3.7%的选票，其所在党获得3个席位；而人民民族党总统候选人希拉·利曼赢得35.3%的选票，其党赢得国民大会140个席位中的71席。利曼在7月9日的决定性总统竞选中获得62%的选票，打败人民阵线党候选人维克托·奥乌苏（38%）。在首轮竞选中，人民阵线党的维克托·奥乌苏获得总选票的29.9%，该党赢得国民大会140个席位中的42席，而威廉·奥弗里·阿塔所属的统一国家大会党收获140席中的13席和17.4%的总统选票。希拉·利曼和他的人民民族党在取得决定性总统竞选胜利之后，开始了加纳第三次宪法民主化的尝试，然而这次尝试为时短暂。与1969年宪法将加纳政治体制恢复为英国传统议会模式的做法不同，1979年宪法使加纳走上了美国总统制政府的道路。同样，1979年再次出现了旧时政党体制的传统，即当时的联合党与人民大会党对垒角逐。人民民族党是前执政党即人民大会党残余势力的集合。人民民族党的根本目标在于促进国家统一以及捍卫人民自由。此外，人民民族党还强调建立国有企业的必要性，也主张国家与外国私有企业、合作企业以及加纳私有企业共同建立合资企业。实际上，人民民族党在1979年选举中取得胜利是奉行恩克鲁玛主义者统一阵线的结果。人民民族党在动员党员及人民群众方面的行为与人民大会党如出一辙，而人民阵线党党员则主要从过去的进步党中招募而来。原进步党总书记达·洛察在人民阵线党中仍担任同样职位，并且进步党的核心价值（如追求个人自由、媒体自由与社会安全等）在人民阵线党的宣言中也有所体现。

1979年9月24日，罗林斯在国会宫举行的盛大仪式上将政权移交给利曼。罗林斯指出，他希望看到利曼领导下的新政府较其他届政府有更大作为。此外，罗林斯表示他将与他的同事重返军营，并密切关注国家事务状况。一些评论家将此番言辞看成一种威慑，认为罗林斯旨在使新政府明白军队绝不容忍政府对经济的劣政滥治。

然而，不到两年，第三共和国就濒临崩溃的边缘，国内经济状况一片混乱。1979年，可可出口量减少至189000吨，为独立以来的最低水平。此外，木材以及黄金、钻石和其他矿产出口量也同样呈现下滑趋势。从1971年到1982年，加纳GDP下降了12%，而人口却增加了大约30%。利曼意识到其政权愈发不得人心，极可能会引发另一次政变，于是他决定通过削减军队领导人数量的方式来逐渐瓦解武装力量革命委员会。在严峻的经济形势下，贪腐丑闻不绝于耳，人民民族党政府却仍忙于为1983年的下一轮选举做准备。12月23日，塔科拉迪部队发动了一次政变，结果未能成功。然而，与1979年的情况相同，利曼政府对涉事低级军官的审判也导致其他军官接连采取相应行动。1981年12月31日，被开除出军界的罗林斯又率领部队起事，从人民民族党政府手中夺取政权，推翻了希拉·利曼总统的第三共和国及其政府。军方接管权力后不久，利曼总统及其部长就遭到逮捕。

此次政变后，临时国防委员会便宣布第三共和国倒台，其国会也遭解散，宪法和政党活动被终止。罗林斯恢复了努努·门萨准将的国防参谋总长职位与阿诺德·奎努准将的陆军司令职务，并将他们纳为新政府的核心成员。罗林斯还为临时国防委员会成立了专门的咨询委员会以及授权登记选民的选举委员会，选举委员会在之后更名为国家促进民主委员会，并且该委员会负有监督中央政府响应人民需求的职责。罗林斯吸取了过去政变的教训，因而在这段时间内，他不仅将一些平民人才引进临时国防委员会，还创建了一些新的机构以确保民众能够积极参与决策过程。此外，他还成立了书记委员会，以充当各部的行政首长。

各工矿企业的工人也被其赋予成立工人防卫委员会（Worker's Defense Committees）或人民防卫委员会（People's Defense Committees）的任务。工人防卫委员会旨在监督经理的行为，以确保工人全面参与企业规划，而人民防卫委员会则成为一个表达人民呼声与彰显民众权益的组织。此外，罗林斯还设立了一个中介机构，即临时全国协调委员会（Interim National Cordinating Council，INCC），其成员主要从立志于革命的各进步运动组织中抽派，如6月4日运动组织、克瓦米·恩克鲁玛革命卫队以及新民主运动组织等。临时全国协调委员会代表企业和个人调查腐败案件，公民数据审核委员会（Citizens Verify Committees）的职能与其相同。但公民数据审核委员会公开办案，并可以做出处罚决定，其性质更像司法机关。

由于1983年灌木林火灾肆虐，大片可可农场被烧毁，可可产业无法再为国家和人民带来收入。为了重振经济，政府于1981年求助于国际货币基金组织和世界银行。在国际组织的协助下，临时国防委员会政府发起了"经济复兴计划"（Economic Recovery Program）和"经济调整计划"（Economic Adjustment Program），然而这两个计划却引发了临时国防委员会内部的争斗。

五　加纳第四共和国

1990年，一些政治团体自发结成了一个名为"自由与正义运动"的联盟，该联盟由阿杜·博亨领导，其成员大多曾从属于第一、第二和第三共和国时期的各大政党。该联盟旨在对罗林斯领导的政府施压，因而其建立使得国内对临时国防委员会政府的批评声越发浩大。然而不可否认的是，与过去的军人政权不同，临时国防委员会政府已有长达八年半的统治经验，而且在经济形势严峻的情况下也并未出现重大的贪腐丑闻，这也印证了该政府的高效廉洁。不久后，加纳刮起了多元政治的变革之风。1992年是加纳的一大拐点，当时在国际社会和国内亲民主力量的压力之下，临时国防委员会恢复了多党民主制。

1991 年 5 月，加纳成立了一个由宪法专家组成的特别委员会，即宪法协商委员会，旨在为制定宪法提供建议，其主席为前任副检察长 S. K. B. 阿散蒂博士。同年，该委员会举行了协商会议，就制定新宪法展开讨论。该委员会提出采用 1979 年美国式宪法框架的建议。宪法最终于 1992 年 4 月向加纳全国人民公布，并受到广泛赞同。宪法规定，在禁党令没有解除之前，任何政党不得使用与过去政党有关联的标志。此外，宪法还严格限制政党经费的来源，对经费数额也做了明确规定。总统和议会选举则分别被定在 1992 年 11 月和 12 月举行。

禁党令刚取消不久，便有 13 个新政党登记参加 1992 年选举，分别是全国民主大会党（National Democracy Congress）、新爱国党（New Patriotic Party）、国家独立党（National Independence Party）、人民遗产党（People's Heritage Party）、民主人民党（Democratic People's Party）、新生代党（New Generation Party）、加纳民主共和党（Ghana Democratic Republican Party）、加纳全民党（Every Ghanaian Living Everywhere Party）、全国大会党（National Convention Party）、人民全国大会党（People's National Convention）、人民民主与发展党（People's Party for Democracy and Development）、国民正义党（National Justice Party）和国民拯救党（National Salvation Party）。其中一些政党的政治观念是在对 1950 年旧政治传统的批判继承上再推陈出新，如新爱国党。然而，像新生代党、国民正义党和国民拯救党等其他政党在加纳政坛上则毫无根基，属于从未表达过明确政治观念的全新的政治实体。

罗林斯将临时国防委员会打造成一个政党，称作全国民主大会党。他改变了自己的军人身份，转而成为政党的政治领袖。全国民主大会党建党思想中的社会民主原则，吸引了众多具有社会主义倾向的恩克鲁玛主义者。民主人民党、全国大会党和加纳全民党是继 1992 年临时国防委员会政府取消禁党令后最早成立的一批政党，这些政党声称要与人民遗产党、人民全国大会党和国家独立党一同紧跟恩克鲁玛的传统路线。后来，民主人民党、全国大会党、加纳全民党与全国民主大会党组成了"进步同盟"，联合参加 1992 年 11 月的总统竞选。该同盟推选全国民主大会党的罗林斯作为单一总统候选人，全国大会党的埃考·恩肯森·阿卡作为副总统候选人。最终，他们赢得了 58.4% 的选票，分别成为加纳第四共和国的首任总统和副总统。全国民主大会党获得 289 个席位，以压倒性优势成为首届议会中的第一大政党。全国大会党取得 200 个选区中 8 个选区的胜选，成为第四共和国首届议会中的第二大政党。而加纳全民党仅获 1 席，其余席位则由两名独立候选人获得。

1992 年对政党政治空间的解放也使在加纳政坛已经被摧毁的丹夸 – 布西亚（联合党）传统势力得以以新政党的名义重组，即新爱国党。新爱国党的领袖阿杜·博亨既是一位学者，也是一个长期对罗林斯的军人政府提出批评的人。新爱国党被视为黄金海岸统一大会党衍生出的一根新枝，即继黄金海岸统一大会党于 1950 年演变为联合党，1960 年演变为进步党（Progress Party），1970 年演变为人民阵线党后的又一次演变。除 1992 年 12 月的议会选举外，新爱国党还参与了第四共和国成立以后的每一届选举。在 1992 年 11 月 3 日的总统选举中，新爱国党加入了"进步同盟"。基于有关选票操纵的传言，新爱国党和另外三个反对党，即利曼的人民全国大会党、伊曼纽尔·厄斯金中将的人民遗产党和克瓦贝纳·达科的国家独立党，对 1992 年的议会选举进行了抵制，因此没有获得第四共和国首届议会的席位。

1996 年大选之际，新爱国党与时任加纳副总统的埃考·恩肯森·阿卡结成了同盟，阿卡被提名为新爱国党约翰·库福尔的竞选伙伴。在 1996 年总统选举中，约翰·库福尔赢得 39.62% 的选票，而罗林斯赢得 57% 的选票。罗林斯及全国民主大会党宣布在 1996 年竞选中获胜。然而，不同于 1992 年的议会选举，在 1996 年 12 月的议会选举中，新爱国党在议会席位的争夺上斩获颇丰（61/200），在第四共和国第二届议会中崭露头角。

新爱国党在 1992 年和 1996 年的总统选举中两次败给全国民主大会党。在 2000 年 12 月的总统选举中，该政党仍推选约翰·库福尔为总统候选人，终于在决胜轮中大胜，并于 2001 年 1 月 7 日取得执政权。得益于第三方政党，即人民全国大会党、大会人民党、加纳团结运动党和国家改革党等政党的支持，新爱国党才取得胜利，结束了临时国防委员会/全国民主大会党长达二十年的统治。这也标志着加纳政治史上第一次，一个在任的民选政府以和平的方式将政权移交给反对党。2004 年，约翰·库福尔以 52.75% 的选票打败全国民主大会党的约翰·阿塔·米尔斯，再次当选为加纳总统。在 2004 年的选举中，新爱国党赢得议会 230 个席位中的 128 席，全国民主大会党、人民全国大会党、大会人民党和民主自由党分别获得 94 席、4 席、3 席和 1 席。

在 2008 年大选中，尽管当时众口指责选举存在舞弊现象，新爱国党候选人纳纳·阿库福－阿多仍承认自己在竞争激烈的总统竞选决胜轮中失败。纳纳·阿库福－阿多获得总票数的 49.77%，略低于全国民主大会党候选人约翰·阿塔·米尔斯的 50.23%。2012 年大选后，当加纳选举委员会宣布计票结果时，新爱国党面临着与 2008 年相似的局面。在选举存在舞弊的指责声中，纳纳·阿库福－阿多获得总票数的 47.74%，而全国民主大会党的约翰·德拉马尼·马哈马获得 50.7%，略高于阿库福－阿多所获票数。2013 年 8 月 28 日，成为众矢之的的选举舞弊案在加纳最高法院得以审判并澄清。

自 1992 年恢复多党制以来，加纳政局进入了一个长期稳定的阶段。然而，这种稳定是否能够推动国家发展则又是一个需要考察的问题。必须指出的是，杰里·罗林斯在 1992 年总统选举之前加入了"过步同盟"，此举巧妙地把大多数恩克鲁玛主义政党调和为与全国民主大会党并行的政党。虽然多党制已经经历了第四共和国的七轮选举，但全国民主大会党和新爱国党始终占据着主导地位。而其他政党，或声称脱胎于旧时人民大会党和黄金海岸统一大会党，或代表加纳政坛上的某种第三力量，则一直处于边缘政党的地位。因此，加纳第四共和国宪法规定的多党民主制早已名存实亡，实际上已被两党制所取代。

第五节　重要历史人物

1. 克瓦米·恩克鲁玛

克瓦米·恩克鲁玛 1909 年 9 月 21 日出生于恩克罗富尔。加纳首位总统和总理，领导加纳取得了民族独立。恩克鲁玛是一位在 20 世纪有广泛影响力的泛非主义者。在 1964 年 1 月的宪法公投之后，恩克鲁玛宣布加纳为一党制国家，他所在的人民大会党则是唯一合法政党，恩克鲁玛也因此成为国家终身总统和执政党终身主席。1966 年 2 月 24 日，军队通过政变推翻了恩克鲁玛政府，在越南访问的恩克鲁玛也因此被迫流亡国外。1972 年 4 月 27 日与世长辞。

2. 约瑟夫·亚瑟·安克拉

约瑟夫·亚瑟·安克拉 1915 年 8 月 18 日出生于阿克拉，1960 年被任命为上校，并于次年被任命为准将。1966 年 2 月 24 日，安克拉出任推翻了恩克鲁玛政府的全国解放委员会主席，同时担任国家元首。1969 年 4 月 2 日，安克拉辞去了全国解放委员会主席的职务。1992 年 11 月 25 日与世长辞。

3. 科菲·阿布雷法·布西亚

科菲·阿布雷法·布西亚 1913 年 7 月 11 日出生于文奇。在全国解放委员会执政期间，科菲·阿布雷法·布西亚在 1967～1969 年担任公民教育中心主席，并于 1968 年成为宪法审查委员会成员。他所在的进步党于 1969 年赢得了加纳议会选举。作为进步党的领导人，他于 1969 年 9 月 3 日出任总理。1972 年 1 月 13 日，伊格内修斯·库图·阿昌庞领导的政变推翻了布西亚政府。1978 年 8 月 28 日与世长辞。

4. 伊格内修斯·库图·阿昌庞

伊格内修斯·库图·阿昌庞 1931 年 9 月 23 日出生于库马西。1972 年，他通过军事政变推翻了进步党政府，并成为国家元首和救国委员会主席，兼任国防、财政、经济、计划、新闻、公共关系、体育等部部长。1975 年 10 月 9 日改任最高军事委员会主席。1978 年 7 月 5 日，他在国防参谋长阿库福发动的"不流血政变"中被迫下台。

5. 弗雷德里克·威廉·夸西·阿库福

弗雷德里克·威廉·夸西·阿库福 1937 年 3 月 21 日出生于阿库阿下阿克罗，曾任"第二最高军事委员会"领导人，1974 年 4 月晋升为陆军司令。他在 1975 年成为执政的最高军事委员会的成员。1978 年，他与最高军事委员会的其他成员发动政变推翻阿昌庞的领导。随后，政变制造者将最高军事委员会进行重组，并由弗雷德里克·威廉·夸西·阿库福担任国家元首和重组后的最高军事委员会主席，直至 1979 年 6 月 4 日被罗林斯领导的政变所推翻。

6. 爱德华·阿库福－阿多

爱德华·阿库福－阿多 1906 年 6 月 26 日出生于阿克拉。1962～1964年，爱德华·阿库福－阿多担任加纳最高法院法官。1966～1970 年，他被任命为首席大法官，并担任起草 1969 年加纳第二共和国宪法的宪法委员会主席。

7. 杰里·约翰·罗林斯

杰里·约翰·罗林斯 1947 年 6 月 22 日出生于阿克拉，他在 1979 年 6月 4 日的政变后接管了国家政权，并被任命为新政府机构——武装力量革命委员会的主席。该委员会后来于 1979 年 9 月 24 日将权力移交给由希拉·利曼领导的民选政府。不到两年，即 1981 年的 12 月 31 日，利曼政府被罗林斯推翻，随后建立了临时国防委员会制度。1992 年，罗林斯辞去了军职，成立了全国民主大会党，并于 1993 年再次当选，成为第四共和国的第一任总统，任期于 2001 年结束。2020 年 11 月 12 日，罗林斯与世长辞。

8. 希拉·利曼

希拉·利曼出生于 1934 年 12 月 12 日。希拉·利曼与人民民族党赢得了 1979 年大选，并于 1979 年 9 月 24 日宣誓就任加纳第三共和国总统。然而，该政府于 1981 年 12 月 31 日在由罗林斯领导的军事政变中被推翻。

9. 约翰·阿吉耶库姆·库福尔

约翰·阿吉耶库姆·库福尔 1938 年 12 月 8 日出生于阿散蒂省。库福尔曾参加 1996 年加纳总统选举，但败给了罗林斯。库福尔领导的新爱国党于 2000 年 12 月赢得大选，2001 年 1 月 7 日宣誓就任。自 1957 年国家独立以来，库福尔的选举获胜标志着加纳第一次和平民主的权力过渡。库福尔和新爱国党在 2004 年 12 月 7 日举行的总统和议会选举中再次获胜。连任两届后，他没有资格再次参加总统竞选，于 2009 年 1 月 7 日将国家政权移交给新政府。

10. 约翰·埃文斯·阿塔·米尔斯

约翰·埃文斯·阿塔·米尔斯 1944 年 7 月 21 日出生于塔夸。1997 ~ 2001 年是当时罗林斯总统在任期间的副总统。他在 2000 年和 2004 年加纳总统选举中作为全国民主大会党候选人但并未获得成功。米尔斯最终赢得了 2008 年的总统选举，成为加纳第四共和国的第三任总统，并于 2009 年 1 月 7 日宣誓就任。他的任期于 2012 年 7 月 24 日因其逝世而告终，他也成为加纳首位在职期间逝世的国家元首。

本章作者：

Kingsley S. Agomor，Ghana Institute of Management and Public Administration，Ghana。

本章译者：

陈先乐、郑舒意、张海琳、孟雅琪，电子科技大学，中国。

第三章

政　治

　　加纳是一个统一的共和国，实行代议制民主制，公民委托当选代表行使公职权力。1992 年宪法第 1 条第 1 款强调了人民主权的核心地位，其中规定："加纳共和国的一切主权属于加纳人民。以加纳人民的幸福繁荣为名义，政府有在宪法规定的范围内行使权力的责任。"宪法第 42 条还规定："凡年满 18 岁且精神健全的加纳公民均享有选举权，并且依法拥有投票表决的权利。"

　　历史上，加纳经历过军人治国和一党执政的特殊历史时期。1957 年加纳独立以后，在行政治理中出现了以全国解放委员会（1966～1969年）、救国委员会（1972～1975 年）、最高军事委员会（1975～1978 年）、第二最高军事委员会（1978～1979 年）和武装力量革命委员会（1979年）领导的五次军事干预政治。在 1992 年通过第四部宪法之前，加纳在议会制和总统制之间摇摆不定：1957～1960 年与 1969～1972 年，加纳实行议会制；1960～1964 年与 1979～1981 年，加纳实行总统制。多党民主制恢复以后，1992 年、1996 年、2000 年、2004 年、2008 年、2012 年和2016 年的选举成功，表明加纳已经步入了一个稳定的政党发展时期。此外，加纳正在努力改善政府治理，采取了包括加强公民参与、安全保护、分散规划以及行政管理在内的具体措施。

第一节　国体

　　古代加纳的政治制度有两种表现形式，它们分别是加纳北部的非中央集权制和加纳南部的中央集权制。无领袖社会就是非中央集权制秩序化后的社会结构。加纳北部较为知名的无领袖社会当数塔伦西和洛达加巴。在非中央集权制社会中，酋长的权力范围十分受限。换言之，宗教神权和祖宗法度代替了酋长成为无领袖社会的最高领导，而由此衍生的带有强烈神秘主义色彩的祖灵则变成了刑罚的象征，起到了规范社会行为和稳定社会秩序的作用。

与北部的无领袖社会不同，中央集权制为加纳南部地区的主要政治制度。中央集权制社会的治权由酋长和王母共同维系，但二者又肩负着不同的政治责任。例如，为了确保酋长政权的平稳过渡，王母在继承人的问题上拥有最终决定权。也就是说，当现任酋长去世之后，由王母选定的人继承一切特权。阿肯族为加纳的主体民族，主要分布于黄金海岸的南部。在他们建立的中央集权制社会中，酋长和王母的政治同盟是由母系血统所决定的。阿散蒂人为阿肯族的主要民系分支。他们的酋长被称为"蒂土之王"，是加纳酋长制度中最具代表性的政治称谓。作为埃吉苏的王母，雅阿·阿散蒂娃是加纳历史上著名的女性政治家。1900 年，第九次阿散蒂抗英战争全面爆发。在此战中，作为最高军事指挥官的雅阿·阿散蒂娃因率领加纳人民与英国入侵者英勇作战而闻名。当时的英国驻加纳总督霍奇森想将象征着国家独立主权的"金凳子"据为己有，对当地的阿散蒂部族进行了外交胁迫。于是，她将阿散蒂地区的所有部族联合起来，以共同对抗英国。在战争打响后的三个月中，雅阿·阿散蒂娃率领的阿散蒂军队一度占据了上风。她的部队包围了库马西的英军营地，成功切断了霍奇森总督及其近侍戍卫的后勤补给。然而，第九次阿散蒂抗英战争还是以雅阿·阿散蒂娃的战败而告终。战争结束后，雅阿·阿散蒂娃被流放至塞舌尔群岛，并于 1921 年去世。

阿散蒂部族在第三次阿散蒂抗英战争中的失败使得英国对加纳的政治渗透成为可能。1902 年，英国在阿散蒂及北部地区建立了第一个殖民保护区。此后，英国对加纳的殖民统治得以确立。第二次世界大战后，加纳成立了黄金海岸统一大会党，随后又组建了人民大会党。加纳人民的独立热情空前高涨。最终，在克瓦米·恩克鲁玛为首的人民大会党的领导下，加纳于 1957 年 3 月 6 日赢得独立。然而，加纳独立后不久，恩克鲁玛的专制倾向便开始显现。恩克鲁玛禁止任何组织反对其政权，并于 1964 年宣布加纳实行一党制。

1966 年 2 月，在恩克鲁玛出访期间，军警联合发动政变，夺取政权。随后，出现了以二十年为周期的循环模式，在这个循环模式中，军政府用武力将民选政府赶下台，而后民选政府又将军政府取代（见表 3-1）。这种循环模式最终在 20 世纪 90 年代被打破。1990 年 8 月，一些人希望恢复平民统治，于是发动了争取自由与正义的运动，并开始推行新的宪法。在加纳人民的努力下，担任了十年军事领导人的杰里·约翰·罗林斯允许在加纳实行多党选举，并于 1992 年 4 月在全民公决中批准了新的宪法。

表 3-1　加纳自独立以来的历届国家元首

1957～1960 年	总理克瓦米·恩克鲁玛
1960～1966 年	克瓦米·恩克鲁玛
1966～1969 年	约瑟夫·亚瑟·安克拉
1969～1970 年	阿克瓦斯·阿曼卡瓦·阿弗里法
1970 年	尼伊·阿马阿·奥伦努
1970～1972 年	爱德华·阿库福－阿多
1972～1978 年	伊格内修斯·库图·阿昌庞
1978～1979 年	弗雷德里克·威廉·夸西·阿库福
1979 年	杰里·约翰·罗林斯
1979～1981 年	希拉·利曼
1981～1993 年	杰里·约翰·罗林斯
1993～2001 年	杰里·约翰·罗林斯
2001～2009 年	约翰·阿吉耶库姆·库福尔
2009～2012 年	约翰·阿塔·米尔斯
2012～2017 年	约翰·德拉马尼·马哈马
2017 年至今	纳纳·阿库福－阿多

随着加纳开放党禁，一些参选政党也开始涌现。此外，根据新的宪法，罗林斯领导的临时国防委员会改组为全国民主大会党。大会提名罗林

斯为总统候选人，参加大选。新爱国党对此持强烈反对态度。在 1992 年 11 月举行的选举中，罗林斯以 58.3% 的得票率赢得大选，从而再次掌舵，当选为加纳国家总统。四年后，他又以 57.4% 的得票率在 1996 年 12 月 7 日举行的总统选举中连任。2000 年，罗林斯对外宣布不再参加下一任总统大选。然而，反对派认为 1992 年选举违反了自由和公平原则。为了表示其反对态度，反对派对 1992 年的议会选举进行了抵制。在随后的四年中，加纳议会实际上由一党控制。2000 年 12 月下旬，加纳政权的更替通过自由、公正的选举实现。自此之后，加纳的政治钟摆便在全国民主大会党和新爱国党之间交替。

加纳将十个行政区域分为管区和议会选区。1992 年宪法第 240 条规定："加纳应有一个地方政府行政体系，并最大限度下放分散治权。"宪法第 35 条第 6 款 d 项为权力下放提供了法律基础。同时它还强调："治权下放是民主政治的基石。政府应把财政权力和行政权力分散到管区和议会选区中，使加纳人民在国家各级政府的管理决策上拥有最大话语权。"为了实现这一目标，在地方一级建立了三级行政机构，分别是区域协调委员会（Regional Coordinating Councils，RCCs）、地区议会（District Assemblies，DAs）和次区级机构（Sub-district Structures）。

1992 年宪法第 255 条规定，作为政府机构的区域协调委员会负责对地区议会的协调统筹工作。宪法还规定，在加纳的每个行政区域中设立地方管理局。这些地方管理局将作为技术专职机构参与当地的日常行政工作。然而，就行政等级而言，地方管理局不受区域协调委员会节制，而是直接由国家管理局统辖。地方管理局负责在本行政区域内推行国家政策，对国家管理局负责并报告工作。因此，对于地区议会的任何项目规划，地方管理局拥有协调统筹权，并且在必要时，地方管理局须将地区议会的项目规划报国家管理局审计。依照宪法，区域协调委员会接受地方部长的直接领导。宪法授予地方部长与副部长在其下辖行政区域内的治理权。区域协调委员会的其他组织成员包括各地区议会的主席、各区的首席行政官、区域酋长院的两名代表以及地方政府的首脑

（没有投票权）。

地区议会是加纳的第二级地方行政机构。地区议会在行政等级上低于区域协调委员会。地区议会为具有法人资格的法人团体，是依法享有民事权利和承担民事义务的组织。地区议会拥有独立的法人财产，自负盈亏。1993 年的《地方政府法》第 4 条第 1 款规定："每个地区议会应为可永久继承并持有法团印章的法人团体。地区议会是具有民事权利主体资格的政治组织。"第 4 条第 2 款规定："地区议会拥有独立的法人财产权。地区议会对其所属的财产（包括不动产、流动资产、签订的合约、合法贸易行为）享有收益、使用、处理的权力。"地区议会的性质在宪法第 241 条第 3 款中详细列出："根据本宪法，地区议会为该行政区的最高政治权力机构，享有审议、立法和行政权力。"

加纳行政机构中的次区级机构包括次级城区委员会、城市/片区/城镇/区域理事会和单位委员会。它们可根据法律和地区议会授予的职能和权力自行做出决定，但无须对所做的决定负责。《地方政府法》第 15 条第 1 款规定："根据本法令，地区议会可视情况将所属职能委托给次级城区委员会、城市/片区/城镇/区域理事会和单位委员会。"

加纳设立行政区是一种旨在促进便民服务政策的分权措施，选区的建立则是为了让议员普选具有合宪性。宪法第 47 条规定了设立选区的标准，并规定加纳选举委员会"应对加纳的选区规划进行周期性复审。复审的正常时间间隔为 7 年。但在国家完成人口普查的 12 个月内，加纳选举委员会也应完成一次复审"。

尽管宪法没有明确规定，但通常情况下，加纳的选区规划不应超越行政区划。这符合 1993 年《地方政府法》规定。

第二节　宪法

除 1957 年的独立宪法外，加纳已施行了 4 部宪法：1960 年第一部共和国宪法、1969 年第二部共和国宪法、1979 年第三部共和国宪法和 1992

年第四部共和国宪法。加纳的各部宪法主要是由政府各部门的职能与关系
来进行区分的。

一　1957 年独立宪法

加纳独立宪法于 1957 年 3 月 6 日由英国议会批准生效，其正式名
称为《加纳（宪法）枢密令》。独立宪法名义上赋予英国君主一切行政
权，由总督（代理统治者）代其行使权力。独立宪法还规定，由总督
从议会成员中任命不少于 8 人的内阁大臣，负责政府总体战略方针的制
定以及行政管理。内阁总理作为政府事务领导人，主管内阁大臣。除总
理外，作为国家元首的总督掌握政府所有部门的人事任免权。同样，根
据宪法，总督有权任命一名总检察长，作为起诉刑事犯罪和中止诉讼的
直接法律负责人。而根据总理的指示，总检察长拥有对地方检察系统官
员的任免权。

根据 1957 年的独立宪法，加纳的立法权属于英国女王及国民大会。
国民大会的成员数量与 1954 年宪法规定（104 名）一致，原有成员保留
其席位。国民大会的成员资格为 25 岁及以上并具备专业英语语言能力的
加纳公民。国民大会成员人选受到成人选举法保护。成员以无记名投票的
方式选出，任期为 5 年。国民大会有权通过对当前政府的不信任议案。若
议案通过，则总督必须根据相关条例罢免总理，除非总督根据总理的要求
解散国民大会。

《1957 年法院条例（修正案）》规定将最高法院划分为高等法院和上
诉法院。此条例自 1957 年 3 月 6 日起生效。治安法院也在地方成立。最
高法院的上诉在英国枢密院进行，因其保留最终的司法仲裁权。该宪法没
有界定最高法院的组成形式，也没有明确规定被法律承认的法官人数下
限。总督根据内阁总理的建议任命大法官，其他的法官则由总督根据司法
服务委员会的建议任命。

1957 年宪法对酋长制度给予了宪法上的承认，并肯定了根据习惯法
和惯例存在的酋长职位。根据该宪法，每个区域设立区域酋长院，酋长有
权选择区域行政负责人。该宪法还规定了酋长院在修宪方面起到的具体作

用，因此在某些情况下，修正法案需要首先由酋长院审理，否则宪法便不能修改。

独立宪法的修正程序烦琐。在该宪法第 32 节中提供了专门的修正程序。普通宪法条款的修正必须经议会 2/3 以上成员通过。涉及酋长及区域协调委员会相关事项的修正案，则由区域协调委员会（或区域酋长院）2/3 以上成员通过。

二 1960 年第一部共和国宪法

1960 年加纳的第一部共和国宪法在一定程度上效仿了美国总统制度。该宪法规定，作为国家元首，总统对人民直接负责；总统由议员选举产生；总统当选人需获得议会议员一半以上的有效投票；总统任职的最低年龄为 35 岁。该宪法没有规定副总统职位的条款。在议会任命国务部长之前，总统在内阁（至少由 8 名部长大臣组成）的协助下行使权力；总统只受宪法的约束，在履行职责时享有绝对决策权；总统没有义务遵循任何人提出的建议；总统可以解散国民大会，但国民大会无权罢免总统。

国民大会由议长和至少 104 名成员组成。这些成员的身份为议会议员，由全民投票直接选举产生，任期 5 年。虽然立法权属于议会，但该宪法还赋予第一任总统恩克鲁玛单方面制定具有法律效力的条例的权力。此外，该宪法第 55 条还授予第一任总统"立法文书"的权力：恩克鲁玛可以通过"立法文书"修改除宪法以外的所有加纳共和国法律制度。1960年 6 月通过《人民代表（女性成员）法》后，国民大会为女性特别设立了 10 个席位。

该宪法还规定，加纳共和国的最高法院和高等法院享有最终司法仲裁权，并且依照法律有权自主设立上级法院与下级法院，从而取消了枢密院司法委员会的上诉权。宪法第 40 条明确了下级法院的组成部分，包括巡回法院、区法院、少年法院和地方法院以及家庭法庭。司法审查正式被宪法所涵盖。该宪法规定，就议会法案超宪或违宪的问题，最高法院保留裁判权。在下级法院中若出现此类问题（超宪或违宪），听审会应被终止并将该问题提交至最高法院裁决。同样，最高法院的法官由总统直接任命。在非特殊情况下，最高法院的法官不能被政府机关免职。但当超过三分之二的国民大会议员认定最高法院的法官身体、精力或行为不能胜任其职务时，总统可以罢免议案的方式与议员在法官人选问题上达成共识。

1960 年的宪法保证了区域酋长院继续履行由习惯法定义的职能。立法机构确定了区域酋长院的成员组成及其行政职责。但 1961 年的地方政府法案禁止酋长在地方政府担任职务。该法案还设立了传统和分区委员会，并赋予委员会审理裁决关于酋长职能纠纷的权力。

三　1969 年第二部共和国宪法

1960 年第一部共和国宪法随着恩克鲁玛政权的结束而终止，加纳又制定了一部新的宪法，即 1969 年第二部共和国宪法。该部宪法是基于英国威斯敏斯特议会式的 1957 年宪法制定的，使兼有议会式的总统政治制度在加纳得以恢复。该宪法使国家总统既有权力也不至于拥有绝对行政权，以防止权力集中于任何一个人手中。

1969 年加纳第二部共和国宪法使加纳建立了双头行政制度。换言之，虽然总统拥有正式法律定义的属于国家元首的最高行政权力，但宪法同时规定总统应任命议会中多数党派的领袖为组建政府的总理。该宪法规定，总统的最低当选年龄为 40 岁。总统不是由直接民选产生，而是由选举团选出。宪法第 41 条论述了总统选举团选举总统的方法。选举团由国民大会、每个区域的 3 名酋长和每个地区议会选出的 15 名代表组成。总统胜选所需票数应达到选举团总人数的一半以上。

除总统外，内阁必须由总理与从属于其的各国务部长组成。国务部长由总统根据总理建议从国民大会成员中任命产生。总理既是政府首脑，也是议会中多数党派的领导人。该宪法还规定，作为国务部长之一的总检察长将履行政府主要法律顾问的职责。与内阁其他成员一样，总检察长的任命须通过总理举荐和总统特命方可生效。1969 年宪法还规定，加纳中央政府需建立国务委员会和国家安全委员会以提供咨询和行政协助。国务委员会负责辅助总统处理政务，国家安全委员会则负责统管所有维护国家基本利益的政府部门。

1969 年宪法规定，加纳议会由总统和国民大会组成。国民大会成员数应在 140~150 人。禁止议会议员改变政党立场。

依照 1969 年宪法，加纳的司法机构分为两个体系：上级仲裁法院和下级仲裁法院。上级仲裁法院由最高法院、上诉法院和高等法院组成，下级仲裁法院分为巡回法院、地方法院和少年法院。上级仲裁法院负责监管下级仲裁法院。根据 1969 年宪法，司法部门最高长官是总统与国务委员会协商后任命的首席大法官。最高法院有权对议会立法和政府行为进行司法审查。同样，宪法第 102 条第 4 款规定，由议会设立传统法院和下级仲裁法院。只有从事法庭辩护工作不少于 15 年的律师才有资格在最高法院任职。此外，被任命到上诉法院的律师必须有不少于 12 年的法庭经验，任命到高等法院的律师须有不少于 10 年的法庭经验。

1969 年宪法与先前宪法一样，保证了酋长制度的存续。该宪法规定设立全国酋长院，并为酋长保留了 1/3 的地方议会成员席位，以增强酋长的权力。该宪法中的一项规定进一步加强了酋长的权力，该规定要求在地方议会中吸收两名来自地区酋长院的酋长。

四 1979 年第三部共和国宪法

比起之前参照的英国模式，加纳于 1979 年制定的宪法更接近美国总统制政权模式，换言之，在 1979 年以前，加纳的宪政演变一直由英国传统政治所主导。就行政方面而言，1979 年宪法废除了 1969 年宪法中引入的双头行政模式，而由一位民选总统担任加纳国家元首、政府首脑和武装部队总司令的职务。若在选举中获得有效投票总数的 50% 以上，总统可由选民直接选出。这是加纳举行直接总统选举的第一次尝试。总统每届任期为 4 年，可连任两届。此外，加纳还第一次从宪法角度明确了副总统的行政职务。副总统与总统一起当选。内阁由总统、副总统以及 10~19 位国务部长组成。国务部长全部由总统任命（不能从议会议员中任命）。同样，总检察长也由总统任命，总检察长既是国务部长，也是政府的主要法律顾问。该宪法再次规定成立国家安全委员会和国家发展计划委员会。

　　根据宪法，立法机构成员由选举产生，任期5年。为确立三权分立的原则，立法机关不具备行政权。被擢升为国务部长的议员则无法保留其议会席位。所有部长均对议会负责。宪法第92条规定，部长可在20名以上议会议员的要求下，直接参加未经表决的议会审议，以便说明其职责方面的事项或解释政府政策。

　　1979年宪法规定建立两类法院，包括上级仲裁法院（最高法院、上诉法院和高等法院）和下级仲裁法院（巡回法院、地区法院、家庭法庭和少年法院）。司法部门负责人为总统与国务委员会协商后任命的首席大法官。国务委员会有权就重要的国家问题向总统提供建议。与1969年宪法不同，1979年宪法并没有规定必须把最高法院设在首都阿克拉。此外，1979年宪法还规定，上诉法院由上诉法院最高级法官主持。

　　1979年宪法第178条第1款规定重新设立全国酋长院。在区域酋长院判断为必要的情况下，法律将授予全国酋长院对酋长制度问题的上诉权。此等上诉将由最高法院全权受理。该宪法还设立了地区酋长法庭，负责审理和裁决在法庭权力范围内就酋长的提名、选举、革职等方面的上诉。

五　1992年第四部共和国宪法

　　加纳1992年第四部共和国宪法于1993年1月正式生效。该宪法的实施结束了临时国防委员会经政变建立的长达11年的军政府统治，并引领加纳进入第四共和国时期。这代表了加纳自1957年独立以来的第三次从军政府转向平民宪政的过渡。宪法制定者有意将行政机构和立法机构的职权融合在一个混合的政府体系中。这种体系在模式上部分参照了美国政治制度，部分参照了英国政治制度。

　　公共服务是1992年第四部共和国宪法的重要组成部分。宪法第190条规定了加纳公共服务的各类机构，主要包括政府部门、非营利性的国有企业以及宪法或加纳议会设置的其他国有企业。其中政府部门是公共服务最大的供给主体，同时宪法设置的机构也会提供部分公共服务。宪法制定了委任公职人员的不同机制，比如第 70 条规定，人权和行政司法委员会代表及审计长由总统任命，其职责是就国家理事会的建议进行磋商；第 195 条规定，公职人员如首席执行官和高层管理者由总统根据公共服务委员会与国家理事会的磋商委任；此外，最高法院、高等法院和地方各级法院院长以及警察局局长的任命都有具体的规定。宪法规定，公职人员的退休年龄为 60 岁。但是这条规定不适用于高等法院和最高法院院长、公共服务委员会主席和副主席以及人权和行政司法委员会、选举委员会和国民教育委员会委员与代表。具体来说，最高法院院长以及公共服务委员会主席和副主席的退休年龄为 70 岁，高等法院院长的退休年龄为 65 岁，而人权和行政司法委员会、选举委员会和国民教育委员会委员的退休年龄为 70 岁，其代表的退休年龄则为 65 岁。

加纳 1992 年宪法中的人权条款获得了国际社会的高度认可，被公认为是世界上最好的法条之一，因其增强了整个国家对尊重与保障人权的理解认知和实施执行。这些条款保障了加纳境内所有人的人权，包括生命权、人身权、人格权以及妇女、儿童和残疾人的权益。为了确保这些权利得到有效维护，宪法规定，授予加纳最高法院设立人权部门的权力，为已经、正在或可能受到侵犯的人提供帮助。

第三节　民主政治的演变和政治制度的阐释

一　从军事统治向多党民主的过渡

1993 年，加纳从军事统治向多党民主的过渡是外部和国内压力集聚的必然结果。杰里·约翰·罗林斯领导的临时国防委员会军事政权，在 1981 年 12 月 31 日根据第三共和国宪法推翻了人民民族党的文官政府，并宣称他们的推翻不是政变，而是人民革命。该政权采取亲社会主义政策，以保证诚实、坚持问责和追求社会正义为口号，并宣布打算将权力从精英转移到普通民众，使他们能够积极参与决策过程。该政权从一开始就明确表示其不赞成多党民主。

然而，政府采取亲社会主义政策的动机是政治而非经济，导致当时的加纳面临严重的经济困难。由于无法获得苏联阵营的任何形式的经济援助，临时国防委员会政府被迫放弃社会主义。随后，该政府于 1983 年开始寻求西方国际金融机构，即国际货币基金组织和世界银行的财政援助。同一时期，临时国防委员会政府实施了经济复兴计划与经济调整计划，并强调进行经济改革的必要性与重要性。

20 世纪 80 年代是加纳经济的衰退时期，其间出现了各种民间社会组织。临时国防委员会军政府实施经济复兴计划与经济调整计划的一个主要阻碍是社会组织的发展与扩大，其中大多数是在 1980～1990 年出现，国内要求加纳回归多党民主制的压力主要就是来自这些民间自发形成的非政府组织。加纳国内的诸多个体和组织认可并致力于推动多党民主制，其中包括处于最前沿的工会大会、加纳律师协会、加纳基督教协会、天主教会、加纳新闻工作者协会、加纳学生联盟。这些民间组织不仅通过新闻发布会发布宣言和公报、列出民主要求清单，还向政府递交备忘录和委托书，公开质疑临时国防委员会政府的合法性，并利用私人媒体积极宣传它们的主张，以动员公众。

在外部和内部的双重压力下，罗林斯于 1989 年底做出承诺，全国民主委员会将于 1990 年 7 月 5 日至 11 月 9 日在加纳 10 个省的首府组织一系列研讨会，旨在让公众就如何在加纳实现真正的民主提出建议。1990 年 6 月 16 日，罗林斯表示，若多党民主制国家为民心所向，他将不会再予以反对。1991 年 7 月，天主教会通过在其报告《加纳天主教会寻求新的民主制度》中提出的建议推动了公众辩论，即加纳应该在 1992 年底前恢复多党制。

为了让人民参与制定 1990～1991 年国家民主进程演变的计划，由法官丹尼尔·安南担任主席的全国民主委员会在加纳各个省的首府举办了研讨会，并集中了各地区在政府治理上达成的共识。这些共识在 1991 年 3 月 25 日发布的名为《发展真正的民主：提交给临时国防委员会的报告》的文件中被提出，其中包括建议加纳回归多党政治并将军队排除在党派政治之外，以及建立一个起草新宪法的协商会议。1992 年 4 月 28 日，加纳全民投票通过宪法草案，即 1992 年加纳共和国宪法。1992 年 5 月 18 日，加纳取消了政党禁令。随后，于 1992 年 11 月 3 日至 12 月 8 日举行了总统和议会选举，并于 1993 年 1 月 7 日举行了第四共和国政府的就职典礼。

二　政党、选举和酋长制度

（一）政党

加纳 1992 年宪法旨在巩固民主治理，禁止建立一党制国家。该宪法第 3 条第 1 款规定："议会无权制定建立一党制国家的法律。"除了禁止立法实行一党制外，该宪法将违宪推翻民选政府定为犯罪。此外，该宪法明确授予加纳人民组建新政党的权利。该宪法还保证了各政党参议政事的空间，视民众意愿为宪政的首要理念。宪法第 55 条重申了对政党的重视，并规定"加纳各民主党派拥有平等的话语权。加纳政府应督促国有媒体，对各民主党派进行公正的报道"。

根据 1992 年宪法与 2004 年修正的加纳政党法第 574 号法案，加纳各民主党派的组建和政治活动都将受到法律的监督。加纳政党法第 574 号法案规定："依照本法案与加纳宪法，每一个达到选民年龄的加纳公民拥有参加或组建政党的权利"，"加纳公民一律平等。本法案禁止任何以分裂迫害为政治目的的建党行为。这些行为包括使用任何带有歧视色彩的标语或党徽。'歧视'的范围包括但不限于民族、性别、宗教、职业以及地域"。加纳政党法第 574 号法案还规定，"只有加纳公民或本国公司才拥有对加纳各民主党派的资助权。本国公司包括资产所有人为加纳公民的民营企业、具有加纳国籍的跨国企业与由加纳公民控股的合营企业（控股率需在 75% 以上）"。

自加纳有政党成立以来，其政治一直受到意识形态及传统观念的影响。自 20 世纪 50 年代起，加纳两个主要的政治选举传统，即布西亚主义传统和恩克鲁玛主义传统就已经存在。布西亚主义者通常被认为是"右派",更为保守;而恩克鲁玛主义者则为"左派",更为激进。在所有民事活动被取缔的军事统治期间,克瓦米·恩克鲁玛福利协会、遗产俱乐部、恩克鲁玛主义国家协调委员会和布西亚主义纪念俱乐部秘密组建,旨在维持并促进两个主要政治派系的原则和价值观的发展。随后,包括雄鹰俱乐部、新国家俱乐部、发展联盟、前线和代表混合传统的罗林斯球迷俱乐部在内的第三类团体,成为主张加纳政治中第三种传统的典型组织,他们被称为罗林斯主义者,也是"民粹主义者"和"进步者"。可以看出,第四共和国的政党组织与三种政治派系,即布西亚主义、恩克鲁玛主义和罗林斯主义表现出密切的关联性与连续性。

目前,由加纳选举委员会记录在案的政党总数高达 25 个,包括新爱国党、全国民主大会党、大会人民党、人民全国大会党、加纳全民党、加纳民主共和党、民主人民党、大联合人民党、加纳统一运动党、全国改革党、民主自由党等。

尽管宪法保障了加纳的多党议政制,但两个政党——全国民主大会党和新爱国党一直主导着加纳的政治发展。2017 年 1 月,加纳第四共和国第七届议会开幕。在 275 个议席中,新爱国党占有 171 个席位,而全国民主大会党则拥有 104 个席位。

1. 全国民主大会党

全国民主大会党成立于 1992 年 6 月 10 日,由临时国防委员会政府发起,并于同年 7 月 28 日合法化。该党为临时国防委员会政府在经历了 1979 年 6 月 4 日的起义和 1981 年 12 月 31 日的革命后成立,其口号是"团结、稳定和发展"。该党的党徽为伞状,表示人民的团结和保护之力,上面画着一只鸟,表示时刻保持警惕之心。党徽运用了六四运动中的代表颜色,即黑色、红色和白色,意味着"铭记黑暗与血泪的历史",但又增添了绿色,意味着"一个新的开始,我们国家的财富在我们人民的土壤中"。

在 2002 年发布的题为《加纳社会民主议程》的政策文件中,该党提出其将采用社会主义作为党的活动纲领和指导思想。一年后,该党被正式接纳为社会党国际成员。全国民主大会党将社会主义定义为：在多党、多民族环境下，所有人在政治、经济、社会、文化和宗教关系中享受平等待遇，并且弱势群体能得到保护与关照。

此外，全国民主大会党提倡市场经济。因此，该党旨在将市场效率与国家干预结合起来，以保护弱势群体和边缘群体，并确保最佳生产和分配正义。该党的宗旨和目标是：（1）促进加纳的参与式民主和建立负责任的政府；（2）通过民主手段获得政治权力，以营造有利于确保国家发展的环境；（3）确保所有人在法律上享有平等的权利，不分性别、种族、宗教信仰、意识形态、文化、社会或经济地位；（4）确保每个社会成员有权以公开和民主的方式参与决策，不以牺牲少数群体权利来换取多数群体利益；（5）确保法治的确立和加纳每个公民在没有受到非法干涉的情况下开展其事务的权利，以及所有人都有权获得平等地诉诸法律的权利；（6）提供免费义务基础教育，并在现有范围内，为所有希望并可从中受益的加纳人提供进一步的教育；（7）确保在最短的时间内向加纳的所有社区提供基本的生活用品与设施，即足够的食物、衣物、水、经济适用房、学校、无障碍道路、电力和电信设施。

自 1992 年以来，全国民主大会党在加纳的历届大选中都颇受争议。该党在罗林斯的领导下赢得了 1992 年和 1996 年的大选。此后还分别在约翰·埃文斯·阿塔·米尔斯和约翰·德拉马尼·马哈马的领导下赢得了 2008 年和 2012 年的选举。选举结果显示，全国民主大会党得到了沃尔特省和北部省强有力的支持，其主要支持者多生活在加纳的农村地区。

2. 新爱国党

1992 年 5 月 22 日，距离加纳政党解除禁令不到一周，新爱国党便在阿克拉成立，并于 1992 年 7 月 28 日以"自由发展"的口号和"大象"的标志登记为政党。其标志颜色为蓝色、红色和白色。新爱国党遵循布西亚主义传统，该传统是黄金海岸统一大会党奠定的基础。黄金海岸的精英阶层早在 1947 年就组建了自己的政党——黄金海岸统一大会党，并在 20 世纪 40 年代至 50 年代加纳反对英国殖民统治期间发挥了重要作用。1957

年 11 月，加纳所有的反对党在布西亚的领导下合并成为联合党，共同反对恩克鲁玛的人民大会党。布西亚主义传统在进步党的旗帜下继续发展，并且该党在布西亚的领导下于 1969 年赢得了第二共和国的选举。由维克托·奥乌苏领导的人民阵线党和由威廉·奥弗里·阿塔领导的统一国家大会党在 1979 年第三共和国选举中败给了利曼领导的人民民族党，随即也脱离了布西亚主义传统。

新爱国党与过去的黄金海岸统一大会党创始人和联合党领导人的关系在其宣言中有所阐述：新爱国党是所有相信生活哲学的人的家园，其成员都拥有幸福的回忆。在意识形态上，新爱国党属于保守的右派。此外，该党还是国际民主联盟的成员。同以前建立在布西亚主义传统上的政党一样，新爱国党将自己的宗旨概括为捍卫法治与追求自由民主（个人财产自由和市场经济自由）。简单来说，该党的目的在于发挥人民的力量、促进民主的发展，以及用法律来维护公民的生命权、自由权、财产权与正义权。因此，新爱国党在自由民主的意识形态下运作，而这种意识形态具有一定的社会民主价值。

新爱国党的宗旨和目标是：（1）通过传播有关政党思想、社会和经济方案的信息，提高公众参政的积极性；（2）通过民主手段赢得政治权力，按照党的大选宣言中的规定执行党的议程；（3）将志同道合的公民聚集在一起，以通过真正民主的实践来保护人权和法治，争取自由和正义；（4）在国家利益的指导下，高效、审慎地管理国家经济；（5）促进充满活力的自由市场经济，并鼓励公民积极参与经济活动；（6）营造一种私营企业蓬勃发展的气氛，使本国公民和外国人都可以毫无畏惧地投资，以便为人民创造财富；（7）提供良好的公共和私人教育制度，以满足国家的发展需要以及民众对优质教育的需求；（8）解决大规模失业的严重问题，并为所有有能力的人提供谋生机会和手段，无论是自谋职业者还是作为各种事业的雇员。

除了 1992 年的议会选举之外，新爱国党自 1992 年以来在加纳的每次议会和总统选举中都饱受质疑。新爱国党赢得了 2000 年和 2008 年的选举。选举结果显示，该党主要得到了阿散蒂省、布朗阿哈福省、东部省、

西部省和中部省强有力的支持，特别是在城市精英和正式组织中广受
认可。

尽管加纳两个主要政党在意识形态方面似乎存在着差异，但在政府治
理上，双方都采取了类似的策略。

（二）选举制度

选举制度为加纳人民参政提供了重要的制度框架。宪法保障了选举过
程的神圣与公正。1992 年加纳宪法第 7 章对选举行为、政党活动、选民
权利和选举委员会的职责等做出了详细的规定。宪法规定，民主选举是民
众自发自愿的权利。根据宪法，受法律保障的加纳选民需满足以下 5 个条
件：（1）拥有加纳国籍；（2）年龄至少为 18 岁；（3）拥有基本思考能
力；（4）是所在选区的常住居民；（5）没有被现行法律剥夺政治权利。

依照宪法，选举委员会被赋予了对加纳选民的法律保障权。在职责和
法律层面，选举委员会不受政府管辖而独立存在。1992 年宪法第 7 章和
1993 年选举委员会法为选举委员会的建立提供了法律基础。选举委员会
在人员结构、职位任期、人事独立以及职权责任几个方面有明确的法律依
据。宪法第 45 条规定，选举委员会的使命是通过确保自由、公平和透明
的选举来促进加纳的发展，并以此推进善政和民主。宪法第 43 条第 1 款
规定，选举委员会包括主席一名、副主席两名和普通委员四名。换言之，
委员会的总体结构为三级，从中央到地方，依次为总部、区域办事处和地
区办事处。

根据 1992 年宪法，加纳每 4 年举行一次大选。选举法允许党派候
选人和独立候选人参选。加纳的投票制度是以多数主义和简单多数票当
选为基本理念的民主范式。因此，加纳在大选时分为多个单选区。在总
统选举中，胜选者是获得总票数 50% 以上的多数票候选人。如果没有
候选人在第一轮中获得多数票，那么获得最高票数的两名候选人将进行
第二轮选举。而就议会选举而言，宪法中关于多数主义（2/3）的条款
并不适用。换言之，任何一位获得简单多数（1/2）票的候选人都有获
取议会席位的资格。而为了保障大选和选举结果的可信度，加纳于
2012 年正式在大选中引入了生物识别登记和投票核查技术。在区和次

区级层面，民主普选不会涉及党派。就基层政府选举而言，加纳各党派不得以任何方式干预。

（三）酋长制度

加纳 1992 年宪法第 277 条对酋长的定义为："依照相关习惯法，酋长人选需出身正统家族，经合法程序提名，由部族成员投票表决后才能产生。"

1992 年宪法保障了酋长制度与传统委员会制度的合法性，但明确禁止各部族酋长参与政党活动。宪法建立了酋长院的三级制度，即全国酋长院、区域酋长院和传统委员会。宪法还赋予酋长以下职务：国务委员会成员（由全国酋长院主席担任），国土委员会委员（由全国酋长院提名的一名代表担任），司法委员会委员（由全国酋长院推荐的一名代表担任），区域协调委员会委员（由区域酋长院举荐的两名代表担任）。

根据宪法，酋长保留以下司法职能：针对酋长制度的相关问题，区域酋长院拥有对传统委员会的申诉仲裁权。区域酋长院有权改变传统委员会的决定，区域酋长院有权建议传统委员会对特定事项重新进行审议。在行政方面，区域酋长院也可以向传统委员会做出指示或施加压力。全国酋长院保留对区域酋长院的申诉仲裁权，而最高法院则保留对全国酋长院的申诉仲裁权。

第四节　国家机关

一　行政机关

由总统领导的政府行政机关负责公共服务的运作。行政机关负责执行议会通过的法律。宪法第 8 章和第 9 章规定，行政机关由总统、副总统、内阁、国务部长和副部长、国务委员会、国家安全委员会、国家发展计划委员会、总检察长组成（见图 3 – 1）。

（一）总统

总统既是加纳国家元首，也是政府首脑和武装部队总司令。总统候选

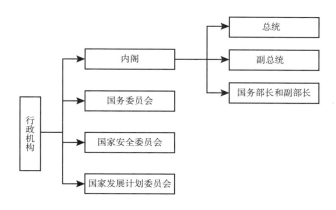

图 3 - 1　加纳行政机关

人至少应年满 40 岁，并且是出生于加纳而有议员选举权的本国公民。竞选人需要获得总有效票数的 50% 以上方可胜选。宪法规定，总统任期为 4 年，可连任一届。在总统之后，按级别降序排列为：副总统、议会议长和国务部长。

若总统身处国外或因任何其他原因不能履行其职务，则由副总统当权。在得到议会批准的前提下，总统有权任命多位他认为合适的国务部长以有效管理国家。宪法第 78 条规定，总统关于国务部长的大部分任命人选必须来自议会议员。

总统的职能包括以下几方面内容。

· 总统既是国家元首，也是政府首脑。这个职位需要在位者执行所有的国家职能。

· 总统对公职人员有极大的任命权。总统有时会依照国务委员会的建议或议会的批准行使这些权力。以下是由总统任命的一些公职：国务部长和副部长，司法部长，全国公民教育委员会主席、代表及其他成员，公共服务委员会主席及其他成员，地政委员会主席及其他成员，市政机关理事机构主席及其他成员，全国高等教育委员会主席及其他成员，选举委员会主席、副主席及其他成员，加纳中央银行行长，政府统计官员，审计委员会审计长、主席及其他成员。总统任命的其他公职有：地区议会共同基金管理官员，警察总监，加纳监狱处总干事，国防参谋长，现役军队首长及军官，大都会、市及区行政长官，国家发展计划委员会主席及成员。

· 总统对首席大法官的任命需与国务委员会协商，再经议会批准才能生效。而对于最高法院法官的任命，总统还需参照司法委员会的建议，与国务委员会协商并经议会批准才能颁布。总统有权根据司法委员会的建议任命上诉法院法官、高等法院法官以及区域法庭主席。

· 在内阁的协助下，总统负责制定政策、启动立法机关制定的法律提案。同时总统还对政策的施行负责。

· 总统有权在咨询公共服务委员会后，颁布关于公共服务部门的人事任命。但实际上，宪法将这项权力授予了有关理事会。

· 总统拥有对政府公共服务部门的人事任免权。此等任免权包括总统对部门公职人员的任命、纪律约束、革职等事项。

· 总统的行政权力还包括对 1992 年宪法以及相关章程的维护。总统可以直接或通过其下属官员行使这一权力。

· 总统作为行政首脑负责主持所有内阁会议。

· 法案须征求总统同意才能成为国家法律。总统拥有否决部分或全部法案内容的权力。

· 总统有权召开、召集、推翻和解散议会。

· 在征求国务委员会的意见后，总统拥有签署死刑令的权力。在特殊情况下，经国务委员会批准，总统也被授予豁免刑事处罚或特赦的权力。总统可以无限期或在特定的时间内暂缓罪犯死刑的执行时间。此外，总统也可以在法律允许的范围内行使减刑的权力。最后，依照宪法，当个人或团体因政府失察失职而被法律问责时，总统可以视案件情况，适当减免个人或团体的法律责任。

· 总统有权根据其任命的委员会的建议，确定某些职位应付的薪金和津贴以及所需的特权。这些职位是：议长、副议长及议会议员，高等法院的首席大法官及下属法官，审计长，选举委员会主席和副主席，人权和行政司法专员及其副手，地区议会共同基金行政长官，全国高等教育委员会、公共服务委员会、全国媒体委员会、地政委员会和全国公民教育委员会的主席、副主席及其他成员。

·总统有过问国际关系的权力，总统负责对加纳驻各国大使的任命，总统有权代表国家接待他国派驻加纳的外交特使，总统作为国家元首拥有在国际峰会上与各国领导人签署外交条约的权力。

·作为国家元首，总统有主持国家典礼的义务，例如接待外国政要。

·总统为加纳国防力量的最高军事指挥官，有权在必要时负责统筹部队的部署以及防务。

·总统有责任维护国家法律制度、确保国家安全。根据宪法，总统为国家安全委员会主席，所有的安全事务都属总统的管控范畴。

（二）内阁

内阁是负责协助总统制定国家总体政策的机构，是对组成中央政府的各行政机关的总称。加纳1992年宪法第76~79条规定，内阁成员由总统、副总统和部长组成。对于有关国家运作的事项，内阁被赋予了向总统提供建议的职能；内阁有权参与国家大政方针的制定。由总统、副总统和各部部长亲自完成或授权完成的工作事务被视为政府共同努力的体现。内阁由总统任命，议会批准，并没有固定结构，具体组成方式可由总统统筹安排。

（三）国务部长和副部长

经议会批准，总统有权任命部长，且对人数不设上限，从而有助于国家的高效运转。加纳1992年宪法第78条第1条规定，总统必须从议员中任命大多数部长。部长不仅拥有对部门进行控制和监督的权力，还有对部门实施管理和指导的绝对权力，例如部门的重要决策只有经部长许可才能最终决定。同时，部长负责制定部门政策和监督政策实施，以及向部门官员下达指令。1992年宪法第79条和第256条第2款进一步规定，总统可与部长协商部门副部长人选，经议会批准后由总统任命。

宪法第255条规定，经议会批准，总统有权任命加纳各地区政府部门的部长。

（四）主要咨询小组

加纳行政部门工作的顺利开展得益于国家的三个主要咨询小组——国

务委员会、国家安全委员会和国家发展计划委员会。虽然它们的功能截然不同，但目的都是为政府治理提供帮助，以确保政府的有效运作。

1. 国务委员会

依照加纳1992年宪法第89条，加纳成立了国务委员会，为总统提供建议。国务委员会根据总统的要求审议法案，并向国家机关提供建议，如就修改宪法事宜向立法机关提供建议等。国务委员会由"就国家问题向总统提供建议的小部分公认的杰出公民"组成。国务委员会由总统任命的各类人员和从加纳10个一级行政区选出的人组成。

国务委员会成员的具体构成是：一名先前担任过首席大法官职务的人，一名先前任职于首席大法官办公室的人，一名担任过国防参谋长或加纳武装部队办公室主任的人，一名担任过警察总监办公室主任的人，现任全国酋长院院长，按照加纳选举委员会规定选出的加纳各地区代表，以及由总统任命的其他成员。

2. 国家安全委员会

国家安全委员会是负责统筹协调涉及国家安全的重大事项和重要工作的机构。依照1992年宪法第83条，加纳建立了国家安全委员会，并规定其任务主要是"密切关注国家的内部和外部安全并采取适当措施保护国家内外部安全"。依照宪法第85条，除非宪法明确规定，禁止设立任何危害国家安全的组织。

1992年宪法第15章规定由警察承担维护法律和社会秩序的职责。依照宪法第16章，加纳设立了监狱服务处，以确保对囚犯的安全监护，并在切实可行的范围对囚犯进行改造。依照宪法第17章，加纳建立了国家军队，由陆军、海军和空军组成，以保护国家安全。至于其他的国家安全机构，例如加纳移民局、加纳国家消防局和加纳国家税务局的海关司，则是根据议会法案设立的，该法案还规定了这些部门的理事会人员构成及主要职能。

3. 国家发展计划委员会

按照1992年宪法第86条第2款规定，加纳建立了国家发展计划委员会。该委员会由14名以上总统任命的成员组成。就其职能而言，宪法第

87 条规定，国家发展计划委员会应就发展规划政策和战略向总统提出建议，并研究分析宏观经济改革方案以及制定发展计划和政策。

二 立法机关

加纳 1992 年宪法规定，议员人数应不少于 140 名。议员由普选产生，任期 4 年。在战争时期，议员的任期则可超过 4 年，但延长时间不得超过 12 个月。议会议员必须是年龄为 21 岁及以上、被政府部门登记在册、拥有选举权的加纳公民。该宪法第 94 条规定："议会议员必须在其代表的选区内持有有效住址，或于竞选之前在该选区拥有五年以上的居住经历。"议员除了履行立法职责外，还有代表选民支持所属党派的义务。议会领导层包括一名议长、两名副议长、一名多数党领袖、一名少数党领袖和数名委员会成员。

宪法第 95 条规定，议会议长的人选资格为"议会议员或满足当选议会议员条件的加纳公民"。议长的职责在于主持议会所有的相关议程，维护议会的章程与秩序。议长作为议会的发言人，负责与所有的国家机关（包括总统）进行沟通。副议长在议长缺席的情况下代其履行议长职责。宪法规定，两名副议长"不得是同一政党的成员"。当议长和第一副议长因特殊情况而缺席时，议会会议由第二副议长负责主持。多数党领袖是从占有议会多数席位的政党中选举产生的。依照宪法，多数党副领袖和党鞭负有协助多数党领袖处理日常工作的行政职责。关于议会事务和章程等问题，议长必须征求多数党领袖和少数党领袖的意见。少数党领袖由议会第二大政党选举产生。与多数党领导层的分工相同，法律授予少数党副领袖和党鞭在行政工作中协助少数党领袖的权力。换言之，正副两名领袖与一名党鞭组成少数党在议会中的基本领导班底。

议会由众多委员会组成。议会议员至少在一个委员会中担任相关职务。议会的各委员会由选举委员会擢拔产生。对于政府部门的行政管理而言，议会各委员会具有专业职能。这种职能包括对法案的筛选和审查权。议会各委员会被宪法赋予召开公开听证会的职权。委员会可以就政府人事任命、法律议案等问题直接征求公众的意见。议会各委员会主要有三种类型：常务委员会、专责委员会和特设委员会。常务委员会负责处理对议会有持续影响的重要政务；专责委员会拥有审议和监督的权力，负责直接监察政府各部门在财政支出、政策制定、行政管理等层面上的潜在问题；特设委员会被宪法授予自主调查的权力，全权受理所有与社会民生相关的要务。对于专责委员会职权范围之外的法案，特设委员会有调查审理的职权。

三　司法机关

根据 1992 年宪法，加纳的法院系统分为两级：上级司法仲裁法院和下级司法仲裁法院。上级司法仲裁法院按优先级从高到低的顺序包括最高法院、上诉法院、高等法院与区域法庭。下级司法仲裁法院有巡回法院、地方法院、少年法院、全国酋长院、区域酋长院和传统委员会，以及在法律授权下由议会建立的下级法院。

司法委员会经宪法授权，负责审议一切与司法管理有关的案件。司法委员会对司法机关和司法系统的运作负有监督责任。该委员会的核心任务是协助首席大法官改善司法管理和提高司法效率。司法委员会的组成为：首席大法官（委员会主席），司法部长和总检察长，最高法院提名的一名最高法院法官，上诉法院提名的一名上诉法院法官，高等法院提名的一名高等法院法官，加纳律师协会的两名代表（其中一名应具有不少于 12 年的律师工作经历），区域法庭主席提名的一名主席代表，下级法院或法庭的代表，加纳武装部队法律总顾问，警察局法律事务主管，加纳法律报告编辑，司法服务人员协会提名的一名代表，全国酋长院提名的一名酋长，还有 4 名其他人员（不包括总统任命的律师）。

四　权力的分离与制衡

虽然政府的行政机关、立法机关和司法机关依照法律是分离的，但从权力制衡的角度考虑，1992 年宪法为了促进政府机关的相互依存与合作而制定了相关规程。宪法规定，总统必须履行第 78 条第 1 款的内容，从议会中选出一部分内阁成员。宪法第 57～88 条规定，总统的竞选独立于议会之外，由民众直接投票产生，议会无权干涉其连任问题。

1. 总统与立法机关

总统在重要场合（比如议会听证和议会解体时）有直接向议员发表讲话的权力。根据宪法第 67 条，总统应在每届议会组建和解体时向议会递交一份加纳国务报告。

新法案首先由议会审阅，通过后再经总统批准生效。根据宪法第 106 条第 10 款，若总统否决经议会审阅通过的法案，议会须重新表决。当三分之二的议员表决通过时，法案可不由总统签字而直接生效。

加纳议会没有国家财政实权。根据宪法第 108 条，就加纳财政问题，总统被授予专有提案权。这使得加纳总统实际掌握了加纳的财政权力。

议会无权决定其自身机构预算。议会的预算受到财政和经济规划部的逐项控制，议会有时必须当面向行政机关申请资金。

根据宪法第 71 条第 1 款，针对议长、副议长和议会议员等人员的待遇问题（包括薪金、特权、资源掌控），总统保留最终决定权。

2. 行政机关的立法管理权

议会有权就行政规划、政府政策、行政手段等问题进行公开讨论。根据宪法，议会拥有国家部门和相关机构的职位任免权。例如，宪法第 78 条第 1 款规定，由总统举荐的国务部长，须通过议会公职任免委员会的审查后才能正式任职。

总统的国家年度预算规划须得到议会的审批。根据宪法，总统负责预算的编制。预算由财政部长提交到议会。政府每年度的财政收支预算须得到议会的批准。

1992 年宪法明确限制了总统对各国务部部长级公职人员的任免权。部长级公职人员的选拔必须从议会中产生。同时，宪法第 78 条第 1 款还规定，总统对国务部长的任命要以议会议员为准。

依照宪法第 174～178 条，政府行政机关负责实施所有由议会审批通过的金融政策。行政机关被法律赋予特殊行政权力。例如，根据宪法第 174 条第 1 款的规定，除议会的正式税务法规以外，国家不得再以任何名目向执行金融政策的机构征收额外税款。

作为国家元首,总统有权在国际上代表加纳签署各种平等的条约、协定或公约。但是,根据宪法第 75 条,这些条约须经议会法案审批或经议员投票表决通过后才能被加纳政府承认(议员表决票数须在议会总票数的一半以上)。

同样,宪法第 181 条也规定,凡是有加纳政府参与的国际贸易和金融交易,必须经议会审理批准后,才可推进实行。

根据宪法第 69 条规定,在于法有据、实证确凿的情况下,议会有权启动弹劾程序。同时,宪法第 82 条还规定,议会也可视议员表决结果,决定是否对行为不当的政府职员进行行政处罚。

3. 司法机关和立法机关

最高法院拥有法律广泛定义上的司法审查权。法律权益受到侵害的加纳公民有权向最高法院提出申诉。与申诉内容相关的立法或行政行为将由最高法院全权审理。最高法院将对这些行为的合宪性做出裁决。一言以蔽之,总统在司法层面上受到最高法院的全面监督,最高法院可以通过司法审查的方式,对总统的行政行为做出是否违宪的判断。最高法院也可以用同样的方式弹劾议会的超宪行为。

立法机关拥有司法系统的人事任免权。议会则有权决定首席大法官的任免。

议会无权改变法庭的决定或判决。

4. 司法机关和行政机关

国家首席大法官以及各级法院法官均由总统任命。首席大法官的任命须由总统推荐,经国务委员会附议,再征得议会批准,才能执行。最高法院法官的任命程序则包括司法委员会举荐、国务委员会核准以及议会审批三个步骤。根据宪法,司法委员会的建议还可作为总统任命上诉法院法官和高等法院法官的法权基础。

总统可根据正当的理由将法官撤职。根据宪法第 146 条,总统有权受理要求罢免最高法院法官的请愿书。

总统有权决定首席大法官的薪金待遇问题。宪法第 71 条第 1 款同时规定，对最高法院法官以及下属各级法官的待遇、薪金、工作特权等问题，总统也保留最终决定权。

第五节　其他机构和民间社会组织

除了议会和司法机构以及加纳中央政府和各级地方政府外，加纳还建立了各式各样的机构和民间社会组织，其目的在于维护基本人权以确保人民团结和国家稳定，并作为政府在提供服务和做出决策时的可靠伙伴，以促进社会发展。

一　独立宪法机构

为了弘扬自由、正义、廉洁、法治等价值观和原则，加纳设立了一些独立于政府行政、立法及司法部门的监督机构，统称独立宪法机构，如表3-2所示。

表3-2　加纳独立宪法机构

全国公民教育委员会	《全国公民教育委员会法》（第452号法案）规定设立全国公民教育委员会,旨在通过进行公民教育,宣扬维持宪政民主的意识,从而实现政治、经济和社会的稳定发展
选举委员会	《选举委员会法》（第451号法案）要求选举委员会对选民进行登记,对投票选举活动进行监督
人权和行政司法委员会	第456号法案赋予人权和行政司法委员会调查侵犯基本人权和自由的行为,以及有关不公正和腐败的指控的权力;国家公职人员若在执行公务时滥用权力导致他人受到不公平待遇,该委员会有权就该作为或不作为寻求补救
国家媒体委员会	第449号法案设立了国家媒体委员会,以确保加纳新闻与出版的自由、发展与壮大
审计长办公室	第658号法案规定设立审计长办公室,主要负责审计加纳的公共账户和所有公职人员的账目
加纳中央银行	第612号法案规定,加纳中央银行的存在独立于政府或任何其他当局的指示,其目的是维持加纳物价的稳定,并对政府的经济政策予以支持,以促进加纳的经济增长以及银行与信贷系统的有效管理和高效运行

二 反腐败国家机构

自独立以来，腐败一直是加纳面临的重大挑战。多年来，加纳已经制定了若干反腐政策和措施来解决这个问题，建立反腐败国家机构为其中之一（见表3–3）。

表3–3 加纳反腐败国家机构

人权和行政司法委员会	委员会负责调查并致力于预防腐败,其任务是调查滥用权力以及所有涉嫌腐败和官员滥用公款的案件
反经济和有组织犯罪办公室	根据2010年《经济和有组织犯罪办公室法》(第804号法案)设立,旨在调查和国有经济利益有关的各实体的财务或经济损失
司法部	加纳宪法赋予总检察长起诉罪行的专属权力
审计服务部	根据2002年《审计服务法》(第584号法案)设立,以确保审计服务的有效管理和高效运行
审计长办公室	有权审计所有公共账户,并可自由查阅与这些账户有关的所有账簿、记录和其他文件。此外,该办公室有权拒绝任何违反法律和需要附加费的支出项目,以及任何负责此类支出的人员
公共账户委员会	审查加纳的审计账目。该委员会就审计长的报告举行公开听证会,询问审计调查结果,并提出有关国家行政改革的建议
金融情报中心	旨在保护加纳的经济,尤其是金融系统的完整性。其主要职责是打击洗钱行为和恐怖主义融资
特别检察官办公室	第959号法案规定,该办公室是一个独立的调查和起诉机构,负责调查国家一级的腐败、贿赂或其他刑事案件,无论是公共部门还是私营部门都要受其监督检查

三 民间社会组织

民间社会组织在加纳社会治理中的作用可以追溯到加纳独立前。在此期间，土著权利保护协会和芳蒂联邦等民间社会组织采取了对抗殖民政府的斗争方式，来保护人民的利益。同样，自由与正义运动于1990年8月发起，旨在鼓励人们迅速恢复文官统治。加纳重返多党民主制度以及宪法对结社自由和言论自由的重视，为民间社会组织的运作创造了有利环境。加纳的民间社会组织与国家、捐助机构合作，不断推进议程，在加纳的政策制定和实施中发挥着重要的宣传作用。加纳部分民间社会组织见表3-4。

表3-4　加纳部分民间社会组织

经济事务研究所	1989年成立，致力于促进善政、民主和自由公平的市场经济
民主发展中心	1998年成立，致力于促进整个加纳乃至非洲大陆的民主、善政和经济开放
民主治理研究所	2000年成立，旨在为在加纳建立一个公正、自由的社会做出贡献
政策和教育中心	2004年成立，是一个公共政策智库，旨在提高治理过程中公民参与的意愿与积极性
信息权利联盟	2003年由英联邦人权倡议（Commonwealth Human Rights Initiative）牵头，旨在建立一个强大的网络，给予政府一定的外部压力，以加快解决问责制和透明度问题，从而提高公众对信息权法案的认识。信息权法案旨在使政能够对公民负责，以确保加纳的治理具有高透明度
加纳反腐败联盟	2000年成立，旨在解决腐败问题，并制定有效的战略来遏制腐败现象
公民论坛倡议	2008年成立，旨在回应选举委员会关于协助清理选民登记册的呼吁。公民论坛倡议与新爱国党和全国民主大会党进行合作，负责开展公民教育培训研讨会，以及选举观察员的活动
国内选举观察员联盟	2000年成立，是一个由选举观察员组成的独立联盟，致力于促进加纳的选举自由、公正和透明
加纳多捐助者筹资团体	依靠多方资助而得以建立，旨在增强民间社会和议会对公共产品与服务的关注和重视，以提高加纳政府和私营部门的反应能力

本章作者：

Lord Mawuko-Yevugah，Ghana Institute of Management
and Public Administration，Ghana；
Enoch Amoah，University of Electronic Science and
Technology of China，P. R. China。

本章译者：

廖敏、彭若楠、郑舒意，电子科技大学，中国。

第四章

经　济

　　近年加纳宏观经济基本保持稳定。1983 年，加纳开始推行以建立市场经济为核心的经济结构调整，取得了明显成效。1994 年联合国取消了加纳最不发达国家的称谓，自 2010 年起加纳进入中等偏低收入国家行列。

　　20 世纪 90 年代末期，由于国际市场黄金、可可价格下跌等外部因素的冲击，加纳经济陷入了困境：财政赤字剧增，货币塞地大幅贬值。2002年，加纳加入"重债穷国倡议"。2004 年，经国际货币基金组织确认，加纳达到重债穷国经济完成点，开始获西方国家大幅减债。2007 年，加纳发现石油资源，探明储量约 15 亿桶，并于 2010 年底实现商业开采。2008年以来，加纳同样受到国际金融危机等不利因素影响，经济发展陷入困境。米尔斯政府上台后采取了一系列稳定经济的政策，黄金和可可产销两旺，油气资源实现商业开采等利好因素，国际金融机构和投资者对加纳信心回暖，直接投资呈较快增长趋势。2011 年，加纳 GDP 增长率达 15%，成为非洲乃至世界经济增长最快的国家之一。2013 年以来，加纳经济增速放缓，2016 年经济增速降至 3.6%。加纳财政赤字占 GDP 比重已超过国际警戒线。为应对经济困局，加纳政府采取一系列开源节流的措施，加强外汇交易管制，增加税收，抑制通胀，改善财政状况，努力遏制经济下滑势头。此外，受石油产量增加的影响，加纳的经济活力逐步加强。加纳经济还受诸多因素的影响，例如企业和消费者对于经济前景持乐观态度、电力供应持续改善、私人部门信贷逐渐恢复、政府的一系列政策推动了农业和制造业的发展以及非石油部门经济整体增长等。

阿库福－阿多于 2017 年 1 月就任总统后，将促进经济复兴作为第一执政要务，大力推进经济转型和工业化进程，使加纳经济持续恢复。加快推进"一县一厂""一村一坝""为了粮食和就业而种植"等经济发展旗舰项目落地；同时出台大规模减税和刺激就业政策，发行国债，整顿金融业，改善营商环境，吸引国内外投资；并通过海上油气田开采，改变传统受援模式，有效拉动经济增长，将加纳打造成西非经济和金融枢纽。2016年，"加纳制造"政策启动。因此，2017 年新政府的预算还考虑到与产业相关的一系列政策提议和措施，例如提高对于本土产业的关注，制定新的国家产业振兴计划、国家创新和创业计划以及提出"一个地区，一个工厂"产业化等的建议。

第一节　基本经济情况

自 20 世纪 90 年代以来，加纳的经济呈快速上升趋势。为实现加纳经济发展达到中等收入国家水平这一目标，加纳政府出台了一系列推进经济发展的优惠政策，明确指出加纳经济增长的重点从税收转移到产业生产。

一　基本经济发展数据

从 GDP 来看，加纳 1975 年的 GDP 增长率创历史低点，为 -12.43%；而 2018 年的 GDP 增长率为 6.23%（见表 4-1），提高了 18.66 个百分点。20 世纪 90 年代加纳的经济发展特征是使先前波动起伏的增长趋势趋于稳定。在这十年中，加纳人均 GDP 增长率为 1.7%。比后，加纳人均 GDP 增速逐渐加快，并在 2005 年达到 4.5%。加纳逐步摆脱先前的低收入状态，进入经济增长加速阶段。

加纳预算和经济政策报告显示，2016 年上半年加纳实际 GDP 增长率为 2.7%，2017 年同期 GDP 增长率为 7.8%（第一季度为 6.6%，第二季度为 9.0%）；2017 年全年加纳 GDP 增长率为 8.1%（见图 4-1）。2016年上半年非石油实际产值增长率为 5.9%，2017 年同期增长率为 4.0%（第一季度为 4.0%，第二季度为 3.9%）；2017 年底非石油产值增长率为

4.8%。2017年加纳经济的快速增长归因于高于预期的石油生产量，因此曾推迟的朱比利油田的浮式生产储卸油船转塔整治工程修复项目也于2018年启动。服务业仍是继农业和工业之后加纳的主要经济部门。报告显示，2017年，服务业对GDP的贡献率为55.9%，较2016年的56.8%有所下降；工业为25.6%，较2016年的24.3%有所提高；而农业为18.5%，与2016年的18.9%相比略有下降。

表4-1　2018年加纳主要经济数据

GDP	640亿美元
人均GDP	约2200美元
GDP增长率	6.23%
货币名称	塞地(cedi,GHS)
汇率	1美元≈4.9新塞地

资料来源：《伦敦经济季评》，2018年12月。

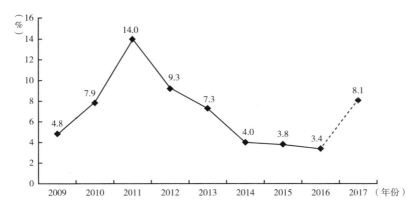

图4-1　2009~2017年加纳实际GDP增长率

资料来源：中经数据。

　　加纳中央银行具有独立处理业务的权限，并有权使用任何适当的政策工具来达到中期通胀目标。加纳中央银行将货币政策利率作为制定货币政策的主要工具，其实施的货币政策是通货膨胀目标制，即在经济发展中锚定通胀预期。具体来讲，加纳中央银行设定的中期通胀目标为8%（可上下浮动 2%），即在此情况下，加纳经济有望不受到过度的通货膨胀压力，并可能实现较为稳定的增长。

加纳中央银行 2017 年 9 月的货币政策报告显示，2017 年前 8 个月，贸易账户的临时数额显示为盈余 12 亿美元（占 GDP 的 2.5%），而 2016 年同期为赤字 18 亿美元（占 GDP 的 4.3%）。贸易账户的数额增加是由于在这期间加纳出口收入增加以及进口开支减少。另外，这表明加纳经济活动呈现温和的增长趋势。因此，相较于 2016 年前 7 个月，经济活动综合指数在 2017 年前 7 个月有所改善，主要是由于受到水泥销售、旅游、出口等产业活动的推动（见图 4-2）。

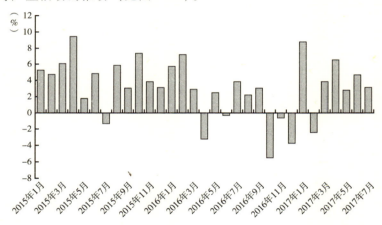

图 4-2　2015 年 1 月～2017 年 7 月加纳经济活动综合指数

资料来源：加纳中央银行货币政策报告，2019 年 7 月。

此外，消费者信心指数从 2017 年 6 月的 106.3 上升至 2017 年 8 月的 107.6（见图 4-3）。消费者对货币汇率和价格走势的积极看法，以及加纳工业发展和整体经济增长的前景，都推动了该指数的上升。

同样，商业信心指数从 2017 年 6 月的 100.9 上升到 8 月的 101.2，该指数的提升主要是受到了利率下降、商业预期的实现以及经济增长等的影响。到 2017 年 8 月，消费者、企业和金融部门的总体通胀预期指数都出现了大幅下降，特别是消费者通胀预期指数从 2017 年 6 月的 74.2% 降至

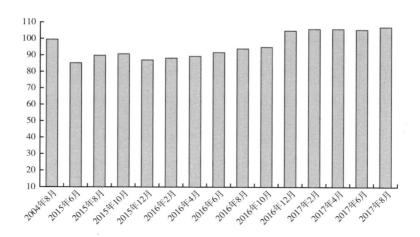

图 4 – 3 2015 年 6 月~2017 年 8 月加纳消费者信心指数

注：2004 年 8 月消费者信心指数为 100。

资料来源：加纳中央银行货币政策报告，2017 年 9 月。

8 月的 72.2%，同期金融部门通胀预期指数从 12.0% 降至 11.7%，而商业通胀预期指数维持不变。通胀预期指数的下降主要归因于当地货币的相对稳定，以及消费者对价格走势的积极看法。

二 财政政策

通过稳健的财政政策确保经济稳定增长，一直是加纳政府促进经济增长的首要措施。2017 年加纳政府总收入和赠款总额合计 284.292 亿新塞地（占 GDP 的 14.1%），而这两项的目标金额为 313.464 亿新塞地（占 GDP 的 15.5%）。尽管该年实际数额比预期目标低了 9.3%，但年增长率达 16.2%，较 2016 年同期 4.1% 的年增长率有了大幅提升。

加纳的财政部门仍由银行主导。截至 2017 年 9 月，银行业总资产占 GDP 的比例为 50%。财政部门中期的主要政策目标是：（1）提高最低资本进入门槛，增强企业风险监管；（2）对保险、养老金和证券业进行有效管理；（3）拓展市场深度，扩大产业规模；（4）加强市场基础设施建设、提高市场透明度以及完善市场监管体系，赢得业界的信心和信任。

三　国有企业

　　加纳国有企业的发展历史悠久，在经济体系中扮演着关键角色，发挥着重要作用。

　　加纳的国有企业可以追溯到殖民时期，特别是二战后的阶段，主要涉及水、电、铁路和公路网络、邮政和电报服务以及公共汽车服务等。阿昌庞政府时期成立了一些新的企业，并将一些外资公司部分或全部国有化，包括阿散蒂金矿公司和非洲团结信托基金公司。到 20 世纪 80 年代，国有企业在加纳的大部分业务受到了影响，这也被看作是造成加纳总体经济形势不容乐观的罪魁祸首。特别是许多企业虽然得到了大量资助，但也消耗了加纳国内大部分的贷款资金。迫于世界银行的压力，1984 年，政府根据企业资源规划原则，开始向私人投资者出售国有企业，并于 1988 年启动了国有企业改革计划。1984 年加纳拥有 235 家国有企业，政府宣布 22 家重要的企业不会被出售，包括主要的公用事业公司以及运输、可可和采矿企业等。1988 年，有 32 家国有企业被私有化执行委员会出售，1990 年被出售的国有企业增加到 44 家。到 1990 年 12 月，已有 34 家企业被部分或全部私有化。其中 4 家被直接出售，8 家通过股票发行部分出售，22 家被清算，另外 15 家企业的私有化也在进行中。到 1992 年，部分银行按计划被私有化。合资的公司设立了 4 个子公司，包括 2 个州立矿业公司、普雷塞塔金矿公司和加纳金刚石联合有限公司。1992 年，私有化执行委员会通过资源共享计划，使较小的国内投资者能够收购国有企业。这样的共享计划会加速私有化过程，但重要的是，它会避免临时国防委员会对其将国家资产拍卖给外国人的指控。

　　一直到 2017 年，加纳的国有企业收益都未能有所增长，这让许多经济学家和专家认为国有企业的辉煌时代已经结束。尽管一些国有企业仍然存在，但许多企业在私有化执行委员会的改革要求下被私有化或出售，这显然是受到西方布雷顿森林体系经济自由化的影响。

　　同时，加纳取消了为国有企业提供的资金缓冲补贴，这使得它们在国内难以与同类的跨国公司竞争。此外,有人在《法定公司法》(1993 年第461 号法令,后更名为《公司法》)下,以营利为目的将国有企业转换为有限责任公司。在享受了多年的政府担保和补贴政策后,许多幸存的国有企业无法再独立谋生。

对于少数几家幸存的国有企业,加纳政府仍为它们提供主权担保,以确保其能够从地方和国际金融机构获得贷款来推进项目。虽然担保金是政府账目的一部分,也是公共部门债务的一部分,但政府别无选择,因为它还面临着许多国有企业未能履行义务的风险,比如提供货物、服务和投资时的不正当资金以及拖欠款项等。

除了政府部门中的大量公务员,这些国企公共部门的工作人员也进一步扩大了公共支出的规模。庞大的工资支出约占国内财政收入的 55%,这意味着政府几乎没有财政空间来支持商品、服务和投资行业的发展,这导致自 20 世纪 70 年代末以来,加纳每一届政府都被迫向国内短期市场借款,以维持经常性的资本支出,其发展伙伴也多次提供贷款援助。这种办法无法从根本上解决问题,只能让加纳经济陷入困境。为了管理公共债务,加纳政府推出了一些国际货币基金组织批准的措施,如接受技术援助和现金支援以维持经济稳定。

加纳有一个全面的债务管理条款,其中包括延长债务市场的期限,即5 ~ 10 年的长期债券将被发行,以取代 91 天至 2 年的短期政府债券。政府还向国有企业发出通知,称其不会再提供任何主权担保。

2017 年,政府开始创建一个单一机构来管理国有企业的资产和负债,并与国有企业合作实施多项措施以改善其经营。值得注意的是,其中一项影响国有企业稳定发展的因素就是政治。当国有企业的经营缺乏稳定性,或者当缺乏有能力、有技术、有公共精神的管理机构和强大的资本市场机构时,政治误导会带来恶劣影响。

第二节 产业部门

加纳的经济产业部门主要分为五类:(1)农业,是加纳经济的基础,主要部门有种植业、畜牧业、林业和渔业；（2）工业，作为加纳的主要经济支柱，代表产业有采矿业、制造业和建筑业；（3）交通运输及通信业，在加纳经济体系发展建设过程中发挥着关键作用；（4）服务业、旅游业和商业，对加纳经济现代化发展具有重要意义；（5）金融和银行业，对加纳经济稳定健康发展具有积极影响。

加纳在农业、旅游业、制造业、富有资源出口（如碳氢化合物和工业矿物）等方面具有坚实的基础。加纳实行的是市场经济，并且同其他国家相比，加纳在贸易与投资方面几乎没有政策壁垒。

在加纳，农业产值约占 GDP 的 42%，雇用了 54% 的劳动力。加纳通过经营、维护、监管等方式，在国内大量种植可可、腰果等农作物，并以出口贸易为最终目的。农业长期以来都是加纳经济的重要产业，也是国家财政收入的主要来源。加纳不仅是世界上第二大可可种植国，而且在非洲国家对欧盟市场的出口贸易中，加纳占据了水果与蔬菜出口的主要市场份额。加纳的第一座天然气加工厂位于阿图巴。阿图巴加工厂从聚布利油田中开采和生产天然气，而这些天然气是加纳几家火电厂的主要能源。

一　农　业

农业是加纳国民经济中的重要产业，在加纳各种要素的供应方面发挥着重要作用，是现代经济发展的主要资本渠道。加纳农业以各种方式对经济发展做出了贡献。此外，农业对加纳确保粮食安全和大幅度减少贫困至关重要，是加纳经济的主要推动力。

（一）整体数据

农业是加纳经济的基础，农业人口约 1063 万，占全国总人口的 38%。可耕地面积 1360 万公顷，已利用 57%。可灌溉土地面积 12 万公顷，但实际灌溉面积仅占可灌溉面积的 7.5%。粮食作物主要分布在加纳北部，种植面积约 250 万公顷。主要粮食作物为玉米、薯类、高粱、大米、小米等，产量不稳，正常年景可基本满足国内需要。可可为主要经济作物，年产量 60 万～80 万吨，种植于北部省以南所有省份，是传统出口产品。20 世纪 20～70 年代可可产量曾居世界之首，2009 年产量达 71.1 万吨，仅次于科特迪瓦居世界第二位。2018 年产量约 88 万吨。其他经济作物有油棕、橡胶、棉花、花生、甘蔗、烟草等。近年来，非传统农业出口商品有较大幅度增长，2013 年出口值达 24.2 亿美元。

如表 4-2 所示，加纳农业对 GDP 的贡献率自 2006 年以来一直在波动下降，从 2006 年的 25.7% 下降到了 2019 年的 18.5%。

表 4-2　2006～2019 年加纳农业部门对 GDP 的贡献率

单位：%

	2006年	2007年	2008年	2009年	2010年	2011年	2012年	2013年	2014年	2015年	2016年	2017年	2018年	2019年
农业部门	25.7	25.1	27.2	28.5	26.9	23.7	21.8	21.4	21.5	21.8	22.5	21.0	19.5	18.5
种植业	16.6	16.2	18.3	19.8	18.3	16.6	15.2	15.7	15.5	15.8	17.2	16.3	15.3	14.7
畜牧业	4.0	3.9	3.7	3.6	3.6	3.3	3.0	2.6	2.7	2.5	2.3	1.9	1.8	1.7
林业	2.7	2.8	2.6	2.6	2.7	2.0	1.9	1.7	2.0	2.0	1.7	1.6	1.5	1.3
渔业	2.3	2.2	2.6	2.5	2.3	1.8	1.6	1.5	1.3	1.5	1.4	1.1	0.9	0.9

资料来源：加纳统计局国民经济和社会发展报告。

在 2007 年之前，加纳农业对 GDP 的贡献率总体上呈现下滑趋势，这是因为该行业的主要收入来源，即可可的产量经历了大规模的下降。2008～2010 年，大规模的喷洒活动、免费施肥、广泛的推广服务和其他举措使可可的产量再次增长。此后至 2019 年，由于石油和天然气的发展，再加上人们对农业的兴趣不足，农业对 GDP 的贡献率又有所下降。

虽然农业各部门对 GDP 的贡献率总体上呈下降趋势，但仍远远超过其他部门。除此之外，林业在通常情况下表现得更好。但在 2010 年和 2011 年，可可的表现要优于林业部门。渔业和畜牧业的表现一般次于可可、林业等。表 4-3 展示了加纳农业部门收益增长率数据。

表 4 - 3　2007~2019 年加纳农业部门收益增长率

单位：%

	2007 年	2008 年	2009 年	2010 年	2011 年	2012 年	2013 年
农业	- 1.5	7.6	7.3	5.2	1.4	2.3	5.7
种植业	- 1.4	8.6	10.2	5.1	3.7	0.7	5.9
可可	- 8.2	3.2	5.0	26.6	14.0	- 9.5	2.6
畜牧业	4.7	5.1	4.4	4.7	5.1	5.2	5.3
林业	- 4.1	- 3.3	0.7	10.1	- 14.0	6.8	4.6
渔业	- 7.2	17.4	- 5.7	1.5	- 8.7	9.1	5.7
	2014 年	2015 年	2016 年	2017 年	2018 年	2019 年	
农业	0.9	2.1	2.7	6.2	4.9	4.7	
种植业	2.8	1.7	2.2	7.2	5.8	5.3	
可可	4.3	- 8.0	- 7.0	9.2	3.7	5.4	
畜牧业	5.1	5.2	5.4	5.7	5.4	5.4	
林业	- 1.5	- 3.9	2.9	3.4	2.4	- 1.7	
渔业	- 23.3	8.5	3.1	- 1.4	- 6.8	1.7	

资料来源：加纳统计局国民经济和社会发展报告。

（二）典型部门

1. 种植业

加纳的农业以种植业部门最为典型。加纳的种植业部门可分为两类。一类主要负责粮食作物生产，这类部门的代表是小型家庭农场和小型商业农场。小型家庭农场主要分布在乡村地区。在靠近首都和其他大城市的地区，有些小额金融机构会对农民给予一定帮助，使他们能够将农场扩大为小规模的商业农场，以满足城市对蔬菜及水果等的需求。另一类部门主要负责经济作物生产，由国家规定的部分地区的大型商业农场承担。可可、咖啡等作物是这些大型商业农场的传统作物，用于出口或在国内进一步加工。木薯、胡椒、玉米和菠萝等非传统出口产品也越来越受到欢迎，近年来此类作物的产量也有所增加。

可可是加纳最主要的经济作物。在 2010 年前，可可出口一直是排在石油勘探和出口之前的加纳第一大外汇收入来源。当前加纳经济仍然严重依赖可可的出口收入，而与可可有关的问题也被作为全国性的案例来处理。可可种植起源于古老的农耕文明，有着悠久的历史和丰富的经验，在此基础上，随着政府的不断努力，加纳众多的可可农场收获了大量的可可。因此，政府对加纳可可部门进行严格监管，并通过可可营销委员会进行市场营销。

2. 畜牧业

加纳的牲畜养殖在小农户、加工商和贸易商的生活和生计中发挥着重要作用。畜牧业生产对加纳的农业产出很重要，对农业生产总值的贡献率保持在10%左右。加纳主要饲养牛、绵羊、山羊、猪等。加纳的牲畜主要集中在几内亚和东苏丹大草原植被区，约75%的牛来自这里。家禽养殖则均匀地分布在全国各地，而猪的饲养则更多集中在森林地带和城市中心。此外，对牲畜的兽皮进行加工后，将之销往国内和国际市场。据统计，加纳每年能够生产2000吨牛皮、1000吨山羊及绵羊皮。

表4-4显示了1990~2018年加纳牲畜存栏量和屠宰量。牛的存栏量从1990年的114.5万头增加到了2018年的194.3万头。近三十年来，牛的屠宰量在不断上下波动，1990年屠宰量为17.2万头，而2017年则降至12.9万头。绵羊和山羊占比较大，并且仍在逐年增加。1990年，绵羊的存栏量为222.4万只，而2018年增长至510.2万只。山羊的存栏量则从1990年的201.8万只增加到了2018年的736.6万只。由于2008年以前加纳几乎没有将绵羊和山羊用于肉类生产，因此2008年后其屠宰量也几乎保持在几万只。此外，猪的数量相对较少。据统计，加纳猪的存栏量平均每年为49.5万头，其屠宰量为37.4万头。

表4-4 1990~2018年加纳牲畜存栏量和屠宰量

单位：万头/只

年份	牛		绵羊		山羊		猪	
	存栏量	屠宰量	存栏量	屠宰量	存栏量	屠宰量	存栏量	屠宰量
1990	114.5	17.2	222.4		201.8		47.4	37.9
1991	119.5	17.9	216.2		219.4		45.4	36.3

续表

年份	牛		绵羊		山羊		猪	
	存栏量	屠宰量	存栏量	屠宰量	存栏量	屠宰量	存栏量	屠宰量
1992	115.9	17.4	212.6		215.7		41.3	32.1
1993	116.9	17.5	222.5		212.5		40.8	32.6
1994	121.7	17.8	221.6		220.4		35.1	33.5
1995	112.3	18.0	201.0		215.6		36.5	28.0
1996	124.8	18.2	241.9		253.3		35.5	25.5
1997	126.1	18.1	249.6		265.9		34.7	28.5
1998	127.5	18.1	257.6		279.1		33.9	28.5
1999	128.8	18.5	265.8		293.1		33.2	26.2
2000	130.2	19.0	274.3		307.7		32.4	25.9
2001	131.5	19.2	277.1		319.9		31.2	25.0
2002	133.0	19.3	292.2		323.0		31.0	24.8
2003	134.4	19.5	301.5		356.0		30.3	24.2
2004	135.9	18.5	311.2		392.5		29.7	24.0
2005	137.3	20.3	321.1		393.2		29.0	24.4
2006	139.2	19.1	331.4		399.7		47.7	36.8
2007	140.7	18.7	342.0		419.6		49.1	39.3
2008	142.2	18.0	352.9	6.0	440.5	10.4	50.6	40.4
2009	143.8	17.8	364.2	6.0	462.5	9.1	52.1	41.7
2010	145.4	23.3	375.9	6.7	485.5	10.4	53.6	42.9
2011	149.8	20.2	388.7	7.3	513.7	10.9	56.8	45.4
2012	154.3	22.0	401.9	9.1	543.5	14.1	60.2	48.0
2013	159.0	20.1	415.6	6.8	575.1	11.9	63.8	51.0
2014	165.7	16.6	433.5	6.5	604.4	12.9	68.2	54.5
2015	173.4	14.1	452.2	4.8	635.2	7.7	73.0	58.2
2016	181.5	11.6	474.4	4.2	674.0	6.7	77.7	58.2
2017	190.1	12.9	497.8	4.8	715.1	7.4	81.6	
2018	194.3		510.2		736.6		84.5	

资料来源：加纳统计局农业生产统计。

3. 林业

加纳的森林面积约为 917 万公顷，森林覆盖率达 40%。根据生态条件对森林进行分类，其中封闭林区面积为 813.42 万公顷，封闭林区主要包含常绿雨林、常绿湿润林和湿润半落叶林；开放林区和热带草原林区共有 103.58 万公顷。

加纳是非洲森林生态系统耗损最严重的国家之一。据统计，加纳约 50% 的保留林要么已经大部分退化，要么受到严重的人为破坏。非法且不可持续的伐木和采矿、农业扩张等自然资源的过度开发，再加上土地保有权的不确定性，这些都是导致加纳森林被大量砍伐和破坏的主要原因。近年来，加纳也在不断加大森林保护力度，并在 2016 年推出了人工林战略。在其森林保护区内，有 22% 的森林为永久保护林，7% 的森林为恢复期森林。为了保护森林，20 多年来，加纳的木材产品数量也在逐步减少。1997 年，加纳木材产品总出口量为 442078.2 立方米。而到了 2018 年，这一数量下降至 332927 立方米（见表 4 - 5）。

表 4 - 5　1997 ~ 2018 年加纳木材产品出口量及产值

单位：立方米，百万美元

年份	出口量	产值
1997	442078.2	308.0
1998	415700.8	171.0
1999	433125.1	173.8
2000	498843.3	175.2
2001	476500.5	169.0
2002	472426.6	210.9
2003	444388.3	187.4
2004	455180.4	196.1
2005	466155.3	211.6
2006	451608.0	195.6
2007	528570.1	211.8
2008	545915.1	214.6
2009	426221.9	147.5

年份	出口量	产值
2010	403254.1	158.5
2011	319842.9	123.5
2012	251245.6	114.8
2013	271722.2	137.2
2014	356036.0	158.9
2015	267379.5	155.3
2016	396991.5	258.7
2017	339226.6	218.4
2018	332927.0	216.1

资料来源：加纳统计局农业生产统计。

4. 渔业

加纳渔业资源丰富，分为海上渔业、潟湖渔业和内河渔业，这些构成了渔业的基础。加纳捕鱼量较大，从 2014 年到 2018 年基本保持在 40 万吨左右，主要来自水产养殖、独木舟垂钓、近海捕鱼、拖网渔船、金枪鱼船捕鱼（见表 4－6）。近年来水产养殖不断发展，主要鱼类包括罗非鱼、鲶鱼、金枪鱼等，其产量从 2014 年的 3.3 万吨增加到了 2018 年的 7.7 万吨。独木舟垂钓的产量从 2006 年来不断减少，从 2006 年的 23 万吨下降到 2018 年的 16 万吨，捕捉到的鱼类主要包括圆形沙丁鱼、鲷鱼等。近海捕鱼的产量在 1 万吨上下波动，捕捉到的鱼类主要有扁形沙丁鱼、鲭鱼等。拖网渔船的产量从 2006 年的 1.7 万吨逐年增加到 2018 年的 3.4 万吨，其捕捞的鱼类主要有木薯鱼、红鲷鱼等。金枪鱼船的产量增长最为迅速，从 2006 年的 0.8 万吨增加到了 2018 年的 9 万吨。

此外，为了保证加纳渔业的发展，渔业管理会管理渔业部门的立法，即 2002 年第 625 号渔业法，修正并巩固了过去的渔业法规，确保渔业的发展和渔业资源的可持续开发。

表 4 - 6　2014~2018 年加纳按来源划分的捕鱼量

单位：吨

	2014 年	2015 年	2016 年	2017 年	2018 年
海洋	289147	320221	328541	342427	294240
内陆	85383	86268	84345	76753	73628
总量	374530	398803	412886	419181	367868

资料来源：加纳统计局农业生产统计。

二　工业

（一）整体数据

在发现和勘探石油之前，就对 GDP 的贡献率而言，加纳的工业是落后于农业和服务业的，而随着 2011 年石油勘探的开展，工业超过农业成为加纳第二大行业。

总体来说，工业对 GDP 的贡献率在 2012 年达到顶峰（见图 4 - 5）。

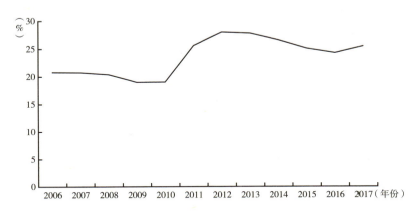

图 4 - 5　2006~2017 年加纳工业对 GDP 的贡献率趋势

资料来源：加纳统计局。

2010 年加纳大量开采石油和天然气时，工业部门也正积极发展，并取得了巨大收益。但在 2014 年，当电力危机达到顶峰，大多数制造企业几乎倒闭时，工业行业开始走下坡路。然而，由于石油子行业的复苏，该行业在 2017 年大幅复苏，增长率约为 69%。

加纳统计局预测，加纳工业效益在中期（2017～2020 年）的平均增长率为 6.3%。这一增长，主要归功于国家电力供应的稳定提高，以及政府增加企业数量计划的开展，特别是"一个地区，一个工厂"的政策。就中期预测结果而言，采矿场的增加将决定上游石油产量的贡献率也增长约 23%。制造业产值将受益于稳定的电力供应，平均增长 5.1%。

（二）主要部门

加纳的工业包括采矿业（含石油开采）、制造业、电力、污水处理业以及建筑业等（见表 4－7）。长期以来，采矿业收入是加纳外汇主要来源，开采矿物包括黄金、铝矾土、锰、钻石等。

表 4－7　2006～2019 年加纳工业部门对 GDP 贡献率

单位：%

	2006年	2007年	2008年	2009年	2010年	2011年	2012年	2013年	2014年	2015年	2016年	2017年	2018年	2019年
工业	37.0	35.9	33.7	30.9	30.6	34.8	36.0	35.9	37.3	34.0	30.0	32.2	33.5	33.2
采矿业	10.2	10.4	9.4	8.2	7.9	11.3	12.7	13.1	15.4	10.2	8.3	10.7	13.7	14.2
石油	0.0	0.0	0.0	0.0	0.3	4.4	5.2	5.6	6.6	2.8	0.5	3.7	5.9	6.4
制造业	20.3	18.6	16.6	14.9	14.6	15.2	13.2	12.2	12.1	12.1	11.7	10.9	10.9	10.9
电力	1.8	1.4	1.3	1.1	1.5	1.3	1.2	1.1	1.0	1.8	1.7	1.8	1.5	1.3
污水处理业	1.0	0.9	0.7	0.6	0.8	0.8	0.7	0.6	0.5	0.9	0.9	1.0	0.8	0.7
建筑业	3.6	4.7	5.8	6.0	5.9	6.3	8.3	8.8	8.3	8.9	7.3	7.8	6.7	6.2

资料来源：加纳统计局国民经济和社会发展报告。

在加纳努力减少道路和住房基础设施赤字的时期，采矿业成为 GDP 的主要贡献者。薄弱的基础使得加纳制造业并不足以成为 GDP 的主要贡献者。电力、污水处理部门主要负责向市民提供公用事业服务，但公用事业的供应不足反映出这些部门对加纳 GDP 的贡献不高。建筑业是对 GDP

增长贡献最大的部门，主要原因是人们的经济收入增加，对住房和道路等基础设施的需求不断增加，因而推动了该行业的发展。

1. 采矿业

由于采矿对环境特别是水体和森林保护区造成了不利影响，2017 年，加纳政府对小规模采矿实施了最初的六个月禁令，这是努力结束非法采矿及其相关活动的一部分。采矿业由国土资源部下属的矿产委员会监管，该行业受《2006 年矿产和采矿法》（第 703 号法案）及相关法规的约束。该法赋予部长广泛的权力，可以对勘探的土地进行分类或评估，并可以谈判、授予、吊销、暂停或续订矿物权。

2010 年，加纳在石油和天然气领域投入大量资金，石油部门因此获得了巨大的收益，原油产量大幅增加。

2014 年后，石油和天然气价格的走低以及储量的减少使得原油产量的下降不可避免，因此工业产值也随之减少。加纳石油部门主要依赖于国际市场的发展，但在 2014 ~ 2016 年，国际市场上石油价格持续降低，并且加纳的石油开采公司产量不断下降，结果导致了石油部门产值的大幅下降（见图 4 - 6）。

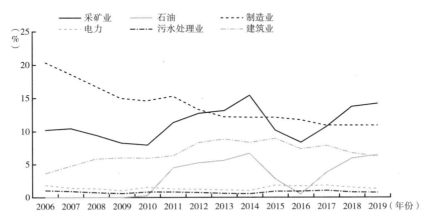

图 4 - 6 2006 ~ 2019 年加纳工业部门发展趋势

资料来源：加纳统计局国民经济和社会发展报告。

2. 制造业

在 2007 年之前，制造业是工业部门中 GDP 的主要贡献者，而之后主要贡献者变成了建筑业。制造业的持续走低和建筑业的不断发展主要有两个原因：一是加纳存在道路瘫痪和住房缺口增大等问题，形势严峻，因此基础设施建设成为国家的头等要务；二是加纳饱受能源危机的困扰，电力配给困难、供不应求，因而也造成了依赖于电力供应的制造业产值的下降。

然而，在政策扶持、科技进步和人才支撑的合力推动下，新兴制造业逐步兴起，加纳的制造业重新焕发活力。加纳的新兴制造业包括电子制造、电动车制造、汽车制造、汽车零配件制造、轻工制造、铝冶炼、食品加工以及小型商用船舶建造。由于塔库瓦矿区可以开采出优质砾石，因而加纳的玻璃制造业也得到了发展，只是规模相对较小。此外，加纳还保留着一些传统制造业，比如饮料、纺织品、化学品和药品生产，以及金属和木材加工等。加纳汽车公司和苏尔米工业发展组织共同制造的第一辆自行组装汽车是加纳的首款运动型多功能车，并且之后它们连续不断地推出新款汽车，成为加纳汽车制造业的领头羊。

3. 建筑业

建筑部门有一种有趣的现象，即该部门效益的年增长率在大选年之前会大幅上升。这一现象并不令人意外，因为竞选者通常会将资金投入建设项目中以赢得民众的支持，从而确保自己再次当选。政府建设受到选举周期的严重影响，这就解释了为什么 2007 年、2008 年、2011 年、2012 年、2015 年、2016 年的数据如此之高（见表 4 - 8）。

表 4 - 8　2007 ~ 2019 年加纳工业部门收益增长率

单位：%

	2007 年	2008 年	2009 年	2010 年	2011 年	2012 年	2013 年
工业	4.4	10.7	3.8	7.2	32.0	8.9	4.3
采矿业	6.9	2.4	6.8	10.9	78.1	12.0	5.7
石油						21.6	18.0

续表

	2007 年	2008 年	2009 年	2010 年	2011 年	2012 年	2013 年
制造业	-1.2	3.7	-1.3	7.6	17.0	2.0	-0.5
电力	-17.2	19.4	7.5	12.3	-0.8	11.1	16.3
污水处理业	1.2	0.8	7.6	5.3	2.9	2.2	-1.6
建筑业	23.2	39.0	9.3	2.5	17.2	16.4	8.6

	2014 年	2015 年	2016 年	2017 年	2018 年	2019 年
工业	1.1	1.2	4.3	15.6	10.5	6.4
采矿业	5.4	-8.3	-0.2	30.8	23.3	12.6
石油	9.3	2.0	-15.6	80.3	7.9	14.4
制造业	-2.6	3.7	7.9	9.5	4.1	6.3
电力	1.3	17.7	-5.8	19.4	5.5	6.0
污水处理业	5.9	13.9	-11.8	6.1	-3.6	-4.4
建筑业	-0.4	9.5	8.4	5.1	1.1	-4.4

资料来源：加纳统计局国民经济和社会发展报告。

三 交通运输及通信业

交通运输及通信业在加纳经济建设发展的过程中发挥着关键作用。

（一）交通运输业

1. 陆运

公路运输是加纳最主要的交通运输方式，其不仅为旅客的旅行和货物的运输带来了便利，更是连接整个西非区域价值链的纽带和重要渠道。自 2000 年以来，加纳政府不断加大公路领域的投入，公路基础设施发展迅速，路面保养及维护工作取得进展。近年来，政府大力发展道路基础设施建设，资金投入占发展总支出的近一半。公路货运量占全国总货运量的 98%，也即加纳 98% 左右的交通运输都是公路运输。公路总长达 6.7 万公里，其中干路 1.35 万公里。加纳的铁路总长 1300 公里，主要担负大批量出口商品的运输，近年来政府对部分铁路进行修复，提高了货运能力。

2. 水运

加纳主要有特马港和塔科拉迪港两个著名的港口。特马港是非洲最大的人造海港，2018 年吞吐量达 1550 万吨，主要用于进口物资。塔科拉迪港主要用于出口物资。同时，加纳还在沃尔特水库建造河港，开辟内河航运网，但港口和航运设施尚不完备。

3. 空运

加纳已成立加纳航空公司和加纳国际航空公司，且发展较快，它们与非洲大陆各航空公司合作，有望成为非洲与其他国家和地区往来的重要渠道。首都阿克拉科托卡新国际机场于 2004 年启用，年接待旅客能力为 750 万人次，是西非地区的重要航空站，共有 37 条国际航线可以直飞欧洲、美国、南非和西非各国。塔科拉迪、库马西和塔马利等国内主要城市开设国内航班。

（二）通信业

在技术创新的推动下，加纳的通信部门力求发展可靠和效益高的世界级一流服务。

加纳的电信业包括广播、电视、固定和移动电话以及互联网。加纳的大众媒体是全球最自由的媒体之一，排名全球第三十位和非洲第三位。截至 2020 年末，加纳授权的调频站总数为 630 个，加纳授权的电视台总数为 143 家。加纳有四家获准提供移动电信服务的供应商，它们分别是 AirtelTigo、Glo、MTN 和 Vodafone。根据加纳国家通信管理局数据，截至 2021 年 10 月，加纳四大主要运营商的市场份额分别为：MTN（57.22%）、Vodafone（22.15%）、AirtelTigo（18.52%），Glo（2.11%）。加纳是非洲大陆互联网连接最多的国家之一，无线宽带覆盖了超过三分之一的人口。在无线连接方面，加纳排名世界前 50。加纳有 5 家无线宽带运营商：BLU Telecommunications、Broadband Home（BBH）、Busy Internet、Surfline 和 Telesol。

四 服 务 业

服务业是加纳实际 GDP 的最大贡献者，已经取代了农业和工业部门。根据加纳统计局发布的 2017 年综合业务与机构调查（IBES），服务业是雇用人数最多的行业。在过去的几年中，加纳对服务业的需求不断增长。

从表 4 - 9、图 4 - 7 可以看出，服务业对 GDP 的贡献率从 2013 年的 41.4% 增加到 2018 年的 46.3%。

表 4 - 9　2013～2018 年加纳服务业对 GDP 的贡献率

单位：%

	2013 年	2014 年	2015 年	2016 年	2017 年	2018 年
服务业	41.4	39.8	43.2	46.7	46.0	46.3
贸易,车辆、家用物品的修理	11.2	11.3	12.4	14.1	14.0	15.2
酒店和餐厅	3.9	3.2	3.5	3.7	3.9	3.8
运输及储存	6.0	5.5	6.0	6.6	7.2	7.5
信息和通信	1.6	2.0	2.2	2.2	2.1	2.4
金融和保险活动	5.1	5.1	5.8	6.8	5.0	4.2
房地产	1.0	0.9	1.3	1.7	2.3	2.2
管理与后勤保障服务活动	1.4	1.5	1.6	1.6	1.5	1.5
公共行政与国防,社会保障	3.7	3.2	3.2	3.3	3.3	3.3
教育	4.0	3.7	3.8	3.5	3.4	3.2
卫生和社会工作	2.2	2.2	2.1	2.0	2.1	2.1
其他服务活动	1.4	1.2	1.3	1.3	1.2	1.0

资料来源：加纳统计局。

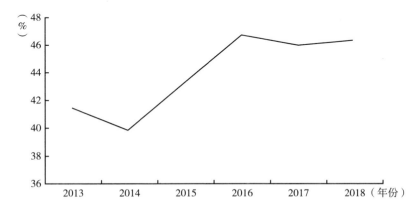

图 4 - 7　2013～2018 年加纳服务业对 GDP 的贡献率

资料来源：加纳统计局。

（一）旅游业

旅游业是加纳服务业的重要组成部分。传统上，加纳主要外汇收入来源是黄金、木材和可可。现在旅游业在加纳外汇收入中排第三位，在经济增长方面极具潜力，这在创造就业机会和提高收入水平上都有所体现。

根据世界旅游业理事会（WTTC）2013 年公布的数据，该年旅游业对加纳 GDP 的贡献值达到 26.2 亿瑞典克朗（约合 7.27 亿美元），占加纳 GDP 的 3%。这使加纳 GDP 的平均增长率超过了 2.9%，但仍落后于冈比亚（9%）、塞内加尔（5.3%）和肯尼亚（4.3%）等旅游业相对发达的国家。2016 年，旅游业对加纳 GDP 的直接贡献值是 49.729 亿塞地（约合 12.784 亿美元），占 GDP 的 3.0%，2017 年又增长到 5.6%。预计 2027 年旅游业对加纳 GDP 的贡献值将达到 86.265 亿塞地（约合 22.176 亿美元），产值占 GDP 的 2.9%。根据世界旅游业理事会 2018 年公布的数据，该年旅游业对加纳 GDP 的贡献值达到 35 亿美元，占 GDP 的 5.5%。

自罗林斯在任时期起，加纳政府就充分利用加纳文化资源和民间资产，如通过修复作为奴隶时代象征的城堡、建立缅怀加纳"杰出子民"的公共纪念碑以及大力鼓励私人对国家文化事业产业的投资等途径，有效地推动加纳旅游业的发展。

加纳旅游业主张可持续发展，其内容主要包括文化旅游项目、遗产旅游项目、休闲旅游项目和探险旅游项目等。文化旅游项目致力于让游客参与加纳不同地区的特色节日和活动，遗产旅游项目的重点是让游客感受加纳的殖民历史（通过让游客亲身领略加纳文化遗产的魅力，加深游客对加纳殖民史的了解，为游客提供有深度的旅游体验），休闲旅游项目侧重于让游客游览当地的海滩和主题公园，而探险旅游项目则主打让游客探索加纳的雨林园区。

为吸引中国游客，加纳推行投资激励措施来华招商引资，如休闲综合体、滨水开发区和高尔夫球场，以期提升游客接待能力，进一步开拓中国市场。同时也在升级改造多个景点，开展旅游基础设施建设，增加旅游服务供给，并推进旅游资源的开发与保护。在加纳，有多个航空公司运营加纳来往北京、上海、广州、成都和香港的航线，且加纳民用航空局已经突破来往中国的包机业务瓶颈，针对新航线和代码共享航线，推行"开放天空"政策。

（二）金融业

2001 年新爱国党政府上台后，通过宏观经济调控，减少政府开支，加强征税，财政赤字逐步减少，占 GDP 比重由 2000 年的 8.5% 降至 2004 年的 3.2%。2008 年，受国际金融危机等因素影响，政府财政赤字大幅攀升，占 GDP 比重达 14.9%，米尔斯政府实施稳健的财政政策和货币政策后，加财政状况得到改善，外汇储备从 2008 年底的 12 亿美元增至 2010 年底的 47 亿美元。2017 年，外债总额约 223 亿美元，外汇储备约 73 亿美元。

加纳中央银行负责管理银行及其他金融部门。1989 年，加纳证券交易所（GSE）成立。上市公司主要来自制造、酿酒、银行、保险、矿业和石油行业。2017 年，加纳政府发行 22.5 亿美元国债，以内债和长期债务置换外债和短期债务，减轻政府还债压力。

加纳的金融服务业主要分为三个版块：金融和银行业（包括非银行金融服务和外汇局）、保险、金融或资本市场。近年来，加纳的金融和银行业表现良好。随着金融体系的重大改进，包括引入移动货币服务、移动银行、电子三明治支付平台等，该行业发展状况良好。该行业的运营机构包括外国和本国主要银行、农村和社区银行、储蓄和贷款公司以及其他金融和租赁公司。

1. 主要银行

加纳在 2017 年初拥有 36 家环球商业银行，但到 2019 年已减少至 23 家（见表 4–10）。加纳中央银行的清理是造成市场退出的主要原因。加纳商业银行（GCB）在运营资产方面是市场领先者，其在 2019 年初公布的总收入为 97 亿瑞典克朗（约合 19 亿美元）。加纳商业银行控制着该行业市场份额的 12.1%，生态银行控制了大约 12%，而曾经的巴克莱银行现加纳阿布萨银行拥有 10.9% 的份额。另外还有五家银行的市场份额在

5%～9%，分别是富达银行（8.3%）、加纳斯坦比克银行（7%）、渣打银行（6.9%）、加纳天顶银行（6.6%）、卡尔银行（6%）。上述银行共同构成了加纳第一大支行网络。加纳第二大支行网络现由加纳综合银行运营，该银行是一家政府所有的银行，建立于2008年，旨在控制五个不良机构（如建设银行、米色银行、皇家银行、联合银行和主权银行）的资产和债务。

2. 其他金融机构

加纳的融资活动超出了构成该行业核心的通用银行的范围，包括获得加纳中央银行许可的众多其他机构。在总资产方面，其他金融机构中资产最多的是非银行机构，由储蓄和贷款公司、金融机构、抵押金融公司和租赁公司组成。到2019年初，其合计拥有的资产为22亿美元，占银行业总资产的9%以上。按资产划分的第二大子行业由144家农村和社区银行（RCB）组成，截至2018年底，其总资产为41亿瑞典克朗（约合7.941亿美元）。这些由当地拥有和管理的机构最早于20世纪70年代开始进入市场，向有限地理区域内的小农和企业提供信贷。顶点银行作为加纳中央银行隶属下的一家清算银行，同时顶点银行也监管社区银行。截至2019年10月，社区银行的客户数量约为700万，超过了与加纳全能银行开展业务的客户总数。同时，小额信贷分部门包括484家持牌小额信贷机构、70家非银行放贷公司和12个非政府金融组织。

表4-10　截至2019年加纳的金融机构数量

单位：个

机构	数量
环球商业银行	23
农村和社区银行	144
非银行贷款公司	70
小额信贷机构	484
非政府金融组织	12

资料来源：笔者整理得出。

第三节 对外经济关系

对外贸易在加纳国民经济中占重要地位，但外贸长期逆差。20 世纪 90 年代以来，加纳对外贸易逐年增长，外贸收入占 GDP 的 40% 左右。加纳长期以来近 90% 的外汇收入来自黄金、可可和木材三大传统出口产品。加纳实行贸易自由化政策，其主要贸易伙伴为中国、美国、法国、荷兰、尼日利亚。2017 年加纳外贸总额约为 253.16 亿美元，出口额约 131.51 亿美元，进口额约 121.65 亿美元。

一 与非洲大陆自由贸易区的关系

非洲大陆自由贸易区 (AfCFTA) 是非洲联盟的一个旗舰项目，是非洲国家签署成立的自由贸易区。旨在建立一个单一市场 (免税、免配额)，覆盖整个非洲大陆。

据非洲大陆自由贸易区第一任秘书长瓦姆克莱·梅内 (Wamkele Mene) 称，自贸区为非洲提供了一个机会，以发展强大的供应链和价值链，并使非洲大陆的生产潜力多样化，摆脱非洲大陆对于出口初级商品的过度依赖。加纳已经批准了非洲大陆自由贸易区协定，并且是自贸区秘书处的东道国。非洲大陆自由贸易区秘书处的总部选址加纳，归因于加纳稳定的政治、在西非的重要地理位置，以及它的经济地位——根据世界银行和国际货币基金组织的数据，加纳是 2019 年增长最快的经济体之一。

非洲大陆自由贸易区旨在为加纳价值链上的制造商和出口商提供一个框架，以推动加纳与其他非洲国家和国际市场进行有效贸易。此外，由于微型、小型和中型企业 (MSMEs) 在加纳的经济活动中占很大比重，非洲大陆自由贸易区为它们提供了向其他非洲国家出口的机会，从而促进了非洲内部贸易。

加纳签订非洲大陆自由贸易区协定后将会极大地促进自身工业化发展和基础设施提升，提升竞争力，并将产生工业化溢出效应，为加纳提供各种服务并创造就业机会从而增加民众收入。此外，随着现有关税和非关税贸易壁垒的取消，将会有更多外商投资流入加纳，为加纳乃至整个非洲大陆带来新的投资、合作和潜在价值。

二 与欧盟的贸易关系

2016 年 8 月，加纳与欧盟签署的临时"经济合作伙伴协议"正式生效。而一旦区域性的欧盟—西非经济伙伴关系协定生效，加纳与欧盟的协定将被取消。经济伙伴关系协定是一项注重发展的自由贸易协定。从适用的第一天起，欧盟对加纳出口到欧盟的产品免关税和免配额。经济伙伴关系协定旨在为二者提供一个平台，商讨解决贸易和投资问题的答案。经济伙伴关系协定使企业能更为灵活地适应原产地累积规则，从而更好地组织其供应链，以达到享有进入欧盟市场免税待遇的门槛。

加纳从 2020 年开始降低关税，为欧盟出口商打开了出口市场。欧盟和加纳可能在未来扩大经济伙伴关系协定，包括关于投资和服务贸易的条款。根据经济伙伴关系协定，加纳将在 2029 年前逐步取消对欧盟出口产品 78% 的进口关税。关税自由化的时间表如下：2021 年，取消关税税率分别为 5% 和 10% 的产品的关税（1056 个税目）。2024 年，总关税项目中，有一半的项目关税将被定为 0%。2029 年，那些目前关税税率为 20% 和 35% 的产品将被完全自由化（除非被排除在自由化之外）。加纳不会取消各种农业和非农业加工品的进口税，以此保护一些敏感交易并稳定税收。这些产品包括冷冻家禽、二手衣物、糖、冷冻牛肉和非酒精饮料。

三 与世界贸易组织的关系

加纳是世界贸易组织（WTO）的创始成员。加纳于 1957 年 10 月 17 日起成为关税与贸易总协定（GATT）成员，自 1995 年 1 月 1 日起成为世贸组织成员，加纳已经批准了《贸易便利化协定》（TFA），成为第 104 个批准该协定的世贸组织成员。世界贸易组织估计，全面实施《贸易便利化协定》可使贸易成本平均降低 14.3%。对于加纳而言，可以将进口到加纳的产品运输时间减少一天半以上，将出口货物的时间缩短近两天，比现有时间分别减少 47% 和 91%。

加纳受益于世贸组织的技术支持与建设方案，以及联合国贸发会议、工发组织、国际贸易中心和世界银行的支持。加纳的技术援助涉及：（1）法律法规与世贸组织规则之间的协调；（2）建立对贸易自由化的支持；（3）遵守规章制度；（4）为参加国际、区域和双边贸易讨论，官员接受培训；（5）建立体制框架，从而使贸易协定更容易实施和执行；（6）制定战略，使贸易改革和世贸组织协定的执行利益最大化，同时使任何相关成本降到最低。

四 与中国的贸易往来

在过去的几年里，中国与加纳的关系得到了巩固，两国之间一直保持着高度密切的交流。杰里·约翰·罗林斯、约翰·阿吉耶库姆·库福尔、约翰·埃文斯·阿塔·米尔斯、约翰·德拉马尼·马哈马和纳纳·阿库福-阿多等多位总统均在其总统任期内访问过中国，而中方也有多位领导人回访。加纳在有关中国核心和重大利益的问题上支持中国，而中国则始终支持加纳在经济改革和区域整合方面的努力。在 20 世纪 80 年代，加纳是第一个与中国签署双边贸易协定的非洲国家。

与此同时，中国和加纳之间的贸易交流也在蓬勃发展。2019 年，加纳从中国进口 490335 万美元的商品。钢材、橡胶鞋和农药是从中国进口的主要产品。中国是加纳最大的贸易伙伴和外国投资来源。1995 年至 2019 年，中国对加纳的出口以每年 18.7% 的速度增长。2019 年，加纳对中国的出口额为 26.7 亿美元。加纳出口中国的主要产品有原油、铁矿和可可豆。从 1995 年到 2019 年，加纳对中国的出口以每年 30.8% 的速度增长。2019 年，向加纳支付最高进口关税的中国产品是苦艾酒和其他口味的葡萄酒。另一方面，向中国支付最高进口关税的加纳产品是牛肉。

本章作者：

Lucille Aba Abruquah, Evans Opoku-Mensah, Joy Say, University of Electronic Science and Technology of China, Chengdu, P. R. China.

本章译者：

沈锐陈、郑舒意，王昆莉，电子科技大学，中国。

第五章
军　事

第一节　军事简史

　　加纳的军事历史最早可以追溯到英国殖民时期之前。在 17 世纪末，作为加纳主要部族之一的阿散蒂族扩大了自身的势力范围，并对其领地实施了强有力的军事控制与管理。当时阿散蒂王国的大多数酋长都肩负起了增强本族军事力量和提高自身军事能力的责任，以向邻近部族彰显本族强大的实力，维护本族定居地不受侵犯。也正是因为拥有强大的军事实力，阿散蒂王国才能确立现代加纳的基本领土，进而将自身影响力挺进到沿海地区。殖民时期，为了取得政治和经济的控制权，阿散蒂王国又先后于 1873 年、1896 年和 1900 年进行抗英战争。当时阿散蒂王国的防御策略是组建一支临时军队以应对突发事件，而不是组建一支常设的专业部队。为此，阿散蒂王国制定了严格的法律以维护军队秩序，如对逃避兵役的士兵处以死刑等。阿散蒂军队包括火枪手、弓箭手和长矛兵部队、侦察兵部队、先遣队、主力部队、保卫国王的贴身护卫队、后卫军以及两翼部队等。

　　在英殖民时期，英国在此成立了黄金海岸军队，作为西非边境部队（后更名为皇家西非边境部队，RWAFF）的一个组成部分。皇家西非边境部队的主要目标是确保黄金海岸、尼日利亚、塞拉利昂和冈比亚的和平。英国军方在黄金海岸征集了数千名人员，并对其进行训练，以在皇家西非边境部队服役。此外，在一战和二战期间，数以万计的黄金海岸士兵帮助西部联盟作战。从英国开始统治黄金海岸至 1957 年黄金海岸取得独立期间，英国一直通过黄金海岸军队（军队实际掌管权属于英国）来维护黄金海岸的内部安全。

加纳独立之后退出了皇家西非边境部队，正式成立了加纳武装部队。在这期间，加纳第一任总统克瓦米·恩克鲁玛采取了一系列行动，例如他多次尝试扩大总统警卫团，并将总统警卫团从加纳军队中撤出，变为加纳总统的直属部队，以增强自己的权力。这一系列做法最终导致了加纳于 1966 年为推翻恩克鲁玛政权而发动第一次军事政变，发起政变的是第二军旅指挥官以马利·科托卡上校，负责军队训练和作战的参谋阿克瓦斯·阿弗里法少校、约瑟夫·亚瑟·安克拉中将（已退休）、警察局长哈雷，以及一些武装部队人员和其他高级警官。该团体成立了全国解放委员会，并在 1966～1969 年统治加纳。1972 年，第一军旅临时指挥官伊格内修斯·库图·阿昌庞中校带领武装部队发动了第二次政变，成功推翻上一任政权，阿昌庞成为加纳新一任国家元首，于 1972～1979 年执掌国家政权。在此期间，加纳成立了最高军事委员会，并由阿昌庞和其他委员会成员担任主席和副主席，其他委员会成员包括利特·根、弗雷德里克·阿库福（国防参谋长）以及陆军、海军、空军和边防部队的指挥官等。然而，在阿昌庞上校的统治下，加纳非但没有更加强盛兴旺，反而陷入了经济危机的巨大旋涡中。利特·根和弗雷德里克·阿库福于 1978 年推翻了阿昌庞的统治。阿库福于 1979 年 7 月 1 日当选为加纳"第二最高军事委员会"主席，并公开宣布将手中的政治权力移交给一个新的平民政府。而在新政府成立之前，第三次政变发生了。这次政变由杰里·罗林斯领导，并最终成立了武装力量革命委员会。在 1981 年之前，加纳一直由武装力量革命委员会统治，而在第四次政变后，罗林斯成立了临时国防委员会，代替武装力量革命委员会掌管军权，但听命于总统，这改变了加纳过去以武力统治国家的方式。1993 年，罗林斯顺应民意，以平民身份当选为总统，标志着加纳长达 30 年的军事统治终结。

第二节　军事预算和开支

1960～1969年，加纳的军事预算占 GDP 的比重约 2.1%，在 1960～1981 年的政变时期军事预算占比约为 1.65%，在 1992～2016 年占比约为 0.62%（见图 5-1）。

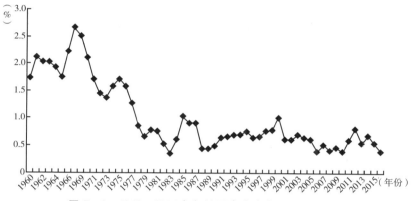

图 5-1　1960～2016 年加纳军事支出占 GDP 的比重

资料来源：世界银行，2016 年。

2016 年加纳的军事开支为 1.462 亿美元，相比 2015 年减少了约 4400 万美元。根据 1960～2016 年加纳军事支出/国防预算报告，从 1958 年到 2016 年，加纳在与军事有关的活动和装备上的年平均开支为 6919 万美元，2012 年达到 2.416 亿美元的历史最高水平，而 1983 年的 830 万美元为历史最低水平。[①]

第三节　军事政策

加纳的军事政策旨在通过分析国家情报来识别敌对威胁，以处理国

---

① 军事开支是来自北大西洋公约组织（NATO）的军事开支定义，包括关于武装力量的所有经常性开支和资本支出，如维和部队、国防部和其他从事防务项目的政府机关及准军事部队，前提是经证实，其将接受训练且具备军事活动和军事航空活动。

内和国际安全问题。其中，国防部与国家安全秘书处和武装力量革命委员会共同负责制定、协调、监测和评估加纳的军事政策。在加纳的宪法和武装部队法中有许多保证军队有效运行的法律政策。加纳军事政策载于 1992 年宪法的第 17 章和《加纳武装部队法》的第 105 条法令。除议会法案授权的情况外，宪法禁止个人组建军队。其他主要的军事政策还包括建立武装力量革命委员会，主要成员有：（1）副总统，担任武装力量革命委员会主席；（2）国防部长，负责保护加纳免受内部和外部军事威胁；（3）国防参谋长、军长和高级准尉，或其他武装部队中地位相同者；（4）由总统任命的两个人，负责与国务委员会协商。

宪法还规定了其他行政政策，如总统的职责以及武装部队军官、国防参谋长与后勤队长等重要官员的职责。

总统应与国务委员会协商，共同负责国防参谋长、军长和其他武装部队军官的任命。总统与武装力量革命委员会协商后，也可以向武装部队的军官发布命令。武装力量革命委员会的职责是向总统就有关国防的事项提供建议，包括军队的职责、军事预算、中校以上或同级别军官的晋升以及其他行政决策等。此外，武装力量革命委员会还应依据宪法履行其职能，以便在得到总统批示后能顺利有效地运作。国防参谋长主要负责军队的管理和作战指挥。除了国家制定的国防政策之外，加纳军事政策还包括除战斗外的其他国防和发展战略，如反恐、保护国家领土完整等。

第四节　武装力量

加纳武装部队由加纳国防部领导，由陆军、海军和空军组成。根据全球火力指数网（Globalfirepower.com）的报道，加纳的军事实力在被评估的 113 个国家中排名第 101 位。截至 2016 年，加纳在非洲大陆 30 个国家中排名第 19 位。

根据 2012 年国际战略研究所《军事平衡报告》数据，加纳有 836 万人具备服兵役的条件。加纳总兵力为 15500 名，其中 11500 人为陆军，2000 人为海军，其余 2000 人为空军。

一　陆军

加纳陆军是加纳武装部队于 1957 年建立的军事组织。当时，陆军由其行政中心、支援服务、三支大部队和一支配备装甲车的勘探队组成。陆军共有约 5700 人，其中约有 200 名英国军官和加纳军官。为使军队非洲化，当时的总理克瓦米·恩克鲁玛将注意力从英国军官逐渐转向加纳军官。来自加拿大的军事技术人员和训练人员被派往加纳军事学院训练加纳军官，以提高他们的专业技能。

武器装备包括战斗坦克、装甲战车、自行火炮和牵引火炮以及火箭发射器。近年来，加纳陆军军事力量取得了长足的进步。表 5 – 1 详细介绍了自 1949 年起加纳军用车辆、坦克和大炮的型号与功能，以及这些武器最初的服役年份和原产国。

表 5 – 1　加纳的军用车辆、坦克和大炮

型号	功能	原产国	最初服役年份
Patria Pasi XA 6	轮式装甲人员运输车（APC）	芬兰	1984
LAV – 25	轻型装甲车 25/8 ×8 轮式装甲侦察车	美国	1983
Denel Casspir Mine-Resistant	抗伏击车辆（MRAP）	南非	1980
Ratel（Honey Badger）	步兵战斗车（IFV）	南非	1979
RM – 70（Raketomet vz. 70）	轮式多管火箭发射器（MRL）	捷克斯洛伐克	1972
M151 MUTT	军用战术卡车/4 ×4 轻型多用汽车	美国	1960
OTO Melara Mod 56	105mm 榴弹炮/轻型火炮	意大利	1956
Daimler Ferret	4 ×4 装甲车	英国	1952
ZPU – 4 Four-Barreled	牵引式防空高射炮	苏联	1949
ZPU – 2 Twin-Barreled	牵引式防空高射炮	苏联	1949
ZPU – 1 Single-Barrel	牵引式防空高射炮	苏联	1949

资料来源：笔者基于文献整理所得。

二　空军

加纳空军成立于1959年7月24日，即加纳陆军成立两年后。当时加纳成立了一个飞行训练中心，以作为培养空军人才的基地。第一批教员和技术人员来自以色列，而受训人员包括2名加纳现役军官和15名飞行学员，他们在印度斯坦教练机上完成了基本训练。印度空军准将加斯旺多·斯恩在阿克拉空军总部设立后被任命为第一任空军参谋长。1960年，英国空中作战部队开始接手训练加纳空军的新兵。一年后，加拿大皇家空军的一小部分人员加入了他们的行列。在同一年，加纳后裔德·赫拉夫特·海福德作为总统克瓦米·恩克鲁玛非洲化计划的一部分，被任命为新的空军参谋长，旨在提高外界对于非洲人身份的认同度。1961年3月，加纳将飞行训练中心重建在塔科拉迪机场，以便学员有场地进行实践。后来，加纳飞行训练中心将一些飞行员安排至英国拉斯顿的中央飞行学校接受进一步培训，当这些飞行员成为合格的直升机教练后，就回到中心担任训练人员，教导新一批飞行员。

当时，加纳空军配备了如名为"花栗鼠"的教练机，以及代号为"海狸"、"水獭"和"驯鹿"的运输飞机等。除了像"休斯"这种主要用于喷洒驱蚊剂的直升机以及"鸽子"、"鹭"和"韦斯特兰德"等巡逻直升机外，加纳空军还购买了一架"小松鼠"系列的公务直升机，作为总统的私人座驾。

自1948年以来，加纳军队拥有大约20架飞机，这些军用飞机包括战斗机、攻击机、教练机和客机等。目前，加纳军队拥有13架运输机、5架教练机和14架直升机，但没有战斗机和攻击机。表5-2介绍了自1948年以来加纳军用飞机的型号和功能，以及这些飞机最初的服役年份和原产国。

表5-2　加纳军用飞机

飞机型号	功能	原产国	最初服役年份
Airbus Military/EADS CASAC-295	战术飞机	加拿大	2001
Hongdu JL-8/K-8 Karakorum	轻型攻击机/高级教练机	中国	1994

续表

飞机型号	功能	原产国	最初服役年份
McDonnell Douglas/Boeing MD – 11	中程客机	美国	1990
BAe 146	客机	英国	1981
Bell Model 412 Twin-Engine Utility	运输直升机	美国	1981
Aermacchi MB. 339	轻型攻击机/高级教练机	意大利	1978
Leonardo(Agusta Westland) AW109	多用途军用直升机/通用直升机	意大利	1976
Aero L – 39 Albatros	轻型攻击机/高级教练机	捷克斯洛伐克	1972
Mil Mi – 8(Hip)	中型多用直升机	苏联	1967
Vickers VC10 Narrow	客机/空中加油机	英国	1964
Aero L – 29 Delfin/Maya	教练机/轻型攻击机	捷克斯洛伐克	1963
Short Skyvan	运输机	英国	1963
Aermacchi MB. 326	高级教练机/轻型地面攻击机	意大利	1962
Aerospatiale Alouette Ⅲ	轻型多用直升机	法国	1960
Antonov An – 12(Cub)	军用运输机	苏联	1959
Boeing 707 Narrow-Body	客机	美国	1958
Fokker F27 Friendship	客机	荷兰	1958
Ilyushin IL – 18 (Coot) Turboprop-Powered	客机/水上飞机	苏联	1957
de Havilland Canada DHC – 3 Otter	水上飞机	加拿大	1953
de Havilland Canada DHC – 2 Beaver	多用运输机	加拿大	1948

资料来源：笔者基于文献整理所得。

三 海军

加纳海军的作用不仅包括监测和控制加纳领海和经济区（Ghana's Territorial Waters and Economic Zone），还包括协助加纳警方、沃尔特河管理局与加纳港口管理局处理重大事务。

　　加纳海军的雏形是一支志愿部队，在第二次世界大战中由英国建立，当时被称为黄金海岸海军志愿军，目的是加强海上巡逻从而确保沿海水域的安全。加纳海军是在 1957 年加纳脱离英国统治后建立的。1959 年 6 月，加纳对之前的志愿部队进行了扩充和改组，以迎接独立的新挑战。从陆军调来的少将大卫·安姆勒·汉森成为加纳第一位海军参谋长。

　　1967 年，加纳海军拥有 13 艘船。1974～1989 年，加纳海军又收购了 2 艘巡逻艇、4 艘快艇以及 1 艘总统游艇，从而扩大了舰队的规模。但由于资金匮乏，加纳海军又不得不将其船只数量缩减到 10 艘。在《地方政府法律》第 156 条宣布加纳 12 海里领海和 200 海里专属海道的规划后，加纳海军进一步将其船只数量减少了 4 艘。目前，加纳海军拥有 6 艘船只和 1 艘陆上巡逻艇。然而这 6 艘船中，只有 4 艘用于战争，剩余 2 艘的作用主要是提供支援和补给。加纳海军目前有三个作战指挥中心，分别是位于塞康第的西部海军司令部、位于特马的东部海军司令部以及位于阿格塔的中部海军司令部。

第五节　对外军事关系

　　在 1992 年前，加纳经历了长达几十年的军事统治，因此加纳拥有一支良好的、日渐专业化的军事部队。因为能够主办一个区域维和训练中心，加纳也被视为成功帮助非洲发展可持续维和能力的积极成员。美国和加拿大对加纳军队进行了大量训练并提供了有效的装备，这为人员配置中心的运行提供了帮助。

一　与加拿大的军事关系

　　加纳与加拿大在过去几十年里一直保持着良好的军事关系，这给加纳带来了许多益处。加纳是第一个获得加拿大发展援助的非洲国家，例如加拿大政府帮助修建和维护了位于加纳首都阿克拉的科菲·安南维和中心，该中心主要进行关于维和与安全知识的培训和研究，从而推动了加纳在维和事业上的不断发展进步。

　　加纳还从 1963 年加拿大设立的军事训练和合作项目中获得了许多好处。军事训练和合作项目由军事训练和合作理事会组织，是一个范围较广的国防外交项目。此外，军事训练和合作项目针对和平救援行动领域进行了强化培训，从而发展和加强双边防务关系。通过军事训练和合作理事会组织的军事训练和合作项目，加纳的武装部队人员受益匪浅，从而促进了加拿大、加纳以及其他国家和平救援行动的开展。

　　军事训练和合作项目积极的溢出效应推动加纳建立了相对稳定的政治制度，促进了加纳的和平。此外，军事训练和合作项目还促进了加纳民主政治的发展，维护了国内秩序的稳定，实现了国家地位的提升，并提高了国家战略利益的收益。加纳的军事行动方式彻底改变，加纳军队对维和行动的贡献也大大增加。

二　与美国的军事关系

　　加纳同美国保持着良好的军事关系。根据 2009 年 7 月 8 日的美加共同报告，两国关系被认为是"亲密的"。该报告还称，正是美国与加纳的密切关系，使得一小部分美国人（其中很多是非裔美国人）永久定居在加纳。

　　在外国军事融资、国际麻醉品管制和执法技术，以及协助反恐、解决排雷等问题的培训方面，加纳都得到了美国的帮助。加纳还通过和平与安全援助资金、执法能力建设以及其他形式获得了大量的资金支持。加纳是非洲地区主要的可卡因转运点，因此美国向加纳提供的军事和警察援助主要是帮助其应对数量日益庞大的可卡因转运。美国通过提升其边境控制能力，紧守边境规则、关键的出入境口和贸易点等方法，帮助加纳遏制可卡因转运。

　　美国一直在协助加纳开展缉毒行动，并由美国缉毒局执行这类援助。2000 年末，美国缉毒局在加纳设立办公室，办公室成员接受美国缉毒局的培训，从而提升加纳警方的缉毒能力，开展与美国缉毒局的双边联合执法。美国和加纳的军事合作在过去几十年中成果颇丰。美加两国的合作有助于解决跨国犯罪问题。

　　加纳从美国设立的国际军事教育和培训项目中获得帮助，提升了军队的专业性。在非洲众多国家中，加纳是非洲应急行动训练和援助方案的第一批受援国之一，这是美国国务院全球和平行动倡议的核心组成部分。在2010 财政年度，全球和平行动倡议继续帮助训练加纳军队以及国际和平支援行动中的人员，这一倡议一直持续到今天，已成为美加两国之间的常规活动。2010 财政年度，美国源源不断地向加纳军方提供援助，帮助加纳"履行对西非国家经济共同体的军事承诺以及国际维和行动"。美国国防部还向加纳提供了一种名为"自动识别系统"的船舶识别系统以及一些快速巡逻船。此外，为了加强西非海上安全，并保障美国民间机构和人士顺利开展贸易等活动，美国国防部还与加纳军事和民间团体在非洲伙伴关系峰会进行了会面，以更好地实现互帮互助。加纳与美国的军事关系较为牢固，主要体现在常常进行危机应对训练和演习等。同时，加纳还积极参加了北达科他州的国民警卫队"伙伴计划"。

良好的美加军事关系也在其他方面为加纳提供了帮助。一个拥有 171名成员的美国和平队在加纳开展各种各样的志愿者项目，其中许多项目是与教育、小型企业发展、可持续发展以及健康保障相关的。美国还在加纳灾后管理系统方面进行了援助。例如，2007 年 9 月加纳北部遭受了大面积洪灾后，美国国际开发署的对外援助办公室向 5000 名受灾者提供了总额为 5 万美元的紧急救援物资。此外，美国财政部还向加纳提供技术援助，以帮助其发行包括欧洲债券在内的金融产品。

三 与法国的军事关系

加纳还同法国保持着良好的军事关系。法国与加纳的军事合作主要是关于加纳军事人员的训练。为了提高语言运用的灵活性，法国对加纳士兵进行了法语训练，由一名来自法国的联络官担任课程负责人，以便更加有效地进行沟通。这些联络官员的职责是为包括加纳军事部队在内的西非战地官员组织年度培训课程，以及同西非国家经济共同体地区其他的维和训练中心建立联系。在与多哥的非驻地国防武官的合作关系中，联络官充当中间对话者的角色，有时也充当加纳武装部队的翻译人员。因此，他们会就英语国家和法语国家之间的军事和防务合作提出倡议并进行协调。法国同加纳不仅在军事方面有所联系，在警察业务方面也有交集。法国和加纳警方的合作主要是法国警方为加纳警方提供专业知识培训及训练，比如打击恐怖主义、贩毒和有组织犯罪等。

四 维和部队

正是由于与西非国家经济共同体成员国的良好关系，以及加纳在非洲和平与安全方面发挥的关键作用，西共体要求加纳派遣一支军事部队，作为加纳在冈比亚为其解决选举后僵局所做贡献的一部分。为此，加纳向冈比亚派遣了 208 名维和官兵。西共体维和特派团为冈比亚维持民主政治和法治建设创造了必要的和平环境，并为新当选的总统合法而顺利地交接政权做出了贡献。

加纳政府的目标是采取更多的措施来激励和维护在海外执行维和任务的加纳军队，提高他们的士气，并通过一定途径给予他们更多的权利，诸如部队津贴在士兵在岗时就支付，而不是等到他们退役回国以后。阿库福总统在 2017 年 2 月 21 日的国情咨文演讲中表示，他的政府已经归还了拖欠维和部队士兵的约 1300 万美元的欠款，且冈比亚维和特派队的所有津贴都是一次性全额支付给每名士兵。在岗付薪政策只是加纳政府计划执行的众多政策的开始，其目的是激励和推动军事人员参加世界各地的维和任务。另外，阿库福总统还提到，要通过这种持续的优惠条件来提高在外执行任务的维和官兵的积极性，并吸引更多士兵加入维和部队，扩大维和部队规模，从而更好地参与国际维和行动。

在政府的大力支持和大量国际援助下，加纳在国际维和事务中发挥着越来越大的作用，成为维护世界和平与稳定的重要力量之一。

本章作者：

Deborah Darko，Amos Oppong，University of Electronic Science and Technology of China，Chengdu，P. R. China。

本章译者：

沈锐陈、郑舒意、孟雅琪，电子科技大学，中国。

第一节　国民生活

一　生活质量指标

1. 贫困发生率

在加纳，贫困人口主要集中于农村地区。图6-1显示的贫困模式表明，农村人口的贫困率高于城市人口。除了农村沿海地区和城市沿海地区的贫困模式相似之外，草原地区和森林地区的贫困模式截然不同。例如，

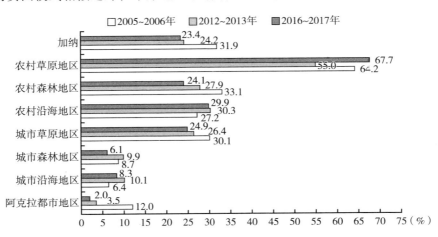

图6-1　加纳不同生态区的贫困发生率

资料来源：加纳统计局贫困状况报告。

城市草原地区的贫困发生率在这三个时期有所下降，农村草原地区的贫困发生率在 2012～2013 年有所下降，但在 2016～2017 年有所上升，且超过了 2005～2006 年的水平。2016～2017 年，农村草原地区的贫困人口比例最高，为 67.7%。总之，尽管加纳不同生态区的贫困人口分布有所差异，但仍然集中于农村地区。

2. 就业

加纳第五轮和第六轮生活标准调查将加纳的就业人员分为四种：公职人员、个体经营者、失业人员和消极就业人员。

失业率高是加纳面临的主要问题。自 2001 年以来，加纳经济虽有所增长，但并没有充分转化为就业。城市非正式部门持续扩大，正式部门生产性就业机会在减少。因此，在经济发展态势较好的地区，失业率仍然很高。在农村，就业不足也是主要问题。出现这种情况的部分原因是就业环境差，比如劳动力市场信息的空白。①

3. 饮用水

尽管加纳供水不足，人们只有经过长途跋涉，才能取得所需用水，这对农业生产、日常生活产生了不利影响，但除了上西部省外，与 2005～2006 年相比，2012～2013 年加纳其他地区的饮用水供应量都有所增加（见图 6－2）。饮用水包括管道水、瓶装水、袋装水以及受保护的井水、井眼水，但不包括未受保护的井水和地表水。

4. 教育

作为国家知识经济发展战略的一部分，1992 年宪法规定加纳实行免费义务教育，旨在使儿童未来过上幸福、有质量的成年生活。随着"1951 年加速发展计划"的实施，针对儿童的基础教育这一概念成为教育发展的中心环节。该计划为六年免费义务小学教育奠定了基础，小学入学率大幅攀升。1957 年加纳独立后，新政府于 1961 年推出了教育法案，将免费义务教育的时间延长四年至中学。尽管 1992 年宪法规

---

① The Ministry of Manpower, Youth and Employment, *The National Employment Policy*, http://siteresources. worldbank. org/INTLM/Resources/Ghana_ NATPOLICYDEC11B. pdf.

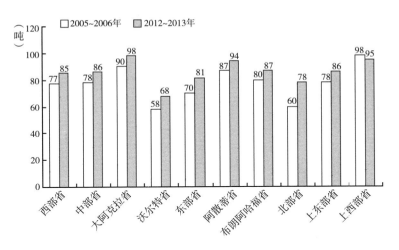

图 6 – 2　2005 ~ 2006 年和 2012 ~ 2013 年加纳各省家庭饮用水供应量

资料来源：加纳第五轮和第六轮生活标准调查。

定了免费义务教育，但在 2012 年的选举中，该议题成为争论的热点话题。

　　加纳成年人的受教育年限分配不均，其中最为贫穷的北部三省教育机会不平等程度最高。此外，与生活在福利水平较高的家庭的儿童相比，来自福利水平较低家庭的五分之一的儿童的小学和初中净入学率和出勤率明显较低，也更有可能辍学。2012 ~ 2013 年，加纳成年人口中有一半以上（56.3%）会英文，其中男性的比例（67.3%）高于女性（46.9%）。

　　5. 医疗

　　20 世纪 80 年代，加纳进行了经济结构调整，随后又实施了"现金和结转"政策，这两项政策实施期间，人民获得医疗保障的机会逐步减少。罗林斯总统执政后期，对国民健康保险计划政策进行了试点。库福尔总统执政后开始全面实施该计划。但是由于贫困以及医疗支持力度不足，只有一半左右的加纳人参加了该计划。多年来，政府部门采取措施改善卫生设施和医疗条件、提高卫生专业人员的薪资，以完善卫生部门的卫生服务体

系和政策机制。2012～2013 年，65 岁及以上（26.4%）和 0～5 岁
（20.1%）患病或受伤的比例较高（见图 6-3）。因此，该政策虽取得了
一定的成效，但覆盖范围并不全面。

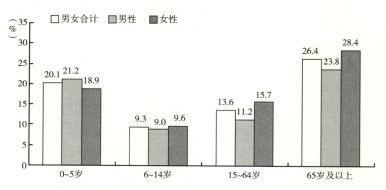

**图 6-3　2012～2013 年加纳按性别和年龄统计的患病
或受伤者比例**

资料来源：加纳第六轮生活标准调查。

6. 政治参与

　　像加纳这样的过渡性民主国家，往往通过选举民选公民代表和投票参
与政治活动。因此，公民通过投票和选举程序选出其代表非常重要。加纳
2012 年第六轮生活标准调查报告指出，92.6% 的受访者表示他们在 2012
年总统和议会选举中参与投票。受访者中，农村的投票率为 93.4%，略
高于城市的 92.0%。加纳于 1992 年恢复民主时，选举投票率低至
50.16%，1996 年略有增加，为 78.21%。2004 年全国选举投票率最高，
有 85.12% 的选民参与投票。而 2016 年是继 1992 年和 2000 年后的选举投
票率第三低的年份，仅为 68.62%（见表 6-1）。

　　除了投票之外，还可以通过与民选公民代表积极沟通参与政治活
动，但是大部分民众参与度较低。2014 年"非洲晴雨表"调查表明，
就政策的反馈与执行来说，加纳普通公民与民选公民代表的联络很少。

表 6 - 1　1992 ~ 2016 年加纳全国大选中的选民投票率

单位：%

选举年份	投票率
1992	50. 16
1996	78. 21
2000	61. 74
2004	85. 12
2008	72. 91
2012	80. 15
2016	68. 62

资料来源：加纳选举委员会网站。

"非洲晴雨表"调查了加纳政治参与的情况，其中有两个典型问题，即"在过去的一年里，你多久与议员联系并就一些重要问题向他们表达你的观点"，以及"在过去的一年里，你与议员联系了几次，并向他们发表你的意见和看法"。对这两个问题的参与度表明，除了选举大会成员或议会议员外，大部分公民几乎未与议会取得联系，未向议会提出需求和建议。此外，大部分公民对议会的行为和不作为现象也没有质疑、批评或斥责。选举大会成员是社区的代表，更是政府和人民之间联系的纽带。议会议员也以类似的方式代表了加纳议会选区的意见和愿望。因此，政治代表被要求积极参与地方和国家层面的决策。相反，"非洲晴雨表"的调查结果表明，在地方和国家层面，公民很少与他们的当选代表保持联系、表达自己的诉求和抒发不满情绪。

二　就 业 结 构

（一）按城乡划分的就业结构

就加纳在农村和城市方面的就业分布情况来看，农村地区的就业率高于城市。根据加纳统计局 2014 年的就业数据，生活在城市地区的 65. 1% 的人有工作，10. 1% 的人失业，24. 5% 的人没有工作。生活在农村地区的 70.4% 的人有工作，8% 的人失业，21.6% 的人没有工作。这表明，农村人口比城市人口更容易获得工作。城市地区最主要的人才需求是专业技术人员和专业助理，而在农村地区，最主要的劳动力需求则是熟练的农业、渔业工人。大多数从高等院校毕业，并想在服务业和制造业寻求就业的人会迁移到城市，找一份白领的工作。然而，农村的就业情况并非如此。农业活动和小买卖是大部分加纳农村居民的工作形式，这意味着较少的启动资金，通常情况下，每家每户会帮助想要就业的劳动力来经营自己的小生意。在加纳，生活在农村的女性比在城市女性更容易就业。

根据加纳统计局的数据，农村女性就业率为 67.1%，城市女性为 62.6%。同样，加纳农村男性就业率为 74.5%，而城市男性有 68.5% 的就业机会。雇主主要雇用的是在城市定居的 50 ~ 54 岁的人，他们中的 89.5% 参与就业。约 88.9% 的 45 ~ 49 岁的农村居民有工作。大多数加纳青年要么失业，要么未充分就业。在城市地区，44.7% 的未充分就业人口是年轻人；而在农村地区，这一比例为 40.1%。

（二）按行业划分的就业结构

全国总劳动力中约有 15% 在工业部门就业。根据加纳统计局的调查，农业、林业和渔业雇用的人最多，约占总就业人口的 38.3%。这些部门中的就业人员主要从事种植农作物、饲养牲畜、砍伐木材，以及在农场中养鱼等的工作。

批发和零售业吸纳了约 21.3% 的就业人员。批发和零售业从业者主要在露天市场、街边小摊和商店工作，以及为来自印度、黎巴嫩和南非的公司工作。加纳的制造业雇用了约 11.9% 的劳动力。

教育部门雇用了约 5.1% 的劳动力。在教育部门就业的人从事基础、中等或高等教育工作。教育工作者包括教师和非教师队伍。

加纳卫生局（GHS）雇用了约 1.5% 的劳动力。卫生部雇用的人员约占卫生部门劳动力总数的 81.5%。非临床支持人员，包括行政人员、会计、司机、技术员，以及临床支持人员，包括保健员和病房助理，约占卫生部正式雇用劳动力总数的 38%。除了正规卫生部门的劳动力外，还有一些人从事传统医疗工作，其中包括传统的助产士。

加纳的采矿业吸纳了约 15% 的劳动力。

第二节 城市与乡村

一 人口增长模式、增长趋势和增长预测

加纳的人口增长率一直居高不下，这使得加纳人口每隔 25 年就要翻一番。事实上，独立以来，加纳的人口年增长率略有上升：1960～1970 年增长率为 2.4%，1970～1984 年和 1984～2000 年增长率分别为 2.6% 和 2.7%，2000～2010 年降至 2.5%。人口增长率的提升与加纳各地医疗条件的改善密切相关：生育率的提高和死亡率的降低进而促进了人口增长。

对于现在的加纳而言，农村人口向城市的流动依旧是客观的社会现象。因此，加纳的人口分布仍然不平衡。如图 6-4 所示，1970～2010 年，加纳的城市化进程加快，城市人口也越来越多（2010 年占加纳总人口的 51%）。2010 年，加纳城市人口首次超过了农村人口。根据 2010 年的统计数据，加纳的城市化水平普遍高于撒哈拉以南非洲（35.4%）和西非（41.6%）的平均水平。

1921 年，加纳农村人口占比为 92.2%，1948 年下降至 87.1%，1960 年又下降到了 76.9%。加纳独立后，政府实施的"亲市政策"是农村人口快速下降的原因之一。"亲市政策"包括推动工业化进程、增加对城市基础服务设施（尤其是卫生和教育）建设的投资等。这一系列措施引发了人口从农村到城市的迁移。1960～1984 年，加纳经历了特殊的社会动荡时期。尤其是在 1970～1984 年，加纳的经济、政治和社会发展遭到了空前严峻的挑战。这种不稳定的时局对当时的城市经济造成了极为恶劣的影响。因此，在这个时期，加纳人口从农村向城市迁移的速度也大大放缓。

就国家的经济发展而言，20 世纪 70 年代到 80 年代初期的这段历史

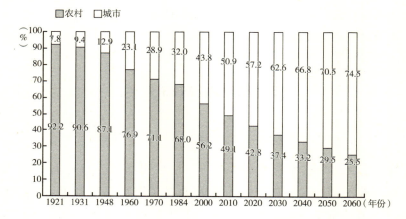

图 6 - 4　1921～2060 年加纳农村和城市人口增长趋势和预测

资料来源：加纳国家发展计划委员会，2017 年。

时期是加纳经济低迷期。由于经济萧条，在 20 世纪 80 年代中期，加纳采纳了由世界银行和国际货币基金组织启动的经济复兴计划与经济调整计划。为此，加纳政府还制定并颁布了各项新自由主义经济政策。这些政策的颁布在宏观上帮助经济恢复了稳定，提升了经济的总体健康发展水平，促进了对外直接投资和私人投资。然而，政府的经济干预对加纳农业也造成了不利的影响。新自由主义经济政策的推行结束了加纳政府对本国农业的经济资助，这使得加纳与世界各国（包括欧洲、北美和亚洲）的农业贸易成本变高，但由于加纳作物种植不确定、土壤肥力下降、机械化程度不高、劳动力过度使用、产量相对较低等客观因素，加纳农业并没有适应该变化。此外，加纳的新自由主义经济政策推动了加纳的全球化进程，这使得包括加纳首都阿克拉在内的大城市能够持续吸引国际投资。

　　加纳各地的城市化水平差异显著。这是因为一个国家的城市化发展水平与政府对自然资源的开发程度息息相关。加纳地方政府对自然资源（如农业土地和矿物资源）的开发和利用就因为地区不同而大相径庭。根据表 6 - 2，2010 年加纳的城市人口比例为 50.9%，只有大阿克拉和阿散蒂这两个省的城市化水平超过了全国平均水平。

表 6 – 2　1960 ~ 2010 年部分年份加纳各省城乡人口占比

单位：%

	1960 年		1970 年		1984 年		2000 年		2010 年	
	城市	农村	城市	农村	城市	农村	城市	农村	城市	农村
西部省	24.7	75.3	26.9	73.1	22.6	77.4	36.3	63.7	42.4	57.6
中部省	28.0	72.0	29.1	70.9	28.8	71.2	37.5	62.5	42.1	57.9
大阿克拉省	72.6	27.4	85.3	14.7	83.0	17.0	87.7	12.3	90.5	9.5
沃尔特省	13.1	86.9	16.0	84.0	20.5	79.5	27.0	73.0	33.7	66.3
东部省	21.1	78.9	24.6	75.4	27.7	72.3	34.6	65.4	43.4	56.6
阿散蒂省	25.0	75.0	29.7	70.3	32.5	67.5	51.3	48.7	60.6	39.4
布朗阿哈福省	15.6	84.4	22.1	77.9	26.6	73.4	37.4	62.6	44.5	55.5
北部省	13.0	87.0	20.4	79.6	25.2	74.8	26.6	73.4	30.5	69.5
上东部省	3.9	96.1	7.3	92.7	12.9	87.1	15.7	84.3	21.0	79.0
上西部省	5.0	95.0	6.7	93.3	10.9	89.1	17.5	82.5	16.5	83.5
全国	23.1	76.9	28.9	71.1	32.0	68.0	43.8	56.2	50.9	49.1

　　资料来源：加纳统计局。

二　面临的挑战

1. 农业生产力低下

　　在加纳，农业虽然是经济发展的基础，但农业的增长和农业生产力的提高却并未受到重视。因此，与许多发展中国家一样，加纳的农业也面临着一些挑战，其中就包括机械化技术的使用有限、采后的损失率高、经费不足以及灌溉用水不足等。根据加纳大学统计、社会和经济研究院提供的数据，加纳农业生产仍处于初级水平。同时，由于缺乏就业转型的机会，大部分从事农业生产工作的人员并不具备转行的能力和条件。总体而言，加纳农业部门的发展依旧面临困难，低收入和低产能是具体表现。

　　由于农业生产力低下，农户选择迁入城市寻找其他就业机会。这加速了加纳的城市化进程。然而，加纳的市级政府和国家政府对农村人口的大量涌入却并未做好充分准备，这加剧了城市基础服务设施的使用压力，而其中最具代表性的就是由住房问题引发的民生压力。房价高企和供不应求直接导致了贫民窟的扩散。贫民窟问题在阿克拉、库马西、塞康第、塔科拉迪和塔马勒等大城市中尤为严峻。此外，在一定程度上，二级城市也是贫民窟的聚集之地。这是因为在大都市之外的农村移民也将二级城市当作改善自身经济条件的跳板。

2. 城市快速扩张，土地管理面临挑战

城乡接合部的空间规划和管理较为薄弱，随着城市化进程的加快，大片农田被转化为城市用地，这导致了大量耕地流失，从而阻碍农业发展。在加纳，因为城乡接合部兼具城市和乡村的土地利用特质，所以这些过渡地区对土地的需求量十分巨大。城市扩展、恶意炒作以及投资圈地都使得加纳城乡接合部的地价居高不下。

加纳各城市道路网络的二元化进一步加快了城市的扩张，并且导致了这种扩张的不可控状态。加纳城市道路网络的改善促进了城乡接合部土地的收购。此外，随着道路网络的延伸，农村土地也越来越受到中产阶级和上层社会人士的青睐：便利的交通可以让他们随意往返于城市中心与自己住所之间。城市的迅速扩张在加纳东部和北部也较为显著。由此，"集合城市"的规划和管理成为加纳政府必须面对的问题。库马西、塔马勒、特马、塞康第和塔科拉迪等其他大城市的发展方向也逐渐在向"集合城市"靠拢。

3. 城乡一体化进程中协调机构联系互动薄弱

城乡交错带的发展需要城市社区和乡村社区的协同治理。因此，在城乡一体化的进程中，城乡生产部门的相互扶持、城乡基础服务设施的同舟共济，以及城乡社区的积极互动，是城乡接合部的发展核心。近年来，加纳的公共交通、通信服务（尤其是移动电话服务）和基础设施的建设水平得到了很大的提高。这虽然在广义上促进了加纳的城乡一体化发展，但由于缺乏将城乡生产联结起来的实体产业，加纳的城乡联系依然薄弱。换言之，城乡生产部门的建设和城乡经济的发展是增强城乡联系的关键所在。然而，对于加纳而言，城乡生产部门和城乡经济仍然是加纳城市化进程中的弱项，这就导致了加纳城乡接合部的发展依旧处于滞后状态。此外，由于人力资源短缺和财政紧缩等问题，实际上在推进城乡一体化发展过程中，农村和城市的联系仍然薄弱。因此，城乡治理和机构间的协调不当导致空间规划不善、发展过度集中以及一些定居点数量增加。这种情况使得一些地区，特别是农村地区的发展得不到保证，贫困程度加重，阻碍社会经济发展，对大部分加纳人的生活造成一定的影响。总之，加纳在城乡发展一体化进程中还是面临着举步维艰的困境。

4. 环境日益恶化

环境问题是城市化进程中必须攻克的一个难题，它将影响城乡一体化的发展目标和发展战略。环境保护对城市化的挑战不容忽视。在加纳，砍伐森林、非法采矿、农耕方式落后和环境法规执行不力等因素将农业的发展推入了困局。为了维持生计，成千上万的加纳农户被迫迁入城市，加纳的城市人口快速增长。这就给加纳的城市规划带来了一系列的挑战，这些挑战就包括价格昂贵且供不应求的房源、不断扩大的贫民窟以及城市的恶性扩张。

城市的发展给森林植被造成了巨大的压力。对于城市而言，被砍伐的树木主要有两个方面的用途：燃料（木炭）和建材。而这两种用途对木材的消耗是巨大的。因此，城市化发展必然会给森林带来持续性的破坏。根据相关研究，森林覆盖率低是生态环境恶化、极端天气的主要诱因，将严重影响农业的产能和发展。加纳能源委员会的数据表明，木材和木炭约占加纳能源需求总量的39%，而其中的大部分是被城市消耗的。此外，还有大片的农村土地作为城市垃圾厂的预备厂址而不断地被加纳政府征用。这中间存在的决策不当和管理失职都是威胁加纳农户生计的巨大隐患。

三 政府对城乡发展的规划

加纳历届政府应对农村和城市发展问题的措施不够完善。这些措施主要是在一些中短期发展计划和政策框架内。从"古吉斯伯格发展计划"（1919～1926年）开始，包括1957年独立之前，加纳的发展历程与加纳的中短期发展计划保持一致，导致加纳的经济结构几乎没有什么变化，从而使得加纳社会经济发展的总体步伐缓慢。尽管如此，"古言斯伯格发展计划"（1919～1926年）和恩克鲁玛"七年发展计划"（1964～1970年）被认为是改变加纳经济结构的重要举措，特别是针对城乡不平等。这两个计划都涉及大规模投资，特别是在基础设施、农业、教育和卫生领域，因此能为加纳的未来发展奠定良好的基础。

加纳独立后由恩克鲁玛领导的首届政府致力于通过工业化促进加纳经济的腾飞，其特点是制定了一些发展计划，包括恩克鲁玛的第一个发展计划（1951～1959 年）和"五年发展计划"（1959～1964 年）。这两个发展计划都侧重于促进基础设施建设和社会服务发展。紧随其后的是"七年发展计划"（1964～1970 年），旨在促进加纳经济转型、实现加纳经济多样化发展以及通过社会主义改善经济状况。由于"七年发展计划"在实施过程中出现资金短缺，因此 1966 年军方推翻恩克鲁玛政权后，该计划被彻底废除。

继"七年发展计划"（1964～1970 年）之后，政府又制定了两个计划，一个是由布西亚领导的第二共和国平民政府制定的"两年发展计划"（1968～1970 年），另一个是由推翻布西亚政府的军事政权——救国委员会制定的"五年发展计划"（1975～1980 年）。"两年发展计划"是在世界银行和国际货币基金组织的协助下制定的一项短期计划，旨在通过实现加纳经济的自由化和私有化来刺激加纳社会经济的发展。此外，官方文件较少提及救国委员会制定的"五年发展计划"（1975～1980 年），该计划在实际发展过程中收效甚微。

联合国人口基金会指出，1980 年以后，许多发展中国家制定的发展规划模棱两可。具体而言，许多发展中国家出现经济持续下滑现象，因此推行了经济复兴计划和经济调整计划，但对城市和区域的发展规划并未给予足够重视。20 世纪 90 年代中期，加纳制定了为期 25 年的"2020 年展望计划"（1995～2020 年），旨在鼓励城乡人民积极创业和提高生产力，以此提高生活质量，消除极端贫困。总体而言，"2020 年展望计划"在其实施的前五年受到了诸多批评，其中包括计划目标和预算预测差距过大、全国共识欠缺、实施策略不切实际和融资不足等。

需要强调的是，大部分计划受到资源的限制或在政府更迭之后多次被废除，往往在实施过程中被中断，从而导致之后实施的大多数公共项目都没有涉及这些计划。因此，这些计划大部分情况下并未实施。在很大程度上，这些计划变成了空谈，"豪言壮志"般的计划并没有可行性。真正落地的政策是依据年度报表数据而确定的，但是在大多数情况下年度报表甚至都没有提及这些发展计划。虽然近期制定的中期发展政策框架与年度预算拨款契合，但如上所述，该政策同样也受到了空间和区域发展重点的限制。

此外，许多发展计划的目标往往过于宽泛，并不具体，这导致计划目标缺乏实际进展。此外，由于这些计划未真正触及民众的所需所想，因此大部分计划都未达到应有的效果，也没有为地方发展计划创造机会。更确切地说，大部分计划，尤其是那些 20 世纪 90 年代以前制定的计划，都是自上而下的发展计划，未能在政府、私营部门和发展伙伴（捐助者）等主要发展利益攸关方之间达成广泛的共识。

自 20 世纪 90 年代后期以来，中期发展政策框架已成为国家制定和实施发展方案的重要战略。中期发展政策框架包括"加纳扶贫战略 I"（2002～2004 年）、"加纳扶贫战略 II"（2006～2009 年）、"加纳共享式增长和发展议程 I"（2010～2013 年）、"加纳共享式增长和发展议程 II"（2014～2017 年）。虽然这些发展政策框架不属于正式的发展计划，却得到了公众的认可。其主要特征在于磋商过程广泛，以及政府、私营部门和发展伙伴共同筹备关于持续减贫中存在的关键发展问题和解决方案。虽然这些发展政策框架都有着广泛的发展重点，但在控制空间资源和人口的空间分布方面往往具有局限性。

第三节　社会保障和福利制度

一　正式社会保障

20 世纪 60 年代，加纳政府首次推出现代社会保障政策。该保障政策以公积金的形式推行，其主要目的是确保退休职工的收入。公积金指国家机关、企业和在职职工等按法律规定缴存的长期储蓄，退休后可得工作年限内缴纳的总金额及利息。公积金计划的独特之处在于，职工退休后所得资金不仅与其所缴费用挂钩，还可一次性得到全部返还资金。作为一项社会保障政策，公积金计划受到工薪阶层的广泛欢迎。

1972 年，加纳修订了 1965 年公积金议会法案第 279 条法令，扩大了社会保障覆盖的范围，将疾病、残疾、遗属、移民和失业等纳入其覆盖范围。该修正案还决定设立名为"社会保障和国家保险信托基金"的独立法人机构，负责管理公积金社会保障计划下的各项条款。除了疾病和失业救济金之外，受益人所得资金相当于其缴纳的总额加上 3% 的意外损失费用。加纳独立后的一段时期，政府的医疗政策主要是为全民提供普及医疗服务，因此社会保障立法无须修改医疗卫生相关规定。1986 年，加纳通过了《员工赔偿法》，规定若私营部门职工因工受伤，在其治疗期间，私营部门应定期发放工资并保证员工的其他权益。

20 世纪 90 年代初，社会保障政策由公积金转为社会保险，缴费者在退休后可以定期获得补贴，而不是一次性领完全部补贴。尽管公积金在实施初期广受工薪阶层的欢迎，但是 20 世纪 70 年代到 80 年代的经济衰退期过长，加之政府为应对这些挑战采取了财政紧缩措施，导致公积金账户上的储蓄贬值，从而降低了累积储蓄的购买力。社会保险侧重于三类意外事件，包括退休收入替代（养老金）、缴款人去世后的家属补贴（遗属抚恤金）以及缴款人永久丧失劳动能力后的补贴（残疾抚恤金）。在社会保险制度下，其覆盖的劳动者缴费应不少于 240 个月，相当于缴费满 20 年才有资格领取全额养老金。但是，在矿井工作或任何其他被认为是高风险职业的劳动者可以在 55 岁时自愿退休，并享受全额养老金福利。但其支付的最低全额养老金是最低缴款期 240 个月的前三年平均工资的 50%。通常来说，55 岁可视为自愿退休年龄，但选择在 55 岁退休养老金补贴会减少。缴款人去世后，遗属抚恤金将一次性支付给其合法家属。这些补贴根据每月缴款的总额或已故退休人员到其 72 岁之间的间隔年数计算。如需取得残疾抚恤金资格，必须由医疗委员会（包括由计划管理部门委任的医生）认定为丧失劳动能力，无法就业的人员，并且在丧失劳动能力前的三年内缴纳公积金的时长不少于一年。

2004 年，加纳社会保障方案再度改革，引进了三级社会保障制度，允许私营部门参与经营和管理，并提供一些社会保障。改革后，将现有的社会保险计划列为第一级，即国家基本社会保障，以此对社保基金进行单独管理。基本养老金为 60 岁退休人员提供了基本保障，这些保障与工资收入和其他收入密切相关。政府部门员工的工资主要来源于政府，政府可以直接从工资中进行必要的减扣用于养老金的补助。其他非政府部门员工可以自愿申报参加社会保险计划。现有社会保险计划以固定福利为基础，定期为缴费者提供月收入，但这些收入并不一定与其缴费额有关，第一级社会保障制度的资金由雇主为雇员缴纳月薪的 11% 及其投资回报构成。实际上，这是一种现收现付的社会保障计划，其代间移转和风险分担机制都具有固定的规定。第二级社会保障制度是强制性供款计划，每月供款为所有雇员基本工资的 5%，其优势在于福利与缴款直接挂钩。同时第二级是固定缴款计划，缴款完全免税，由国家养老金管理局（NPRA）许可的服务提供商进行管理。该计划是在个人退休时向其支付一笔一次性福利金，该福利金由该计划下的所有供款加上其供款的所有回报组成。第二级计划有两种：雇主赞助计划和集成信托计划。如果该计划的成员仅限于特定公司的员工，则被视为雇主赞助（ESS）。如果该计划的成员资格对不同公司的雇员开放，则该计划被称为集成信托计划（MTS）。与第二级相比，第三级是可选的缴款计划，每月缴款额高达雇员基本工资的 16.5%，以所有雇员和非正式部门工人的基本工资为基准。这也是一个固定缴款计划，由 NPRA 特许服务提供商进行管理。第三级的缴款也是免税的。如果一个人参加该计划已有 10 年或更长时间，人们除了可获得在退出时从其缴款中赚取的所有回报之外，还将获得根据该计划缴纳的所有缴款。如果供款人在 10 周年之前退出，15%的边际税率将适用于供款人的总赎回金额。虽然所有三级都是针对所有加纳工人，但第三级尤其旨在鼓励非正式经济部门的工人积极储蓄老年收入，因为国家无法每月从工资中扣除社会保障费用。

　　尽管加纳采取了一系列的社会保障措施，但其社会保障制度提供的福利仍然有限，只向缴费者提供养老收入、遗属抚恤金和病残福利，不包括社会保障范围之外的其他特殊情况。此外，绝大多数加纳人，特别是非正式部门的员工，都不在正式社会保障范围内。因此，21 世纪以来，政府在更全面的社会保障制度下推行了一系列方案，如学校供餐计划、健康保险免税、长期向贫困群体提供有针对性的资金援助以及向学校提供教育用品等，以减轻贫困群体的经济负担。

二　非正式社会保障

由于种种原因，国家制定的正式社会保障计划未能为在农村和非正式部门谋生的大多数人提供保障。包括加纳在内的大多数非洲国家的社会保障制度主要针对家庭而设立。

除了家庭之外，大型社区也在积极迎接社会安全挑战，为加纳人民提供援助。在社区级的非正式社会保障制度中，最为突出的是"循环储蓄计划"，这是非正式的互助安置。根据该计划，成员定期缴纳指定数额工资，存入一个共同的账户，当成员遭遇如老年贫困、疾病、失业或残疾等，社区会把这些资金重新分配给他们。循环储蓄计划往往对来自同一个地方、从事同一行业或年龄相仿的人开放，并根据社会文化环境的变化进行调整，以履行对成员的社会保障责任。循环储蓄计划通常是自愿参加，缴费金额取决于参保人收入能力，在面对突发情况时，缴费成员轮流从基金中或基金外获得收益。虽然在大多数情况下，这些安置款包括储蓄和贷款，但作为一种社会保障机制，其主要目的是为成员提供保障，在某些情况下，使家庭能够负担诸如房租、卫生服务、购买农具和照顾老年人等事项。

正式和非正式公共领域的机构共同为加纳居民提供社会保障和社会福利。在加纳，国家税收和社会保障政策无法覆盖非正式领域，而 80% 以上的人都属于非正式领域工作人员。对正式公共领域的少数人而言，与各种社保安置有关的福利，尤其是老年养恤金仍然不足，许多人在必要的时候不得不回到家乡或其他非正式领域谋求社会保障。加纳社会保障的挑战源于当代发展理念，即社会福利是非生产性活动，因此在国家发展规划和资源分配方面属于非优先事项。在此背景下，社会政策覆盖的范围是有限的，无法解决民众贫困问题，特别是农村居民贫困的关键问题。总体而言，加纳的社会保障、福利政策和方案已经初具雏形，并将继续受到基本方向和构成发展政策基础的规范价值的影响，除此之外，社会收益或亏损也取决于社会福利的开支程度。

最后，值得注意的是，自 20 世纪 80 年代以来，随着国家在提供社会福利服务方面的作用减弱，出现了一些通常由外部来源提供财政支持的被广泛称为非政府组织的行为体，以支持有需要的个人和社区。在大多数情况下，作为社会和福利服务提供者的非政府组织主要向公民提供社会和其他福利服务或帮助他们获得这些服务。自 80 年代以来，非政府组织补充了正式和非正式社会福利安排的活动。在某些情况下，非政府组织与国家机构合作，以确保最需要的人获得社会服务，而在其他情况下，非政府组织直接与受益群体合作。因此，非政府组织处于公共空间的正式和非正式领域之间，充当这两个领域之间的桥梁，尽管人们对非政府组织的透明度、问责机制和动机存在担忧。与大多数发展中国家一样，加纳社会保障和福利面临的真正威胁是，随着现代化、城市化和全球化日益将社会推向个人主义，支撑社会保障和福利理念的团结和集体主义原则也受到了冲击。

第四节　医疗卫生

加纳主要有两种医疗体系，分别是传统医疗体系和现代医疗体系。前者是非洲本土的医疗体系，其结构和管理不受中央政府的管制；后者是殖民地政府的重要医疗体系，自殖民统治以来，管理现代医疗体系一直是中央政府的重要职责。从 20 世纪 70 年代至 90 年代再到 21 世纪初期，加纳的医疗融资发生重大变化，从独立的税收融资逐渐演变为以高额补贴为主和以医疗保险为基础的公共医疗融资体系。在此期间，包括预期寿命在内的总体健康指标有所改善。此外，5 岁以下儿童和孕产妇死亡率显著下降。然而，加纳目前仍然面临着来自传染性慢性病和非传染性慢性病的双重负担，这对卫生筹资和公共卫生服务产生了严重影响。

一　传统医疗体系

直到 19 世纪中叶，大部分加纳人民都没有机会获得治疗疾病的医疗服务，只能依靠传统医疗来满足其医疗需求。一般而言，传统医疗服务是指通过整体的治疗方法、超自然行为和意念来治疗疾病。世界卫生组织指出，传统治疗师受到社区的一致认可，他们提倡患者注意饮食、了解宗教背景，以及学习身心健康、社会福祉、疾病和残疾原因的相关知识，并坚持自己的信仰。传统医疗在构建疾病因果关系理论范式时，将引起疾病的社会、心理和生理因素纳入考虑范畴。传统医疗通常以全面的方式治疗较为严重的身体疾病和精神疾病，有时也治疗一些由身体不适引起的较为轻微的疾病。传统医疗费用相对较低，受到农村贫困人口和受教育程度较低的人们的青睐。

传统医疗在实施过程中缺乏规范，因此，如何保证病人的安全成为其主要问题之一。为了改善传统医疗，加纳卫生部设立了管理部门，为传统医疗服务的实施提供政策指导。此外，加纳卫生部制定了一项政策，在全国各地的公共医疗机构聘用中药师。

二　现代医疗体系

加纳独立后的现代医疗体系主要由位于南部沿海地区的政府、教会医院和医疗中心组成。大约 50% 的医疗服务由私立医疗机构提供，而私立医疗机构由私人营利性组织或非营利性组织建立。尽管私立医疗机构在提供医疗服务方面越来越活跃，但由于全国 70% 以上的临床二作人员都在城市工作，城乡医疗机构仍然存在差别。

就管理而言，加纳的医疗体系由五个层面构成，即中央、省、市、县和乡镇。乡镇卫生服务或卫生岗位是继医疗卫生中心、诊所之后的第一级卫生服务。埃佩克斯的市级教学医院和县级教学医院分别属于加纳医疗体系中的第三级和第四级。目前，加纳有四个半自治的教学医院，分别是科勒布教学医院、加德教学医院、塔马利教学医院和海岸角教学医院。卫生部则负责医疗体系的管理和协调，因此，政策的制定、医疗资源的调动和分配，以及对卫生部门总体业绩进行的监测和评估任务则由卫生部负责。此外，1996 年议会法案第 525 号法令决定成立加纳医疗服务中心。加纳医疗服务中心（Ghana Health Service）作为卫生部分支，负责提供一些初级、中级和专业的护理。换言之，加纳医疗服务中心就是卫生部的政策执行部门。获得认证是提供安全有效的现代医疗保健的关键。卫生机构管理局（Health Facilities Regulatory Agency）负责公立医疗机构和私立医疗机构的认证，以确保其遵守既定的标准和医疗协议。

三　医疗发展进程

（一）殖民时期

如上所述，加纳独立前的医疗保障主要由传统的医师和信仰治疗师提供。1867 年，托马斯博士撰写了一份官方医疗报告，至此黄金海岸的现代医疗机构得以诞生。为了改善医疗服务，殖民地政府选择加快建设医疗设施。1895 年，医疗机构增加至 10 个，但主要位于沿海地区。绝大多数居住在中部和北部的人就医困难。此外，殖民地政府投入大量资金对相关医护人员进行培训，为医疗机构提供所需的人力。到 1902 年，有 11 名医生接受了培训并为现有的医疗机构提供医疗服务。加纳设立医疗机构是为了给殖民地时期的外籍人士和少数地方精英诊断并治疗疾病。随着社会的进步，医疗机构更多地承担起公共医疗的职责。公共医疗重在预防性卫生保健。因此，公共医疗机构于 1920 年开始实行强制性天花疫苗接种，随后又引进疫苗来预防肺结核和疟疾等疾病。此外，公共医疗机构还引入合成抗疟药物来对抗疟原虫。1954 年黄金海岸成立卫生部，以进一步提高医疗服务水平。

（二）独立后至 20 世纪 80 年代

加纳是非洲首个推翻英国殖民统治取得独立的国家。在恩克鲁玛的领导下，加纳建立了国家医疗服务体系，由国家财政全额资助。分级明确是加纳医疗服务体系最大的优点（高收入者比低收入者缴纳的税更高）。国家医疗服务体系为公民提供免费医疗服务，使贫困群体免受经济冲击。此外，其服务点不收取患者任何费用。然而，加纳的国家医疗服务体系仍然存在明显的缺陷，例如医疗服务质量不高，重心偏向于城市居民，忽略了农村贫困人口等。

加纳独立后，医疗基础设施数量大幅增加。1960～1966年，恩克鲁玛政府在全国各地设立了30个医疗中心。1969～1972年，布西亚政府新设立了12个医疗中心。第一家教学医院——科勒布教学医院于1962年建立，随后，加德教学医院、塔马利教学医院和海岸角教学医院于1975年相继设立。阿克拉精神专科医院于1906年设立，此后，为了缓解阿克拉精神专科医院的压力，政府设立了两个新的精神专科医院，分别是位于海岸角的安卡富尔精神专科医院和位于阿克拉的帕恩塔昂精神专科医院。目前，加纳有5000多家医疗机构（不包括药品销售商和非正式护理员）提供现代医疗服务。大约有1700个医疗机构为政府和半官方组织所有，其余的则为宗教组织及个人和团体所有。值得注意的是，大多数营利性医疗机构位于城市，而以宗教为基础的医疗机构则主要位于农村。

建立可靠和有效的初级卫生保健对实现卫生保健全面覆盖至关重要。初级卫生保健于1978年在阿玛阿塔会议上提出，是实现2000年"全民健康"的关键。初级卫生保健致力于通过提供预防、治疗和康复服务来解决主要的健康问题。初级卫生保健主要包括八个方面，分别是：必要的营养补给，足够的安全饮用水供给，基础医疗设施建设，包括计划生育在内的妇幼保健，对重大传染病进行免疫接种，地方性流行病的预防和控制，普遍存在的健康问题及其预防和控制的方法教育，常见疾病和损伤的适度治疗。1978年，加纳政府出台了扩大免疫规划，旨在对80%的0～3岁的儿童进行针对麻疹、肺结核、白喉、百日咳、破伤风和小儿麻痹症等6种童年致命疾病的全程疫苗接种。加纳人口基数较大，人口与医生比仅为10032∶1。因此，医疗保健制度的重点逐渐由医生或护士会诊转向以社区卫生工作者为主的初级卫生保健。2000年，加纳制定了以患者为本的社区卫生规划和服务战略。社区卫生规划和服务战略的实施包括让护士在社区提供公共医疗服务和外展服务以及将社区作为首要转诊点。社区卫生规划和服务战略旨在为医疗资源不足的偏远地区提供高质低价的医疗服务。

（三）20 世纪 80 年代以后

1. 现购自运制

尽管恩克鲁玛政府推行的免费医疗政策取得了一定成效，但其可持续性尚待考察。20 世纪 80 年代中期，除了一般税收政策规定的税额明显下降之外，专用目的税政策也尚未制定。经济停滞导致资金短缺，从而无法全力实践免费医疗政策。因此，卫生部门面临的主要挑战包括基本药物、医疗用品和设备短缺以及卫生保健质量不理想等。免费医疗政策仍在继续推行，但医疗服务水平却降低了。1983 年，加纳开始对医疗设备和药品的运送与进口征收附加费。与此同时，在布西亚当局管理下实行的正常使用费也大幅上调。

1985 年，部分卫生部门在更广泛的结构调整计划范围内进行了重大改革，开始征收使用税（"现购自运"），以拯救近乎崩溃的医疗系统，并允许私营部门参与医疗服务。征收使用税的目的除了增加医院收入之外，还旨在减少有限医疗资源的低效使用。毫无疑问，患者付费增加了医院的收入，药物与医疗器材的供应得到改善。但是，总体上看，相当一部分人无力支付医疗费用，导致医疗设备利用率下降，因此在 1987 年，加纳政府引入"患者付费豁免"政策，以满足无力支付医疗费用的弱势群体和贫困群体的需求。但由于医疗费用报销延迟，该政策也未达到预期的效果。

2. 医疗保险

由于使用税的推行，医疗服务利用率开始下降，这刺激了决策者将医疗保险作为替代和补充策略，以应对医疗融资的问题。1992 年起实施的社区医疗保健计划成为加纳卫生部门的首批社会风险共担计划。社区医疗保健计划的运作方式是为正式部门和非正式部门的员工提供医疗保险服务。20 世纪 90 年代，互助医疗组织在加纳涌现，其中大部分主要提供初级医疗服务。到 20 世纪 90 年代中期，加纳 138 个地区中有 67 个地区建立了互助医疗组织。1997 年，加纳政府吸取以往的教训，并借鉴互助医疗组织成功的经验，探讨了以社区医疗保险形式实施国民医疗保险计划的前景，以适应农村非正式部门的医疗保障需求。2003 年，议会法案决定实施国民医疗保险计划，旨在解决医疗融资的瓶颈问题，以确保所有居民获得公平的优质医疗服务。国民医疗保险计划免除了弱势群体的保险费，如贫困群体、18 岁以下的儿童和 70 岁以上的老人以及孕妇。

图 6-5 表明该计划的实施对贫困群体的益处最大。在 2014 年的男性和女性的子样本中，女性在特困群体中的占比最高，且女性的富裕程度相较于男性在各个群体中占比较低。

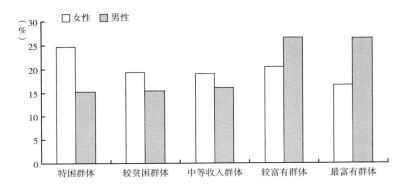

图 6-5　2014 年加纳财富五分位组的国民医疗保险计划持卡人性别比较

资料来源：加纳统计局、加纳卫生局、加纳人口与健康调查。

自国民医疗保险计划实施以来，已使医疗保健利用率和健康结果（如预期寿命、5 岁以下儿童死亡率和孕产妇死亡率）得到显著改善。此外，随着国民医疗保险计划的推行，产前和产后护理机构以及妇产医院大幅增加。总体而言，国民医疗保险计划帮助患者减少了医疗费用支出，但国家医疗保险局承担的索赔成本也越来越高，从 2005 年的 840 万美元增加到 2012 年的 3.178 亿美元。

国民医疗保险计划面临着诸多挑战，其中最大的挑战就是融资不足，如 2005 年到 2014 年国民医疗保险局的索赔费用超过了其收入。国民医疗保险计划面临的挑战还包括医疗服务质量差、资源使用率低、参保率低、报销延迟、技术能力不足、监测机制薄弱以及索赔处理存在欺诈等，这些不利于该计划的可持续发展。2012 年以来，国家医疗保险局制定了务实的干预措施，包括引入生物登记系统、电子理赔处理系统和呼叫中心系统，以提供优质医疗服务。预计电子理赔处理系统将尽可能减少失误和欺诈问题，同时也将加快理赔付款进程。

3. 免费孕妇保健/产前保健

如同许多发展中国家，加纳政府采取了各种举措为孕妇提供优质服务。这些举措包括采纳 2002 年世界卫生组织提出的免费产前保健，以降低孕妇死亡率，改善产前保健的参与度、质量和可持续性。2003 年，加纳政府实施了免税政策，涵盖加纳四个最贫困行政区的公立和私立医院的产科护理服务。2004 年，该政策覆盖的范围扩大到加纳其余六个行政区，以帮助加速实现第 4 项和第 5 项千年发展目标。2008 年 7 月，国家医疗保险局作为执行部门，正式实施免费产前保健政策。该政策起初获得了英国政府的资助，但自 2011 年以来，加纳政府自主拨款给国家医疗保险局，成为该政策的主要融资方。根据该政策，孕妇有权享受全套产前和产后护理。

随着免费产前保健政策的推行，加纳越来越多的孕妇选择接受产前保健等服务，因而孕妇的健康状况在很大程度上得到了改善。加纳人口与健康调查（GDHS）显示，绝大多数孕妇至少接受过一次由专业医疗机构提供的产前检查，比例分别为 1993 年的 86% 和 1998 年的 88%。此外，1993 年加纳有 59% 的孕妇按世界卫生组织的建议接受了四次及以上产前检查，这一比例到 1998 年上升至 62.3%。随着该政策的进一步实施，2003~2013 年，加纳 10 名孕妇中至少有 9 名孕妇从专业医疗机构获得过一次产前保健服务，其中 2013 年比例最高，为 97%。接受四次及以上产前检查的孕妇比例也在稳步上升，到 2013 年达到 87.3%，与 2003 年相比上升了 18.3 个百分点（见图 6-6）。此外，在 2013 年，10 名孕妇中至少有 6 名孕妇在早期妊娠期间接受了产前保健护理；而在 2003 年，10 名孕妇中只有 4 名左右的孕妇在妊娠早期接受了产前保健护理。加纳人口与健康调查数据显示，国民医疗保险计划实施后，2003 年孕妇在医疗机构接受分娩的比例为 46%，2008 年上升至 57%，而 2013 年有 73% 的孕妇在医疗机构分娩，这在很大程度上与免费产前保健政策的实施有关。

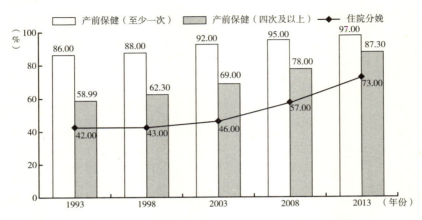

图 6 – 6　1993~2013 年部分年份加纳孕妇产前保健和住院分娩比例

资料来源：Wenjuan Wang，Gheda Temsah，Lindsay Mallick，"The Impact of Health Insurance on Maternal Health Care Utilization：Evidence from Ghana，Indonesia and Rwanda，" *Health Policy and Planning*，Vol. 32，No. 3，2017，pp. 366 – 375。

第五节　环境保护

一　环境问题

1. 空气污染

根据 2010 年人口和住房普查数据，加纳有 50.9% 的人口居住在城市。2016 年，加纳城市人口持续攀升，达 28308301 人，城市化进程加快。此外，加纳的家庭烹饪和热水供应在很大程度上依靠生物质燃料。截至 2015 年，生物质燃料占加纳总能源使用量的 40%。虽然现代燃料（电力和液化石油气）的使用率正在上升，但化石燃料仍是主要能源。2012 年加纳的温室气体总排放量为 18.49 万吨二氧化碳当量，其中农林和其他土地利用部与能源部净排放量最多，工业生产和产品制造部门排放量最少（见表 6 – 3）。

表 6 – 3 1990～2012 年部分年份加纳各部门的温室气体净排放量

单位：万吨

部门	二氧化碳当量				
	1990 年	2000 年	2010 年	2011 年	2012 年
能源部	3.50	5.54	11.27	11.63	13.51
交通部	1.47	2.81	4.80	5.41	6.46
易散性排放部	0.00	0.003	0.001	0.C01	0.002
工业生产和产品制造部	0.81	0.77	0.24	0.44	0.47
农林和其他土地利用部	8.61	7.72	14.67	14.08	15.17
畜牧部	1.72	2.20	2.82	2.80	3.05
国土部	−3.02	−4.00	1.85	1.31	1.84
非二氧化碳聚合物废气排放	9.91	9.52	9.99	9.98	10.29
固废部	1.31	2.29	4.24	4.45	4.52
总排放量（不包括农林和其他土地利用部）	5.61	8.61	15.75	16.51	18.49
总排放量（包括农林和其他土地利用部）	14.22	16.32	30.42	30.60	33.66

资料来源：加纳环境保护署。

由于大气温室气体的排放，加纳的气温和降水量随年份的变化而变化。1961～2000 年气温上升了 0.4℃。加纳全年平均气温上升，1990～2009 年，3 月最高平均气温为 29.90℃，而 1900～1930 年，3 月最高平均气温为 28.20℃。2012～2016 年加纳的月降水量整体呈下降趋势。

加纳的气候变化对各领域都产生了一定的影响。干旱和洪水是加纳频发的极端气候现象。在过去的二十年里，阿科松博水坝水量不足，干旱导致该地区电力供应不稳定。

气候变化造成的经济损失在农业、能源和基础设施领域较为明显。由于农业主要靠雨水灌溉，因此降水量的分布是影响农业最重要的因素。与此同时，降水量由于难以预测，更加重了农村地区贫困的脆弱性，进而增加了加纳粮食安全的风险。加纳主要依靠水力发电，截至

2015 年，水力发电量约占全国发电总量的 43%。2007～2016 年，阿科松博水坝和新建的布伊大坝供水量不足，出现供电短缺，导致一些行业因此倒闭。

此外，气候变化对医疗成本、人口迁移产生的社会影响几乎是不可估量的。官方数据表明，疟疾、脑膜炎、麻疹和腹泻的发病率与加纳的降水量、平均气温和相对湿度有关。为避免气候变化的影响，许多人选择迁移。例如加纳北部环境恶劣，许多人向南部地区迁移，形成"生态/环境难民"，造成了加纳北部的粮食不安全状况。

2. 淡水资源受污染

河水和溪水构成了约 14% 的加纳农村人口的主要饮用水源。工业、农业、生活等产生的污染物导致淡水资源受到污染，进一步造成饮用水短缺，农村地区问题更为严重。学者达科曾对加纳的 9 条重要河流进行采样研究，分别是比亚河、塔诺河、安科布拉河、普拉河、登苏河、阿延苏河、奥奇－纳克瓦河、奥奇－阿米萨河和卡库姆河，以测试包括生化需氧量、硝态氮、粪大肠菌群、总悬浮固体、磷酸盐、氢气浓度、氨氮、酸碱度、溶解氧和电导率在内的物质、化学和生物浓度。表 6－4 的结果表明，这 9 条河流都受到了污染，特别是粪大肠菌群、总悬浮固体和电导率的浓度远远超出了可接受的范围。这些物质、化学和生物浓度对河流产生了影响，进而也影响到了依赖其生存的有机体和水生生物。

表 6－4　2005～2008 年加纳沿海地区和西南地区的淡水污染程度

	2005 年		2006 年		2007 年		2008 年		可接受范围	
	最大值	最小值	最大值	最小值	最大值	最小值	最大值	最小值	最大值	最小值
生化需氧量（毫克/升）	10.0	0.90	8.60	0.40	10.1	0.80	12.4	1.20	2	0
氨氮（毫克/升）	23.5	0.06	2.75	0.001	2.36	0.02	1.32	0.03		
粪大肠菌群（菌落数/100 毫升）	1888	0	431	57	3506	2	—	—	0	0

续表

	2005 年		2006 年		2007 年		2008 年		可接受范围	
	最大值	最小值	最大值	最小值	最大值	最小值	最大值	最小值	最大值	最小值
酸碱度	8.96	6.55	8.03	5.51	8.02	6.04	8.50	5.76	9	6
硝态氮（毫克/升）	10.9	0.001	3.10	0.090	10.6	0.003	3.03	0.02		
磷酸盐（毫克/升）	2.81	0.001	0.92	0.001	0.21	0.001	0.2	0.001		
溶解氧（毫克/升）	7.90	0.20	10.5	2.00	10.6	2.80	9.50	5.20	—	5
总悬浮固体	192	1.00	168	1.00	260	1.00	108	3.00		
电导率（微西/厘米）	947	58.1	431	56.8	570	54.3	635	62.2	70	0

资料来源：H. F. Darko, Osmund Ansa-Asare and A. Paintsil, "A Number Description of Ghanaian Water Quality—A Case Study of the Southwestern and Coastal Rivers Systems of Ghana," *Journal of Environmental Protection*, Vol. 4, No. 11, 2013, pp. 1318 – 1327。

普雷塞塔（Prestea）是加纳西部的采矿区，也是因采矿活动引起地表水和淡水污染的典型地区。例如，由于非法采矿，位于加纳西部普雷塞塔采矿区邦达耶社区中的安科布拉河受到了严重污染。

3. 森林退化

加纳在实施森林投资计划（GFIP）之前，高森林砍伐率和森林退化率是加纳森林区的特征。由于非法砍伐以及不适当的农业实践等各种经济活动（尤其是在农村和城郊地区），加纳森林覆盖率逐年递减现象相当严重。加纳的森林覆盖面积曾占国土面积的34%，但由于环境保护意识的缺失，森林覆盖面积逐年减少，2001 年至 2017 年森林覆盖面积下降了13%。根据粮农组织在 2010 年进行的一项研究，加纳正在以每年 2% 的速度失去森林，其实际数量为每年 13.5 万公顷。

4. 土地退化

由于非法采矿采石和废物处理不当等活动，加纳土地退化问题日益严峻。2010 ~ 2015 年，加纳人均可耕地面积呈减少趋势，如图 6-7 所示。这可能对农作物生产和粮食安全产生严重影响。

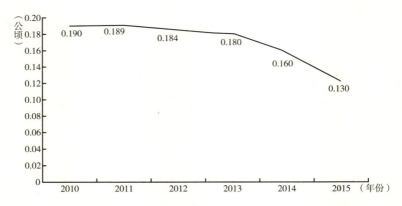

图 6 – 7　2010 ~ 2015 年加纳人均可耕地面积的整体变化趋势

资料来源：世界银行，2016 年。

二　环境保护举措和成效

1. 应对气候变化

为了推进可持续发展，加纳制定了《国家气候变化政策》，并于 2013 年制定并实施。该政策有三个目标：（1）适应和减缓气候变化，促进社会发展；（2）稳抓五个重点政策领域，即农业、粮食安全、防灾备灾、自然资源管理和社会公平发展；（3）促进能源、工业和基础设施发展。

制定《国家气候变化适应战略》，该战略旨在提高加纳对气候变化影响的抵御能力。其方式是通过提高人们对环境变化的认知，采取有效措施将气候变化政策纳入主流，努力提高自然系统和人类社会对气候变化的适应性。

为了减少温室气体排放，加纳为各行业制定了 55 项国家最适减量行动。

这些措施虽然取得了一定的成效，但加纳在应对气候变化和减少温室气体排放方面仍任重道远。值得注意的是，阿克拉建造了雨水渠来减弱洪水的影响，同时，凯塔建造了防海墙以保护剩余的土地。1990 年，加纳制定了液化石油气推广计划，推广液化石油气、节能灶具。自此，加纳在向清洁能源（尤其是液化石油气）转型方面取得了一些进展。2015 年，在第二十一届《联合国气候变化框架公约》缔约方大会期间，一些国家提交了应对气候变化的国家自主贡献预案，加纳是其中之一。加纳的国家自主贡献预案包括：2020～2030 年，在 7 个重点经济部门实施 20 项缓解措施和 11 项适应行动方案，预算为 226 亿美元。

2. 淡水资源利用

加纳共享式增长和发展议程Ⅱ、2011 年的岸边缓冲区政策和 2012 年国家环境政策制定了一系列规定，以确保湿地资源和水资源的可持续利用。此外，这些规定旨在通过实施水资源综合管理计划，强化水利委员会、水利部、工程与住房部、大都市、市政和区议会、议会和司法机关等利益相关机构之间的合作，实施水资源的综合管理办法。尽管加纳实施了这些政策和举措，但其淡水质量离理想水平还相差甚远。

3. 森林和野生动物保护

2008 年，加纳与欧盟签署了《自愿伙伴关系协议》，承诺保护森林和野生动物。加纳制定了一些举措和计划，比如国土与自然资源部制定的森林投资计划、林业委员会制定的可持续森林管理和增加碳汇项目政策、国土与自然资源部于 2012 年修订加纳森林与野生动物政策以及 2014 年推出绿色增长计划。绿色增长计划包含一项主要策略，即加强法律制度体系建设，为公认的森林保护区和其他保护区提供永久性保障，以确保严格遵循生态系统的保育需要。加纳实施这些举措后，2010～2015 年森林总面积有所增加。

4. 土地资源利用

加纳国家环境政策包含明确的整体和综合规划战略目标，以确保环境管理标准、土地资源的可持续利用，以及完善发展规划和土地分配的管理手段。加纳共享式增长和发展议程Ⅱ提出土地退化会对加纳社会经济发展造成巨大危害，因而其目标是通过重新造林等鼓励农民使用适当的农业集约化方法来减缓土地退化。同样，加纳于 2016 年制定了矿业方面的相关政策，通过切实监管小规模采矿活动和实施有效的许可制度，确保采矿对加纳经济可持续发展的促进作用。

其他促进土地可持续利用的举措包括各政府部门开展的全国清理活动，例如为每个家庭安装卫生间，以及采纳食品药品管理局于 2015 年提出的禁止使用 20 微米塑料袋的建议。

本章作者：

Akosua K. Darkwah，Simon Bawakyillenuo，University of Ghana，Ghana。

本章译者：

郑舒意、王昆莉、廖敏、李雨桐，电子科技大学，中国。

第七章

文 化

第一节 教育

一 殖民时期的初等教育

1844 年"保护条约"的签订标志着英国殖民统治在加纳的开始，而之前加纳受法国人的影响更深。在一定程度上，加纳政府能够对在沿海地区开办教育的传教士和欧洲商人进行管理。从 1840 年到 1890 年，传教士和商人的活动开始从"黄金海岸线"向内陆发展，从塞拉利昂到尼日利亚逐渐活跃。不过，以英国和法国为主导的办学教育方式因未适应非洲的本土特点而受到质疑。

加纳政府对初等教育的实施具有一定的管理权。在西非所属的法国殖民地国家，传教士也有权力参与初等教育的办学活动，后来遭到限制，之后虽然可以继续参与，但也是在政府严格的管理之下进行。

1852 年，英国殖民政府在加纳第一次系统地尝试使教育规范化。当时的英国总督斯蒂芬·希尔颁布实施了 1852 年教育法令。当时，英国总督和黄金海岸主要地区的首脑举行会议，成立了立法议会，授权在每份人头税中抽取一先令用于教育和其他社会服务，其目的在于为英国女王统治下的黄金海岸沿线贸易区和定居点的人们提供更好的教育。① 该法令的突

---

① 英国的权力只限于黄金海岸的定居点。

出特点是，首次提出为女性提供受教育的机会。在此期间，一对欧洲夫妇建立了一所教师培训学校，以便为开办更多的初等教育学校提供师资力量。然而，因为人们不愿意缴纳人头税，该法令持续时间并不长，没有达到预期效果。该教育法令为确保对教育进行有效的监管而引入了对行政机构或管理机构进行监管的新的法律手段，几乎未涉及提高初等教育质量的具体教学过程中所需要的教学大纲，因而成效甚微。

通过颁布 1882 年教育法令，英国殖民政府在黄金海岸地区第二次系统性地尝试使教育规范化，其目的在于促进和支持西非所属英国殖民地区的教育发展。依据该法令，黄金海岸政府成立了教育董事会和教育督察委员会，对政府拨给学校的款项予以监督和管理，教育督察委员会对教育董事会负责。

在继任的殖民地总督古吉斯伯格统治下，"殖民地与南部的阿散蒂地区立法委员会"颁布了 1925 年教育法令。该法令设立了由 10 名成员组成的教育董事会。包括总督本人、殖民地秘书、教育会长以及 4 名被提名的非洲人和其他 3 名被提名的官员。该董事会负责管理教育活动、指定教学大纲、为教师提供证书等。为教师提供证书，表明其重视教师的质量和培训。该法令规定了黄金海岸初等教育中低年级阶段在教学过程中必须使用本地语，也第一次规定了在实施标准七年制教育的英属殖民地和南部阿散蒂地区均须进行统一考试。

对于"北部领地"（现北部省）来说，第一部教育法律文件是北部领地 1927 年教育法令。而西方式的教育是从 1907 年开始的，这一年政府在塔马利创办了第一所小学。1927 年教育法令是殖民地总督古吉斯伯格亲自制定的，因为当时立法委员会对北部领地没有法律权力。该法令设立了教育董事会，包括首席专员、由监理员提名且首席专员任命的两名欧洲代表以及当地的一名牧师代表，后来还包括一名当地行政部门的代表。该董事会负责北部领地的教学计划和管理。

另一项机构改革体现在教育委员会层面的改革，设立了中央教育咨询委员会，该委员会就教学计划与管理等事项向教育部长提供对策建议。1942 年教育法令取代了 1925 年教育法令，其中一个显著特点是建立了地区教育委员会，由各地区专员担任主席，其职责是就教育有关事项向教育部和中央政府提供对策建议。

1900 年阿散蒂人民进行反英起义，遭到残酷镇压。1902 年北部领地被征服，归黄金海岸殖民地管辖。但黄金海岸北部领地和南部领地在教育结构方面有显著的差异。北部初等教育的质量、入学率甚至建校率都低于南部。原因与不发达地区的相关因素和变量有关，其中涉及城市化进程、收入水平差异、社会服务质量、健康设施完善程度、贫困甚至是饥荒等因素。黄金海岸北部领地经济发展水平相对欠发达，有效且高质量的公共服务供给缺乏，因而教育发展水平相对落后。此外，这种差异还体现在殖民地资金的分配差异以及行业发展差异方面。南部行业的发展——如农业、矿业和其他企业，都依赖于来自北部的劳动力。殖民地政府并未向北部进行大量投资，是因为北部没有可以给殖民地带来利益的农业、矿业或其他可盈利行业。

继任的殖民地总督，除古吉斯伯格之外，都不鼓励北部的发展，任由那里的人们保持"文盲"状态。北部是为矿产资源丰富、农业资源得天独厚的南部地区提供未受过教育的廉价劳动力。英殖民政府对北部的这种管理方式，不仅阻碍了北部教育的发展，也阻碍了该地区社会经济的发展。

英殖民政府不仅拒绝投资北部领地的教育发展，同时也阻止基督教传教士在该地区建立学校或者发展教育。据记载，1905 年，来自布基纳法索首都瓦加杜古市的"白色教父"申请入驻北部领地，英殖民地总督拒绝了他们的申请，并称政府不会承担保护传教士生命和财产安全的责任，尤其是来自国外的组织。虽然后来英殖民政府同意了他们的申请，但条件是传教士必须是英国国民，必须使用英语进行教学，而且只能入驻那些以非穆斯林为主的地区。而实际情况是加纳北部是以穆斯林为主的地区，所以传教士们别无选择，他们只能在非常有限的非穆斯林居住区域内建立学校、发展教育，比如吉刺帕、楠多姆和纳夫龙戈等地区。传教士的工作规模也受到了极大的限制，比如在包库及其郊区，最初他们只能开办三所学校。

二　教育改革

加纳从英殖民时期之前到独立之后，进行教育改革的目的就是让人们掌握生存和生活所需要的技能和知识，从而促进社会和经济的发展。此外，为了满足国家发展对人力资源的需求，从 1925 年戈登·古吉斯伯格的教育改革开始，不同时期、不同政府均进行了一系列的教育改革。而古吉斯伯格的改革则为建立新的中学做好了准备，其中更加强调对北部领地的学生进行职业技能培训。

为了配合独立之后的第一届政府，恩克鲁玛发布了 1961 年教育法案，其目的在于实施免费的初等教育。该教育法案为所有适龄入学儿童提供强制的义务教育。其中，该教育法案的第 2 条第 1 款规定："每名达到入学年龄（6 岁）的儿童必须在一所被许可的学校学习一门课程。"

1961 年教育法案规定的学制太长，过分学术化。1974 年，经过一系列的修订，形成了实验性的中学体系，教学大纲中包括一些实践性的科目，让学生能够获得职业技能的学习，毕业后能获得自主创业的机会。

由于经费预算拨款不足，教育资源匮乏，加之 20 世纪 80 年代初经济普遍下滑，教育系统陷入危机。1981 年军事政变后加纳政治相对稳定，这为获得更广泛的国际援助开辟了道路。在加纳发展伙伴的支持下，1987 年教育法案进行了旨在将 1974 年委员会提出的建议变为现实的改革。在全国范围内发起扫盲运动，将高等教育学制缩减了 5 年，职业教育被列入初中教育大纲中。1987 年教育改革旨在提高基础教育入学率，将完成高等教育的学制从 17 年减少到 12 年，提高教育经费的利用率，提高教学质量，进而使得教育与社会经济发展需求相契合。

在全国范围内开办初中学校。学生在校时间也有所调整，学校教学设备及技能培训设施都有了改善。

此次改革建立了新的教育体系，提高了学生录取率，改进了学校基础设施，这些都是成功的方面。但是，普及基础教育的愿望并没有实现，特别是职业教育失败了。

1992 年，加纳重新制定宪法，给教育的发展带来了新的动力。宪法规定，国家有责任为所有国民提供免费义务基础教育。政府提出了基础教育修订案和全民免费义务教育案，旨在向每一名学龄儿童提供优质的基础教育。全民免费义务教育案制定了 1996～2005 年的行动计划，重点在于调整学校里面的性别差异、改进教学设施以及改善教师生活条件。随后，加纳出台了两个法令，进一步完善了全民免费义务教育案。为了促进职业教育发展，于 2006 年成立了"技术和职业教育培训委员会"，并于 2007 年成立了"全国证书董事会"，为所有高等教育院校提供国家证书。

三 教育体系

加纳独立初期，恩克鲁玛重视发展教育事业，实行免费教育等政策。1988 年政府提出"普及义务基础教育计划"，到 2005 年使每个学龄儿童都享受义务基础教育，经费主要来自政府拨款和国际援助。加纳现行学制包括如下几方面。（1）3 年学前教育。该阶段教育对象是 3～5 岁适龄儿童，主要侧重于开发儿童在语言、识数、写字、绘画、音乐和舞蹈方面的潜力，从而为小学教育打好基础。（2）6 年小学义务教育与 3 年初中义务教育。义务教育课程旨在让学生掌握一些基本知识与能力，如识文和算术、技术与职业技能等，从而帮助学生顺利进入普通高中、职业高中和大学。初中阶段课程有英语、数学、社会研究和综合科学，除此之外还有基础设计和技术、宗教和道德教育、法语及信息与通信技术。接受了 6 年小学教育的学生都能进入初级中学学习，而通过基础教育资格考试的初中生可升入高级中学。（3）3 年高中教育或 3～4 年中等技术学校教育。高中作为高等教育的前一阶段，核心科目为英语、数学、社会研究和综合科学。除了学习这些科目，学生还可以选修一些其他课程来完善自身的知识结构，这些选修课程涉及农业、商业、技术和贸易等专业领域，也包括如艺术或科学等通识教育科目。高级中等学校毕业的学生可以进入教师培训学院或技术学校学习，也可以通过高级中等教育资格考试进入大学。（4）2～4 年大学教育。加纳的高等教育分为两方面，一方面是大学，另一方面是专业导向型的理工学院（正在转变为技术大学）。各类理工学院和大学为国家培养综合型和专业型人才。大学生毕业之后还有机会通过硕士研究生或者博士研究生学习进一步深造。

第二节　科学技术

自独立以来，加纳历届政府都意识到科学技术在国家经济和社会发展中发挥着核心作用，体现在国家各个层面的发展蓝图、政策和规划上，包括"七年发展计划"、"展望 2020"、"脱贫战略Ⅰ＆Ⅱ"以及"加纳共享式增长和发展议程Ⅰ"（2010～2013 年）和"加纳共享式增长和发展议程Ⅱ"（2014～2017 年）。这些规划都涉及了关于如何进一步学习和应用科学技术，使其成为推动经济社会发展的重要因素。"展望 2020"的重要议题是基于科学技术发展现代经济。

1968 年，加纳成立了科技与工业发展研究委员会，其宗旨是把科学研究与工业发展相结合以便更好地推动国家全面发展。但科技与工业发展研究委员会并没有在政策层面上被足够地重视，因而缺乏足够的资金支持，收效甚微。科学研究人员与产业人员参与度不高，逐渐失去了最初的热情。1996 年，针对以上问题，议会法案重新对科技与工业发展研究委员会进行定位与规划，以期真正实现 1968 年成立时确立的宗旨。自 1996 年以来，加纳政府采取了相应的激励政策来提高全国研究者的科研能力并使其保持对科研的兴趣。在这一过程中，加纳的科学技术在工业发展过程中产生了一些成功范例，其中包括发展良好的气象业（天气预测和预报），以及核能源、尖端医疗服务和工程技术改进等行业。环境科学技术创新部很好地将政府的激励政策与科技项目创新相结合，成为将科技运用到行业发展中的成功典范。除此之外，加纳还有一些独特的工程培训行业，为整个西部非洲和中部非洲的各行业发展提供服务。如位于加纳首都阿克拉的中西非地区海事大学，该大学是由成立于 1958 年的加纳船舶学院与航空工程学院在 1983 年合并而成的。

目前，加纳已经具备将科学技术与行业发展相结合的基础条件。加纳现有 17 所科学技术应用研究所、11 所公立大学、40 多所私立大学、10 所公立技术学院以及大量能够满足需求的技术研究所、技术支持和监督管理机构和标准化的知识产权立法。加纳教育教学系统中，科学是所有高等教育预科层面的核心教学科目。加纳设有专门的师范学校，旨在培养初中和高中教师。大多数公立大学制订有以培养科学家为目的的专项计划，该计划重点培养学生的科学研究与创新能力。如克瓦米·恩克鲁玛科技大学和发展研究大学，它们主要培养医学和其他行业的科技型实用人才，如核能研究、水利、生物技术和制药方面等。加纳研究机构中的科研人员利用自己的科学知识将科学技术与行业发展相结合，促进了行业全面发展。这些机构来自铁道部、建筑环境工程所、食品药品管理局、加纳原子能研究所和港口管理局等。加纳相对完善的教育体系、较为稳定的宏观经济政治环境以及逐渐增多的私人教育资源对推动科学技术的发展也起到了积极作用。在科学技术创新方面，加纳政府出台了与时俱进的指导性纲领文件——"国家科学技术创新政策"。国家发展计划委员会把"国家科学技术创新政策"列入了国家发展计划纲要。然而，与中等收入国家如印度或者南非相比，加纳的科学技术创新总体能力还是有限的。该政策在科学技术创新方面还没有涉及实现国家现代化的目标，也没有针对人类全面发展的宏观目标。加纳政府及相关机构的另外一个显著特点是各部门之间联动性较低。不论是高校、研究机构还是其他行业，彼此都缺乏积极有效的交流。更重要的是，缺乏推动各部门与各机构合作的激励机制。

目前，相关研究已指出制约加纳科学技术发展机制形成所存在的问题。加纳的科学技术体系过分依赖于政府公共预算和外国资金援助。资金的划拨是由政府决定的，没有考虑是否与提供科学和技术服务的部门（如研究所和大学）的需求相对应；与科学技术和研究的最终用户，如私人机构、农民和一些非正式的企业更没有直接联系。这就导致加纳的科学技术机构没有竞争压力，无法保证将科学技术转换成产业发展效率与质量，也不能充分实现社会全面发展目标。

第三节　文化与艺术

一　建筑

加纳的建筑主要可以分为四类，即史前的建筑、农耕时期的建筑、殖民时期的建筑以及独立后的建筑。

（一）史前的建筑

汉尼考古发掘点——布朗阿哈福地区。史前山洞居住地，大约存在于公元前 1200 年。在考古发掘中发现了石器以及许多石器时代日常生活中使用的人工制品。

金坦波考古发掘点——布朗阿哈福地区。史前居住地，大约存在于公元前 2500 年至公元前 1400 年。在挖掘过程中发现了石头建筑遗留物，这里是最早种植豇豆的地方之一。人们聚集而居，房屋是长方形的，建造房屋用的是泥巴涂抹板墙的方法。有的房屋用泥浆涂抹，有的用黏土。有的房屋有木柱支撑，还有的房屋有石头砌成的地基，比如花岗石和红土矿（后来被认定是阿肯族的建筑方式和材料）。

达戈姆巴和曼普鲁西考古发掘点——加纳东北部地区。达戈姆巴旧首府延迪·达巴里的早期考古发掘展示了部分比较复杂的建筑，这些建筑都由长方形的房间构成，与现代该地区的圆形建筑相比有很大不同。

沙伊考古发掘点——加纳南部地区。该遗址最具代表性的建筑位于阿德伍库山。山上的建筑物是用石头打的地基，且排列紧密，四周有梯田围绕。居住区的一些地方还有石墙加固，厚度为 91.44 厘米，建在天然岩石上面。

宗教遗址考古发掘点——加纳东部与北部地区。加纳北部的拉拉班加神石位于古老神圣的跨撒哈拉沙漠线路上，石头上有手印和脚印，是一个传奇之地；加纳东部的欧克姆弗·安诺基神殿，是传说中 18 世纪的大祭司欧克姆弗·安诺基的居住之地。

（二）　农耕时期的建筑

长期以来，加纳都是一个以农耕为主的国家。带有传统和殖民色彩的城镇文化历史悠久，并且影响着现代的生活方式。在加纳南部，传统的居住地是一种中心型城镇。前殖民时期，这些城镇容纳的人口从几百人到几千人不等，其中就包括现在加纳的第二大城市库马西，当时是阿散蒂王国首都所在地。在此时期，城市政治功能为经济功能服务，这一特征在传统城市和现代城市中都存在，露天市场就是鲜明的体现。住房是由同一层相连接的房间围绕着中间的院子构成一个方形，中间的院子是家庭活动的中心。酋长或者国王的宫殿就是这种住房的放大版。

（三）　殖民时期的建筑

殖民统治所留下的最为显著与持久的印记应该是坐落在加纳海岸的那些中世纪欧洲建筑风格的城堡了。这些建筑最开始是欧洲人与黄金海岸的居民进行交易的商埠，之后又被用来囚禁非洲奴隶。第一座城堡埃尔米纳堡是由葡萄牙人于 1482 年建造的。

这一时期许多重要的基础设施建设得以发展，比如加纳最大的转诊医院克里布教学医院（Korle-Bu Teaching Hospital）就是其中之一。

（四）　独立后的建筑

在国家发展规划部的支持下，加纳国家建筑公司（GNCC）完成了大量建筑工程，从低成本住房到沃尔特河上的大坝，从铁路到政府大楼和公共广场。建于 1961 年的独立广场，过去是阅兵和发表政治演讲的场所，如今已成为加纳的议会所在地；建于 1967 年的国际贸易博览会（International Trade Fair）如今也是著名建筑。

加纳独立后，阿克拉活跃着许多喜爱热带建筑的人，Kenneth Scot 就是其中之一。他在 20 世纪 60 年代设计了库马西体育场（Kumasi Stadium）、克里布医院（Korle-Bu Hospital）及特马的沃尔特河流管理局（Volta River Authority）等一系列相关建筑。阿克拉的国家档案馆由 Nickson、Borys 和 Partners 于 1959 年设计，国家博物馆由 Fry、Drew、Drake 和 Lasdun 等人于 1957 年设计。

阿克拉机场（Accra Airport）的新航站楼是 20 世纪 60 年代中期由法国

政府出资，按照皮埃尔·杜弗（Pierre Dufau）的设计修建的。马克斯·邦德（Max Bond）在1965年设计了著名的博尔加坦加图书馆（Bolgatanga Library），并为阿克拉设计了其他几个建筑，包括国家交响乐团的工作室和练习大厅。

二　文学

在加纳的许多乡村社区，几乎每个夜晚人们都要聚在一起敲鼓、跳舞，这不仅仅是为了娱乐，也是为了更好地了解生活的方方面面，尤其是通过歌舞剧的方式。例如，说话鼓是流行于加纳、尼日利亚等非洲国家的鼓。它既是乐器，同时也是语言交流、信号传递的工具。非洲不少国家和地区的语言是音调语言。在18世纪早期，欧洲人发现一个现象，即非洲部分地区人们利用说话鼓的不同声调来模仿句子重音、节奏和特定语句，赋予了这种鼓传递"语言"的功能。

加纳人还习惯于在黄昏或傍晚聚在一起听故事，这是一个传播传统智慧的好机会，也是口头文学的一种表现形式。

传统的加纳文学主要基于口头文学，因为大多数历史是通过歌谣、诗歌和民间传说这样的口头语言传承下来的。有的故事至今还在流传，而当代加纳作家也已经找到了将新方式与传统方式巧妙结合在一起来讲述故事的方法。

加纳著名的作家，比如阿玛·阿塔·埃杜、艾伊·科威·阿玛哈、科菲·阿武诺、伊芙阿·西奥多拉·萨瑟兰德、科菲·安伊杜乎、阿图克威·奥凯、以法莲·阿姆、尼克提阿、阿尔伯特·玛维尔·欧普库和科菲·阿图巴姆等，他们为当代加纳文学的发展做出了巨大的贡献。

阿玛·阿塔·埃杜是一位非洲偶像派女作家，她的文学作品激励了加纳和非洲的许多女性。她的小说对加纳的殖民历史和"名为独立的化妆舞会"进行了明确的批判。她通过运用阿肯族文化中的常见口头文学形式，也就是戏剧的方式，加强了植根于阿肯族民间文学中的伦理和道德意识。

艾伊·科威·阿玛哈的小说《最美的尚未出生》是一部经典的非洲

小说，是加纳文学的代表作之一。在该小说中，阿玛哈运用富有创造性的语言和精心的细节描述展示了独立后加纳社会的状况。简单来说，这本小说描述了历届政府是如何在开始的时候对人民许诺，却最终造成了官员结党营私的腐败局面。阿玛哈突出了加纳的腐败现象，指出人们尤其是政府官员已经在潜意识里将这看作一种社会常规，甚至是一条合法致富的渠道。因此，这样的官僚体系也导致了各种文化陋习和弊病的产生。

伊芙阿·西奥多拉·萨瑟兰德的文学作品为加纳戏剧的发展做出了很大的贡献。萨瑟兰德被称为"加纳戏剧之母"，她在以下领域取得了辉煌成就：（1）创办了《奥克伊米》文学杂志；（2）创作出阿南塞格罗风格的戏剧（传统叙事戏剧和小丑阿南塞相结合）；（3）建立加纳戏剧工作室（永久性工作室，现在更名为"非洲研究所作家工作室"）；（4）创建库苏姆·阿格拉姆巴戏剧工作室（专门在加纳用阿肯语表演）；（5）建立工人之队戏剧团。

著名的加纳诗人科菲·阿武诺是21世纪最重要的非洲诗人之一。他的诗歌开辟了一条彰显现代非洲想象力内在力量的道路。曾经经历过不幸，所以阿武诺怀着忧伤沉郁的心情表达了他的情感。他所有的作品都是在呼吁非洲人传承传统文化，从传统文化中去了解非洲人的性格、非洲人的人生观以及非洲人对非洲的认识。

非洲著名诗人和作家阿图克威·奥凯的诗歌创作通常立足于加纳传统口头文学。他著名的《方通福隆的誓言》于1971年出版，还有《对数歌》，都是他为非洲文坛贡献的经典代表作。阿图克威·奥凯的作品已经被翻译成好几种语言（包括俄语、西班牙语、德语、阿拉伯语、法语和意大利语等）。此外，他的作品还在国际著名杂志上刊登，包括《大西洋月刊》《新非洲人》《黑人世界》《文学骑士》《新美国评论》等。

科菲·安伊杜乎是加纳著名诗人、文学家、教育家和文化活动家，他为非洲文学的发展做出了很大的贡献。安伊杜乎最具有创意的作品包括五本诗集、分别用埃维语和英语写的戏剧以及用埃维语朗诵诗歌的光碟和磁带，这些都证明了埃维族的语言艺术是非洲社会文化和哲学的重要来源。

三　音乐与舞蹈

加纳的音乐风格多种多样，每个部落和地区都有自己的音乐风格，由不同的鼓和其他乐器如长笛、木琴、喇叭、弦乐器等创作出来。除了各类来自不同民族和部落的音乐，作为不同音乐的区分，跨文化对话也是必不可少的。演奏音乐是为了进行某些仪式，这些仪式是部落或地区独特习俗和传统的一部分。

加纳北部流行用弦乐器和管乐器（如长笛和圆号）创作作品，还会加入巴拉风木琴（以葫芦作为共鸣器）的一系列音符。通常通过唱歌和拍手来给音乐伴奏。

加纳南部的音乐有着复杂的节奏，用鼓和铃铛演奏，再配以和音。鼓和舞蹈常常联系在一起，皇家的传声鼓也有丰富的历史。音乐通常用来传达有形和抽象的概念。

加纳舞蹈丰富多样、风格各异，例如，加纳北部达戈姆巴族的塔凯舞和巴马雅舞、埃维族的雅雅舞和阿格贝阔舞、布朗斯族的阿波舞以及北部地区的蒂加利舞等。这些舞蹈会定期在当地表演或者在艺术节上进行表演，吸引大量游客前来观看，场面极为壮观。

四　其他

跟其他非洲国家的人民一样，加纳人崇尚他们自己的文化和艺术。加纳的各个民族有着各自独特的艺术形式，这些艺术形式表现了他们对于生活、自然和非自然的理解与感知。除了建筑、文学、音乐与舞蹈外，还有一些其他的艺术也能体现加纳的文化。

各式各样的艺术品极为常见，比如绘画、家居设计、色彩鲜艳的服装和珠宝等，它们无一不展示出加纳文化的独特魅力。除此之外，还有精致的木雕、现代陶器、部落面具、各种尺寸的鼓和各民族的纺织品等各类手工艺品。这些同其他很多艺术品一样，都取材于各个民族的历史和民间文化。文化艺术不仅体现了加纳每个特定民族的世界观，还会激发族群的认同感。正因如此，每个民族都有特别的文化传统和艺术作品。例如，在加纳南部，阿散蒂族和阿肯族擅长纺织、雕刻和制陶。

在纺织业发展之前，大多数民族都是自己纺织布匹。加纳南部，织布最出名的就是阿散蒂人和埃维人。与加纳南部的肯特布类似，加纳北部的传统纺织布匹用于缝制各种服装，其中最特别的是"斯莫克"，这种服装适用于各种不同的社交场合。

第四节　体育

一　发展概况

加纳有着丰富的运动历史，流行的体育项目有足球、篮球、板球、马球、曲棍球、橄榄球、高尔夫球、草地网球、沙滩足球、赛马、拳击、举重、武术（柔道和空手道）和体操等。

值得注意的是，早在欧洲人到来之前，加纳人就有娱乐和保持活力的本土体育活动。比如加族的"阿萨佛·艾特维勒"、芳蒂族的"安特坦"和"奥西比尔"。"阿萨佛·艾特维勒"是一种本土的摔跤比赛，阿克拉沿海各年龄段的男子都可以参加，尤其是詹姆士城镇和厄舍堡的人们。另外，还有在"阿萨佛·艾特塞梅"（阿萨佛队长）的监督下进行的投掷比赛。

在欧洲人到来之前，在阿散蒂地区和北部领地就有用以娱乐和进行锻炼的活动，比如打猎和射箭等。

加纳现代体育实际上起源于欧洲人引进的运动项目。例如曲棍球、网球、足球和拳击等运动项目，均是由于欧洲的官员、牧师和公司经理等为满足自身娱乐和参与当地社交的需求，同时也是为向殖民地的非洲人灌输时间、纪律和权威等观念而引入的。在被引入黄金海岸的所有运动项目中，足球成为沿海地区最流行的运动项目。海岸角因作为加纳体育运动的发源地而出名，尤其是足球运动，在那里成立了第一支黑人学生足球队。据记载，当地政府创办的男子学校当时已经十分擅长板球和网球，因此，来自牙买加的校长布立吞先生就鼓励学生尝试和学习踢足球，这个城市的足球奇迹从此时开始创造。1903 年，海岸角男子学校的 22 名学生在维多利亚公园开始秘密进行足球训练，且训练时间多选在月光普照的夜晚。经过短期训练，这 22 名学生的足球技能得到了极大提高，因此球队被命名为"精益队"，并迅速订购了足球专用球衫、紧身裤、球鞋和帽子。到了训练的第三个月，他们就已经准备好于当年 11 月 26 日到维多利亚公园进行户外活动和第一次表演赛。当天到场观看的人很多，甚至包括殖民地的高官们。"精益队"首次对阵的是一个欧洲选拔队，该队全由在加纳的欧洲水手和工人组成，后来弗雷德里克·霍奇森总督把这个队伍进行了重新整合。在整场比赛中，"精益队"以 1∶2 输掉了第一回合，但在第二回合逆风翻盘，以 3∶1 打败了欧洲队。之后，两队约定定期进行友谊赛，相互切磋、共同进步。"精益队"在黄金海岸变得非常受欢迎，不仅引起了埃尔米纳、萨尔特庞德和温尼巴等地区年轻人极大的兴趣，还推动了当地足球俱乐部的建立和发展。例如仅仅在海岸角，就陆续建立了 13 个足球俱乐部，分别是"埃弗顿"、"布兰克森之六"、"能量"、"运动"、"吞没"、"玫瑰六"、"博尔顿流浪者"、"法官"、"花园"、"泰坦尼克"、"雄伟"、"毒蛇"与"神秘矮人"。很快，这种比赛就传播到殖民地其他地区，各地足球俱乐部也应运而生，如 1911 年成立的"阿克拉橡树之心"、1919 年成立的"十一智慧"、1925 年成立的"芳蒂联盟"及 1926 年成立的"阿散蒂联盟"等。

英殖民政府很快就意识到体育运动对于当地政府和人民的重要影响。因此，为避免有人利用体育活动来激发人们追求独立的心理，确保英国的殖民统治地位，英殖民政府采取了一系列措施进行控制。于是，戈登·古吉斯伯格总督于 1922 年成立了"阿克拉足球联盟委员会"。"阿克拉橡树之心"作为当时最古老的足球俱乐部，其队伍获得了首个由总督亲自授予的奖杯。到 1935 年，足球已经成为整个殖民地的业余运动，在此情况下，"阿克拉足球联盟委员会"更名为"阿克拉业余足球协会"。随着这种新的发展趋势的出现，类似的协会在库马西、海岸角、塞康第、温尼巴、萨尔特庞德等地相继成立。到 20 世纪 50 年代，各种体育项目越来越流行，从少数地方逐渐扩散到英殖民地的每一个角落。而这一情况，又促使整个英殖民地成立全国性的机构来监督体育活动的开展，如于 1950 ~ 1952 年成立的"黄金海岸业余足球协会"、"加纳高尔夫协会"、"加纳赛马管理董事会"和"黄金海岸业余拳击协会"等，分别用于监督加纳的足球、高尔夫、赛马和拳击等运动。

1952 年是加纳运动史上的转折点，由阿登－克拉克总督成立，后移交恩克鲁玛管理的"黄金海岸业余运动委员会"第一次尝试把所有不同的运动项目整合在一起，置于一个全国性机构的管理之下。

凑巧的是，"黄金海岸业余运动委员会"成立之时恰逢该国首次参加 1952 年芬兰奥林匹克运动会。在取得这个运动史上里程碑式的成就之前，加纳拳击手，来自阿克拉郊区布科的罗伊·安克拉赫在 1951 年就成为第一位赢得英国次轻量级拳击冠军。这其实一点都不令人意外，因为自 20 世纪 30 年代拳击被引入加纳后，就成为当时继足球之后第二大流行的运动项目。

自加纳 1957 年独立后不久，国家足球队便更名为"加纳十一"，后来由恩克鲁玛于 1959 年改名为"黑色之星"。在恩克鲁玛政府时期，足球仍然是最受欢迎的运动项目。在此期间，体育运动方面有了进一步改革，如"黄金海岸业余运动委员会"更名为"加纳业余运动委员会"。此外，恩克鲁玛为培养青年人为国家发展而奋斗的精神，同时也为向国际社会推广加纳的形象，"加纳业余运动委员会"于 1960 年进一步转型为"中央运动组织"。

在恩克鲁玛下台之后，他所创建的共和队被解散。1976 年的第 54 号法令将"中央运动组织"改名为"国家运动委员会"。为了让"国家运动委员会"更好地发挥监督管理职能，之后又将其更改为"国家运动管理局"。

二 特色项目

加纳在体育运动方面有诸多成就，尤其是在足球和拳击两项运动上。

加纳众多国家足球队和许多著名足球明星的杰出成就为加纳带来了很多荣誉。目前加纳的足球和沙滩足球都有国家男子队和女子队。国家男子队包括"黑星队"（高级国家队）、"黑陨石队"（队员年龄在 23 岁以下）、"黑卫星队"（队员年龄在 20 岁以下）和"黑色小明星队"（队员年龄在 17 岁以下），国家女子队包括"黑人女王"（高级国家队）、"黑人公主"（队员年龄在 20 岁以下）和"黑人少女"（队员年龄在 17 岁以下）。"黑星队"在 1963 年、1965 年、1978 年和 1982 年四次获得非洲国家杯奖牌，在 2006 年首次参加世界杯决赛，同时还在 2010 年南非世界杯上获得了四分之一决赛资格，但该队在 2018 年世界杯预选赛小组赛中位居第三名，位列埃及和乌干达之后，未能取得决赛参赛资格。加纳的"黑陨石队"也曾四次参加夏季奥运会，并于 1992 年成为第一个赢得足球项目奥运奖牌（铜牌）的非洲国家，为加纳赢得了荣誉。加纳的"黑卫星队"在 1983 年和 2001 年世界青年足球锦标赛中获得第二名，之后在 2009 年埃及举办的世青杯中首次赢得了金牌。加纳的"黑色小明星队"两次在青少年世界锦标赛中夺冠，而在 1991 年和 1995 年差一步之遥未进入世界杯。2017 年，加纳主办了西非足球联盟赛事，共有 16 个西非国家参赛，加纳荣获桂冠。除了男子队外，加纳女子足球队也在世界运动场上为国争光，"黑人女王"队于 1999 年和 2003 年两次参加了女足世界杯，"黑人少女"队也参加了两次，而"黑人公主"队只参加了一次。

在国际赛场上为加纳国家队效力的足球明星包括易卜拉欣·桑代、卡里姆·阿卜杜勒·拉扎克、阿贝迪·艾尤·贝利、安东尼·耶博亚、斯蒂芬·艾比亚、萨米·欧塞、库福尔、迈克尔·埃辛、苏利·阿里·蒙塔里、尼伊·欧达蒂·兰普提、安德雷·阿尤、托马斯·帕蒂和里士满·博阿切·伊阿登等。阿贝迪·艾尤·贝利可以说是加纳历史上最成功的足球队员，他曾在法国奥运会足球比赛上带领队员夺冠，并连续三年（1991 年、1992 年和 1993 年）当选非洲年度最佳球员。

在俱乐部层面，加纳包括超级联赛、一级联赛、二级联赛和三级联赛在内的四级联盟体系，以及由 13 岁以下、15 岁以下和 17 岁以下青少年组成的青少年联盟体系。超级联赛联盟和一级联赛联盟分别由超级联赛联盟董事会和一级联赛联盟董事会管理，而二级、三级联赛联盟和青少年联盟则由地方足球协会管理，这些足球协会又处于加纳足球联盟协会管理之下。加纳超级联盟有十八个队，按照区域划分为三个组，分别命名为一区、二区和三区。"MTN 足球协会杯"是唯一包含二级联盟、一级联盟和超级联盟的王牌赛事。超级联赛的赢家通常可获得参加非洲冠军联赛的资格，而英格兰足总杯的赢家则可获得参加非洲联盟杯比赛的资格。

加纳流行的足球俱乐部包括"阿克拉橡树之心"、"库马斯·阿散蒂·阔托阔"、"伟大奥运"、"神秘矮人"、"贝雷库姆·切尔西"、"阿散蒂黄金"和"阿端纳之星"等。其中，"阿克拉橡树之心"和"库马斯·阿散蒂·阔托阔"是加纳最成功、最受欢迎的两个俱乐部。这两大俱乐部间的对决总是非常激烈，观众数量众多，且非常狂热，堪比西班牙埃尔·克拉西科赛事或世界级赛事，这两大俱乐部在加纳获得的支持最多，不仅是非洲大陆代表加纳参赛最多的俱乐部，而且是加纳国内获奖最多的俱乐部。在整个非洲大陆，这两个俱乐部共为加纳获得了五大洲俱乐部比赛的奖杯。此外，"库马斯·阿散蒂·阔托阔"七次进入了非洲冠军联赛的决赛，并在 1970 年和 1983 年获胜。"阿克拉橡树之心"也分别在 2000 年非洲联赛冠军杯、2001 年非洲超级杯和 2004 年非洲联盟杯上获得奖牌。

不过，这两个俱乐部在国内超级联盟的统治地位已经下降，因为在过去十年，包括"狮子的潘杜之心"、"贝雷库姆·切尔西"、"阿散蒂黄金"、"瓦城全明星"和"阿端纳之星"在内的相对不为人知的俱乐部都获得过联赛冠军。而且，自 2004 年"阿克拉橡树之心"在国际足联联合会杯足球赛上取得绝对优势成绩之后，包括"库马斯·阿散蒂·阔托阔"、"阿散蒂黄金"、"梅迪阿玛"、"贝雷库姆·切尔西"、"瓦城全明星"和"阿端纳之星"等在内的加纳联赛和英格兰足总杯冠军赛冠军队，在 2005～2017 年的大陆俱乐部比赛中都没有出色表现。

除了足球，拳击也是殖民时期以来另外一个给加纳带来无限荣耀的运动项目，是加纳第二受欢迎的体育运动。加纳不少有名的拳击高手，如罗伊·安克拉赫、博伊仁、阿祖马·尼尔森、纳纳·亚奥·科纳杜、阿尔弗雷德·科特、伊克·夸泰、约书亚·科洛蒂和约瑟夫·阿格贝科等，都曾获得过拳击比赛冠军。阿克拉郊区布科被看作加纳拳击手的摇篮，因为许多赢得国家冠军的拳击手都来自该地区。在阿克拉郊区布科，1951 年罗伊·安克拉赫赢得英国轻量级冠军后，弗洛伊德·克拉斯特·鲁宾斯特也在 20 世纪 50 年代末荣获英联邦轻量级冠军。在 1960 年罗马夏季奥运会上，阿尔弗雷德·科特摘得银牌。1975 年，博伊仁夺得世界拳击理事会的轻量级桂冠，成为加纳史上第一位获得世界级冠军的拳击手。从那以后，加纳拳击手赢得了诸多世界级桂冠。新一代锦标赛冠军获得者的领头羊是"拳击教授"阿祖马·尼尔森，他在轻量级、超轻量级和青少年轻量级比赛中共获得三次世界冠军。阿祖马·尼尔森是加纳也是非洲最著名的拳击手之一，因为他对拳击事业做出的卓越贡献，入选了拳击名人堂。其他获得世界冠军的拳击手包括：纳纳·亚奥·科纳杜分别在 1989 年和 1996 年夺得了超重量级和最轻量级的世界奖牌，而伊克·夸泰在 1994 年获得了次重量级的世界冠军，阿尔弗雷德·科特也在 1994 年获得了次轻量级的世界奖牌，约书亚·科洛蒂在 2008 年获得了次中量级奖牌，约瑟夫·阿格贝科在 2001 年、2007 年和 2013 年三次获得次轻量级奖牌。

加纳第一个拳击场在布科建立，具有最先进的场馆设施，有望促进加纳拳击事业的革新。全国业余拳击联盟是由加纳业余拳击协会和加纳官方拳击机构共同成立的，其成员包括来自各个拳击俱乐部的拳击手。该联盟的目的在于挑选杰出的拳击人才进一步培养，让拳击手有更多机会发展。

另外，加纳也为其他运动项目组织了地方和全国性的比赛，包括沙滩足球、排球、网球、篮球、游泳、板球、曲棍球、高尔夫球、举重、自行车、柔道/空手道和体操等。加纳总是尽可能地参加各种国际赛事，比如非洲体操锦标赛、英联邦运动会、世界青少年田径锦标赛、残奥会、夏奥会以及冬奥会等，并在一些项目上获得了奖牌，如体操、拳击、足球、举重、柔道和自行车等。

第五节　新闻出版

在英国殖民时期，随着当地受过良好教育的精英人才的崛起，黄金海岸的媒体和出版行业有了初步的发展。加纳最早的现代媒体是以报纸的方式出现的，而且是由英国殖民当局发行的。1822 年，第一份报纸《皇家黄金海岸公报》在海岸角市发行。而第一份私人发行的新闻报纸是《黄金海岸时报》，是在 1874 年由詹姆斯·赫顿·布鲁手写并发行的。从那以后，有几百家国家级和地区级的报纸涌现出来，其中有些报纸的名称还恰巧相同。媒体的命运通常是受当时军事和政治氛围所影响。

1992 年第四共和国宪法实施以来，加纳的新闻出版实现了自由发展，包括极富竞争力的广播电台和电视产业，以及发展中的长途电话和互联网产业。作为一个发展中的民主国家，宪法保障了媒体的言论自由。宪法禁止通过限制言论权、媒体使用权以及通信权的法规和条例，但是涉及威胁国家安全的言论与媒体传播除外。具体来讲，宪法第 162 条第 3 款规定，"不能阻碍私营报社或者媒体的发展，尤其是不能有任何法律要求任何人需要获得许可证才能开办或者运营报社、杂志社或者其他大众交流与信息的机构"。正因为有了这些法律保障，加纳成为非洲新闻媒体环境最自由宽松的国家。

一　传统新闻出版业

截至 2017 年，加纳有 32 家活跃的报社。加纳国家媒体委员会记载，加纳有 106 种报纸，其中 11 种是日报，67 种是周报，23 种是双周报，5 种是三周报。有两种是国有日报，即《每日画报》和《加纳时报》。这两份国有日报的发行商分别是画报传媒集团和新时代有限公司。除了旗舰版日报之外，每周发行一次体育报。《每日画报》的发行量最大，是读者最多的报纸。《镜报》是全国销量最大的周报。尽管市面上有各种各样的报纸，但仅画报传媒集团、新时代有限公司、西方出版有限公司和商务与财经时报四家媒体公司就占有全国95.87%的报纸读者。[①]《每日指南》的出版商是西方出版有限公司，该公司在尼日利亚、南非、津巴布韦、肯尼亚和英国都设立了分支机构。此外，该公司还出版包括《非洲商务时报》和《今日能源杂志》在内的刊物。有些私营报社因报道一些经过充分调

---

① 加纳媒体所有权监管局，https：//ghana. mom-rsf. org/en/findings/findings/。

查的腐败或者滥用职权等丑闻而获得很大的发行量。2001 年 7 月，加纳废除了刑事诽谤法，这就意味着诽谤中伤案件只会被判决罚款。这让私营媒体有信心对腐败案件进行调查。但该法令的废除也导致了某些破坏事件，比如对首席法官无谓的个人攻击、对最高法院的冒犯等。

二　电视广播

截至 2021 年 12 月 20 日，加纳国家通信管理局（NCA）授权在加纳运营的电视运营商总数为 140 家。其中包含模拟地面电视台 2 家，覆盖全国范围数字地面免费电视节目频道 36 家，覆盖区域范围数字地面免费电视节目频道 6 家。其余 5 家是地面数码电视（服务和频率），8 家是基于电视多路复用的数字地面无线电服务，3 家是付费卫星电视广播，9 家是免费卫星电视广播，68 家是免费直播到用户单频道的卫星电视广播，有线数字电视、互联网协议电视（付费电视）和卫星电视广播（直播卫星付费）的订阅管理服务各 1 个。截至 2021 年 12 月 20 日，共有 110 个电台播出。

模拟地面电视台是通过模拟波形传输并使用电视机上的公共天线接收的电视台。这些电视台正在从模拟向数字化转型，以符合 2006 年国际电信联盟日内瓦协定。截至 2021 年 12 月 20 日，加纳的两家模拟地面电视台是 Metro TV（成立于 1997 年，是加纳第二大电视网络）和 Coastal TV。覆盖全国范围数字地面免费电视节目频道是一种电视广播服务，其中单个节目频道在具有全国覆盖的数字地面电视（DTT）网络上以未加密或"清晰"的方式广播，并且能够在不支付订阅费的情况下接收。该领域的部分公司是加纳广播公司，具体包含 5 个名称与站点：GTV、GTV 24、GTV Govern、GTV Life 和 GTV Sports Plus。

三　网络媒体

加纳网（Ghana Web）是加纳颇受欢迎的门户网站，由弗朗西斯·阿科托（Francis Akoto）创立，他是一位居住在欧洲的加纳人，现在该网站由荷兰公司贝拉特投资公司所有。该网站不仅全面介绍加纳的历史发展、人文、地理、军事、交通、旅游等概况，还为加纳民众提供当地有关社会、经济、娱乐和体育等方面的新闻资讯。

　　一家新兴的在线新闻提供商是 Yen.com，这是一家在加纳注册的外商独资公司，乌克兰人吉吉·斯海因和俄罗斯人瓦西里乌利亚诺夫是该公司的董事会成员，该公司于 2015 年开始运营。一个创办时间更久的在线新闻提供商是 Modern Ghana.com，它由布莱特·奥乌苏·亚当森（Bright Owusu Adamson）创立，同时他也是该公司的首席执行官，由威廉·比克担任总主编。这些在线新闻提供商正在与已建立的广播、电视和传统媒体公司竞争，这些公司也开拓了在线业务，进而在年轻人市场中占据一席之地。

本章作者：

UDS（University for Development Studies）Research Team，

University for Development Studies，Ghana。

本章译者：

郑舒意、杜莹、邓晓英，电子科技大学，中国。

第八章

外　交

第一节　外交政策

一　积极的外交政策

　　加纳直到 1957 年才真正"诞生"，因为它于这一年成功脱离英国的殖民统治而取得独立，成为撒哈拉以南非洲第一个脱离西方殖民统治的国家。1945 年，第 5 届泛非会议在英国曼彻斯特顺利召开，本届会议使得加纳的外交发展发生了根本性转变。该会议的与会代表大多为非洲人，因此大部分计划和组织任务都落在了这些非洲人肩上。克瓦米·恩克鲁玛是曼彻斯特会议的召集人之一，同他一起参与会议的许多非洲代表后来也成为各个独立运动的领导者和活动家，其中包括来自肯尼亚的肯雅塔和姆博亚，来自尼日利亚的阿沃洛沃、贾贾·瓦胡特卡和阿金托拉，来自南非的彼得·亚伯拉罕斯，来自马拉维的海斯廷斯·班达。

　　自 1957 年 3 月 6 日起，加纳以一个全新的身份登上世界舞台，其基于泛非主义和殖民统治下自治模式的外交活动也开始如火如荼地进行。克瓦米·恩克鲁玛在宣布加纳独立的演讲中提出，相较于非洲大陆全面彻底的解放而言，加纳的独立实质上相当于分期付款中的首付。就加纳的外交政策而言，恩克鲁玛和其竞争对手之间存在意识形态上的差异，导致加纳国内政治派别之间的思想观念与决策方式大相径庭。独立后的加纳国家内部存在两个截然不同的阵营，双方在对内和对外政策方面各持己见。其中一个阵营是人民大会党，恩克鲁玛对加纳的展望由其来推动，该党对外试图将加纳发展为非洲大陆的先驱，对内则试图建立一院制和中央集权制。另一个阵营，即在联合党保护伞下行动的一方对加纳的发展持不同观点，其试图在加纳建立一个联邦的、分权的政治体系，在这种体制下，政府关注的焦点是国内问题，而不是将目光投向国外。

这种分歧的存在导致加纳外交政策的制定变得困难。人民大会党更为激进的态度使新兴产业和保守的公共服务产业感到不安，因为这些产业要么是全盘英式的，要么是效仿英国的运营模式，与该政党的政治理念不符。这些产业认为公共管理在市场经济中毫无作用，并且对大多数激进的非洲人的思想观念和行为做法持怀疑态度。

恩克鲁玛阵营的一位主要人物是乔治·帕德莫尔，他是特立尼达人，曾帮助恩克鲁玛建立了加纳。帕德莫尔指出，人民大会党的选举胜利是对泛非主义的一个重大肯定，也被看作泛非主义意识形态的首次胜利，它证明了基于非暴力途径建立的组织采取积极行动的有效性。恩克鲁玛曾强调"组织决定一切"，而自最初的胜利后，人民大会党源源不断的能量正是来源于它超凡的组织。这一点高度印证了第 5 届泛非会议的宣言——"当下，通往高效行动的唯一途径就是群众组织"。

在加纳独立之后不久，恩克鲁玛和他的谏言者们开始着手制定政策，以为他的外交目标提供具体支撑。具体而言，恩克鲁玛政府的行动可分为三个步骤：首先，召开会议商讨制定解决非洲独立问题的战略；其次，在几内亚与法国的斗争中为几内亚提供大量援助，以表达对其独立的支持与肯定；最后，设立新机构，并将其命名为非洲事务中心，后来又更名为非洲事务局。

加纳首都阿克拉后来成为反殖民斗争的中心，也成为非洲自由战士们的庇护所，是对殖民和新殖民主义势力发起攻击的根据地。1958 年 4 月，非洲独立国家会议在阿克拉举行，这是恩克鲁玛实现外交目标的第一个主要会议。这次会议书写了非洲历史上的一篇华章，因为它将非洲的独立国家聚集在一起，使得就非洲大陆的全面非殖民化斗争问题达成了共识。在这段时间内，美苏紧张的冷战氛围影响了世界各国以及所有有关反殖民主义的政治问题，因此这一会议的召开是绝对必要的，也是具有时代意义的。显然，在英国和美国看来，恩克鲁玛的泛非主义者姿态将自己暴露在对他们充满不信任的聚光灯下，因而英美两国都竭尽所能地阻止他将共产主义作为终极理想。然而，这并没能妨碍恩克鲁玛利用非洲独立国家会议来强化他倡导非洲团结、非洲特质和非洲解放的先驱形象。

恩克鲁玛实现外交目标的第二个主要会议是全非人民大会，囊括非洲所有独立国家以及各种解放运动的 200 多名代表，其中有 62 人后来活跃于整个非洲大陆。在恩克鲁玛领导下的加纳很快成为世界上多数非洲后裔首选的定居地，以及泛非主义新的栖息之所。此次会议的顺利举行是恩克鲁玛政府执政以来的一个巨大成就，原因是该政府成功使不同意识形态的群体，即激进派和非激进派共同关注这一重要的会议议程，并达成消除非洲殖民主义与促进非洲大陆发展的一致意见。

在全非人民大会召开之前，几内亚的反法浪潮引发了一次全民公决，恩克鲁玛借此机会再次表示，他一直坚定履行"倡导并推进非洲解放"的承诺。几内亚总统塞古·杜尔领导几内亚人民对所谓的法国合作（实则为法国殖民统治）予以坚决拒绝，并选择走向独立。谈判破裂导致法国不满，法国摧毁了几内亚所有的工业设施，甚至连几内亚国内的电话线都无一幸免。在此期间，恩克鲁玛政府不仅给予了几内亚 1000 万英镑的经济援助，还为其提供了加入政治联盟的机会。这一切都为全非人民大会的召开奠定了基础，并且在巩固恩克鲁玛在全球泛非主义的领导地位方面也发挥了重要作用。

在接待全非人民大会成员的同时，恩克鲁玛还对非洲事务中心这一重大项目的实施情况加以监督。该机构旨在为所有非洲自由斗士提供政治和思想训练场。该机构由 T. R. 马康南负责具体事务的运行。T. R. 马康南是非洲解放运动的积极分子，受到恩克鲁玛理念与目标的吸引，故而来到加纳参与反殖民斗争。

恩克鲁玛钦点该机构的名誉首领乔治·帕德莫尔作为他的非洲事务顾问，这一职务的赋予代表了恩克鲁玛对帕德莫尔的认可与信任，帕德莫尔积极制定并高效执行与非洲社会相关的外交政策。帕德莫尔见证了恩克鲁玛及其人民大会党自 1949 年起从事的大部分活动。自非洲事务中心（African Affairs Center）创建以来，帕德莫尔一直掌管并行使对该机构的监督权，直至 1959 年他逝世前才正式卸任该职位。

作为恩克鲁玛处理非洲事务的顾问，帕德莫尔早已与一般公共服务部门打过交道。在那时，这些部门基本上仍然处于英国势力管辖范围内，或是在英国公共服务文化背景下运行。他们所奉行的行政文化较为保守，与恩克鲁玛外交思想的激进倾向背道而驰。

事实上，于 1959 年成立的非洲事务局（Bureau of African Affairs）成为加纳传播更为激进的泛非主义政策的主要媒介。从处理非洲大陆各地的解放运动，到处理难民问题，再到与各驻加大使馆以及外国高级委员会建立政治联系，非洲事务中心凭借自身努力赢得了独特的身份和地位。虽然非洲事务中心是政府外交事务以及国防与安全事务等机构的重要组成部分，但在帕德莫尔的领导下，非洲事务中心成为一个直接由他领导运作的专门的政治和情报部门，以此推动泛非运动开展，促进殖民地解放以及非洲独立国家联盟的组建。

实际上，除了宣扬非洲大陆统一思想外，恩克鲁玛还萌发了构建非洲共同体的想法。恩克鲁玛有一名在加纳工作的加勒比籍骨干，其工作简言之就是负责组织与管理迁入加纳的其他地区的非洲后裔。随后，许多著名的非裔美国政治家、活动家、学者和艺术家开始前往并定居加纳，其中包括杜波伊斯。杜波伊斯接受恩克鲁玛的邀请加入了加纳国籍，并参与编著了《非洲大百科全书》。在宾夕法尼亚州林肯大学求学期间，恩克鲁玛与美国黑人政治家有了交集，还结识了许多人才，如他的同班同学罗伯特·李医生，一位后来迁居至加纳并生活了长达 50 年的牙医，以及玛雅·安吉罗，一位之后定居在加纳的学者和艺术家。

恩克鲁玛激进的外交政策并未完全得到周边国家的理解。在其他一些非洲领导人看来，恩克鲁玛支持非洲解放运动的行为只是他成为新非洲领导人的一个工具。在他召开非洲独立国家会议期间，加纳内部就已经出现了裂痕。蒙罗维亚集团（如此命名的原因是相关会议于利比里亚的蒙罗维亚举行）认为，在考虑将国家利益纳入宏大的泛非事业之前，更重要的是先构建可行的独立国家实体。这个组织的成员包括非洲六陆奉行保守主义的国家，如利比里亚和尼日利亚，以及大多数坚持与法国保持密切关系的非洲国家。当时象牙海岸（现为科特迪瓦）的领导者费利克斯·乌弗埃·博瓦尼认为，与其像几内亚那样宣称独立，不如寻求与法国建立"伙伴关系"，因为他不相信完全独立于法国就能实现国家利益，反而还可能导致国家倒退。

卡萨布兰卡集团认同恩克鲁玛关于非洲国家解放并构建非洲共同体的想法，因而博瓦尼的上述言论显然与卡萨布兰卡集团的观点相悖。卡萨布兰卡集团的成员主要有埃及、几内亚、马里、利比亚、摩洛哥、阿尔及利亚解放组织以及阿尔及利亚民族解放阵线等。这一组织认可并支持恩克鲁玛的想法，即新非洲国家的政治联盟将推动区域经济充分联系与融合，以使非洲大陆的地位相较于世界其他地区得到最大提升。在恩克鲁玛看来，对于那些想在非洲维持自己经济政治利益的外人（实则为殖民者）而言，非洲大陆的各自为政正中他们的下怀，因此，恩克鲁玛一直抱有非洲大陆统一的坚定信念。上述两个阵营观点相悖、互不相让，因而恩克鲁玛和博瓦尼曾进行过一次著名的打赌，即看谁的选择对新非洲国家来说是更适合的。

自 1963 年在亚的斯亚贝巴成立非洲统一组织时各国达成妥协后，非洲国家前进道路上的分歧便开始产生，并且这些分歧几乎成为各次会议的辩论热点。恩克鲁玛亲自组织了这场论战。他试图给东西方国家留下一种印象，即加纳的利益取舍和行动实施基于"积极中立和不结盟"原则，因此加纳做好了与意识形态差异双方分别合作的准备。作为一个"新生儿"，加纳需要朋友和资源，特别是来自前英国殖民者及其盟友的橄榄枝，恩克鲁玛非常务实地在国际战线上选择了一条严谨的路线。

然而现实情况是，对加纳乃至所有非洲国家来说，非殖民化进程虽然充满了希望，但也掺杂着许多不稳定因素。充满希望的是，在遭受了长达一个半世纪的殖民统治后，这些国家即将成为自由和独立的国家，因此它们做好了在世界舞台承担起自身合法职责的觉悟与准备；而不稳定的一方面在于，殖民结构的性质意味着殖民者们不会自愿放弃对其殖民地（特别是非洲）的政治、经济和文化控制。而非洲国家欲摆脱殖民势力，试图推翻长达150年的殖民统治，势必会引起它们与殖民者之间的纷争。

1957年，加纳脱离英国获得政治独立，当时除了利比里亚、埃塞俄比亚、埃及、突尼斯、苏丹、摩洛哥和利比亚，非洲大陆其他地区大多处于欧洲殖民者的控制之下。为了实现非洲自由，恩克鲁玛把加纳的独立与整个非洲大陆的解放事业挂钩，并选择亲自上阵。

1960年，当17个新的独立国家出现在非洲大陆时，这表明非洲殖民地争取独立的征程向前迈了一大步，这无疑是在恩克鲁玛敦促和支持下的直接成果。事实上，这些新国家的领导人于两年前（1958年12月）都参加了在加纳举行的全非人民大会。这次会议可以说是加纳外交政策的最高荣耀之一，"……解放运动的力量……为对帝国主义进行进一步及最后的一击以及非洲殖民压迫的彻底铲除吹响了号角"。此次会议的与会成员超过200名，他们是36个政党和各种解放运动的代表。由于处于冷战的大环境下，奉行中立政策的加纳给各个政治派别的政治家提供了慰藉和庇护，而这些政治家代表非洲政界的各类意识形态。

1963年，31个独立的非洲国家在亚的斯亚贝巴举行会议，并组建了非洲统一组织，这很大程度上得益于恩克鲁玛不断推动非洲大陆统一的努力。此次会议具有里程碑式的重要意义，因为它表达并实现了恩克鲁玛对成立一个超越国界的非洲大陆联盟的愿望。非洲统一组织的成立表明，尽管大多数非洲领导人不完全赞同恩克鲁玛对非洲大陆联盟蓝图的具体勾勒，但他们仍然认可恩克鲁玛的非洲统一观念。

1966年1月，恩克鲁玛将从美国获得的数百万美元贷款和担保用于建设加纳最大的工业项目，即沃尔特河项目。然而，1966年2月24日，科托卡上校通过加纳广播电台宣布，恩克鲁玛政权已被推翻，其政府已彻底倒台。

二 后恩克鲁玛时期的外交政策

1966 年以来，加纳的外交政策在不同时期一直是保守、极为亲西方的，其他时期则致力于为不结盟、非洲统一组织（后来的非盟）寻求服务和提供支持。但对于后来的政府而言，更重要的是从实际出发，依据具体情况来处理对外关系。恩克鲁玛坚持非洲大陆的统一，而 1966 年以后的政府选择弱化这一立场，并继续尊重现有的国家边界。

民族解放运动公然与西方结盟，其政策倾向实际上可被视为反对共产主义。很快，恩克鲁玛的政权被推翻，来自东方集团（特别是苏联）的外交官被驱逐出加纳。就外交领域而言，民族解放运动的军事政权别无选择，只能采取与恩克鲁玛意愿截然相反的外交立场。毕竟，他们是在西方提供物质支持的情况下废黜了恩克鲁玛。

1966 年 2 月至 1972 年 1 月，苏联在加纳的影响力遭到严重打击，如身处阿克拉的苏联外交官因被指控执行间谍活动而遭到驱逐。此外，加纳拒绝向任何共产主义国家寻求资本援助，转而几乎完全依赖于西方为其提供经济和军事援助。在冷战问题上，加纳选择加入西方阵营，和以美国为首的西方世界站在一条战线上。

布西亚政府与恩克鲁玛主义进行斗争，布西亚政府拒绝恩克鲁玛和他的同伴们回国。此外，布西亚政府还规定，曾就职于恩克鲁玛政府的官员和拥有人民大会党背景历史的个人不允许担任公职或在政府任职。

20 世纪 70 年代，南非种族隔离的反动之举遭到了大多数国家的抵制。因此，当布西亚政府颁布了一项与南非"对话"的新政策时，整个非洲大陆都为之震惊。这项政策旨在寻求与种族隔离政权进行友好的谈话，并借此废除种族隔离制度。这项政策不仅遭到了加纳内部反对派的强烈反对，还受到了非洲统一组织和来自南半球其他国家的强烈抵制。与南非的"对话"（或称为与南非的"建设性契约"）是一项失败的外交政策，除了英国和美国出于冷战的考虑而支持此项对话政策外，所有国内外支持布西亚政府的人民力量都与之疏远了。

布西亚政府制定的另一项与恩克鲁玛政府立场形成鲜明对比的外交政策是 1969 年颁布的《外侨遵约令》。这项政策旨在将居住在加纳境内并从事商业活动的"黑户人口"驱逐出加纳，而这些所谓的"黑户人口"实际上是加纳周边国家的公民，其中包括多哥、贝宁、马里、布基纳法索和尼日利亚。

　　1972 年军方重掌实权，试图从腐败的政客手中夺回加纳。在外交上，由于不满布西亚政府毫无新意的领导，阿昌庞领导的救国委员会表现出对激进主义的回望，这是继恩克鲁玛政府倒台后激进立场重现的预兆。

　　这场政治动荡造成加纳出口减少和进口价格上涨，进而导致国内经济低迷，以致工业罢工和各种停工成为常态。救国委员会（最高军事委员会）在任期内存在一大遗留问题，即它煽动并带领武装力量中的各级军人进行反叛。随后无政府主义的兴起彻底动摇了加纳本就不稳的政治局势，进而导致了长达十多年的政治危机，这对加纳整个国家，包括其外交政策产生了持久的不利影响。

　　1979 年，罗林斯作为武装力量革命委员会的领导者，试图并成功压制了武装势力中的骚动与反抗，亲眼见证了三位国家级前军事元首被处决。两年多后，武装力量革命委员会发展演变为临时国防委员会，而作为该委员会的领导者，罗林斯以政治革命为幌子，发动了另一场后来主导加纳政治舞台近二十年的军事政变。

　　事实上，罗林斯政府的外交是成功的，如同恩克鲁玛时代外交领域最为辉煌的那般模样。罗林斯最初向东方世界发出友好讯号，幷派遣使者到访各个社会主义国家的首都，尤其是莫斯科、索非亚和哈瓦那，其政府也顺利与中国、莫桑比克、尼加拉瓜、民主德国和古巴等国家达成文化以及其他方面的协定。此外，罗林斯政府还与利比亚重建了之前被布西亚政府破坏的合作关系。罗林斯政府对此没有做任何解释，但其维持与这些国家的友好关系有助于为加纳在安全问题上寻求具体的支持与帮助。例如，加纳把古巴作为其步兵和安全人员的主要培训和教育基地。

　　然而，在国内频发的意识形态斗争和自然灾害的影响下，加纳经济状况持续恶化，临时国防委员会也在相关事项上走进了死胡同，最终不得不倒向西方世界。具体而言，由于需要国际货币基金组织和世界银行的贷款，临时国防委员会转变其立场，加入了西方世界的阵营，并与西方势力签署了一项经济复苏计划，以加快恢复加纳国民经济。

三　第四共和国时期的外交政策

加纳第四共和国成立于 1993 年 1 月，加纳 1992 年宪法的通过标志着第四共和国政府正式掌权。宪法第 6 章第 40 条明确规定了与其他国家建立关系的指导原则。

原则一：促进和保护加纳的国家利益。

原则二：谋求建立公正公平的国际经济体系和社会秩序。

原则三：促进对国际法各条约、义务的尊重，以和平手段解决国际争端。

原则四：遵守受保护的或根据情况而制定的准则、宗旨及目标如下：

（1）联合国宪章；（2）非洲统一组织宪章；（3）英联邦；（4）西非国家经济共同体条约；（5）加纳作为成员国的任何其他国际组织。

通过将这些原则纳入国法，第四共和国政府为其外交领域创造了稳定性和持续性局面。例如，西非经济货币联盟的各成员国都积极维持着彼此的经济关系，因为它们都是区域组织西非国家经济共同体的一部分。自 20 世纪 80 年代末以来，加纳在利比里亚内战和塞拉利昂内战中扮演着决定性角色。1994 年，在担任西共体主席期间，罗林斯总统协调利比里亚交战各方之间达成了短暂的和平协定。继罗林斯后，总统库福尔在其执政期间成功推进利比里亚各方达成了持久有效的和平协定。加纳不仅向各方领导人担保提供安全通道，还接待了数以千计的利比里亚难民，并向西共体派遣军队作为其维和武装力量。在总统库福尔的领导下，加纳在域外变得更加活跃，比如库福尔不仅成为西共体主席，还担任了非洲联盟的轮值主席。

得益于世界银行和国际货币基金组织对重债穷国的救济基金，加纳所有地区的发展项目都有所增加。在此项救济基金的帮助下，加纳全国范围内共有 1507 个项目得到执行（来自 2002 年和 2003 年统计数据），包括

609 个教育项目、194 个健康项目、563 个卫生项目和 141 个水资源项目。这些领域的支出都是与社会保障问题相关的，它们在减少贫困与提高福利上的作用比预计的大得多。

加纳外交政策在当时取得的成果之一是，库福尔总统决定让加纳成为第一个接受非洲相互审查机制的非洲国家。在这一方案下，加纳率先接受非洲姊妹国家的监督，监督范围包括加纳如何为发展建立必要的基础设施，以及如何以高效的步伐建设民主透明的政府等。随后，有 36 个非洲国家主动跟随加纳的步伐，自愿接受非洲相互审查机制。

2009 年，全国民主大会党上台，且一开始是在新爱国党的干涉下开始执政的。加纳时任总统米尔斯承诺担负起应有的责任以及履行应尽的义务，并开始了外事访问。在他执政期间，加纳一直秉持的睦邻友好外交理念受到了与科特迪瓦冲突的考验。尽管当地和国际的观察员一致认同竞选结果，但洛朗·巴博仍拒绝承认在 2011 年总统竞选中落选，这导致科特迪瓦陷入了政治僵局。因此，许多国家都希望加纳能够使用其国际角色来协助进行斡旋，然而米尔斯总统的态度模棱两可，只是表明"加纳只会关注自身事务"。由于与科特迪瓦接壤，加纳无法置身事外，因此，出于对区域安全、社会经济以及政治方面的考虑，加纳最终决定出面协助科特迪瓦，以帮助科特迪瓦解决内部冲突，并稳定其政局。

第二节　与中国的关系

加纳与中国保持多年外交关系。中加关系可以追溯到 1955 年的万隆会议，并且两国同为不结盟运动做出了积极贡献。1960 年，在毛泽东主席和加纳第一任总统克瓦米·恩克鲁玛的领导下两国正式建交。1960 年 7 月 5 日，首任中国驻加纳大使黄华先生向加纳总统递交国书；1961 年 3 月 26 日，加纳首任驻华大使科比纳·凯西先生（Mr Kobina Kessie）到北京履职，加纳成为撒哈拉以南非洲继几内亚之后第二个承认中国的国家。由此，中加关系不仅赢得了"非洲大陆上最长久友好关系之一"的美誉，更重要的是，两国得以实现高层互访和互惠互利。

在高层正式访问方面，1961 年至 1966 年，恩克鲁玛总统三次来华访问，周恩来总理于 1964 年 1 月回访加纳。恩克鲁玛于 1961 年 8 月首次访华，当时两国签署了友好条约，恩克鲁玛下定决心按照社会主义路线重建加纳。2000 年开始，尤其是中非合作论坛的成立，标志着两国领导人和代表进入高层国事访问的时代。2001 年至今，加纳历届总统都曾到访中国，最近一次是 2018 年阿库福 - 阿多的来访。2006 年，温家宝总理访问了加纳。温家宝总理访加期间，同库福尔总统就进一步促进两国传统友谊、扩大互利合作等共同关切举行会谈，并交换意见。双方还就中国对加纳的财政援助签署了多项协议和谅解备忘录，其中重要内容是为加纳的国家通信和电子政务项目提供信贷便利。此外，温家宝总理还承诺为布维水电站（Bui Dam）的建设提供财政援助，该水电站由中国水利水电建设股份有限公司负责。

中加关系还体现在给予重要的外交支持、贸易往来、互相援助、发展帮助和债务减免等方面。20 世纪 60 年代，恩克鲁玛总统为恢复中国联合国合法席位做出努力，并在 1962 年的中印边境冲突中支持中国。加纳同其他非洲国家一道，在 1971 年以多数票支持中国恢复联合国合法席位。20 世纪 90 年代，中国建造了加纳国家剧院。2007 年中国提供了 240 万美元对剧院进行翻新。时至今日，该剧院仍然见证着中加两国的深厚情谊。加纳始终坚持"一个中国的原则"，将台湾视为中华人民共和国不可分割的一部分。

中国已成为加纳基础设施投资的主要来源，援助重点是修建道路、发展能源和电信、建立污水处理系统、修筑桥梁和进行技术合作等。除布维水电站和国家剧院外，还有阿克拉至库马西公路的奥凡科至恩萨瓦姆延伸路段、阿菲费（Afefi）灌溉工程、加纳警局和军营建设工程等的修建，其中有些项目是在中国的资助下完成的。2020 年中加双边贸易额达 85 亿美元，中国成为加纳第一大贸易伙伴、第一大外资来源国和第一大人力资源培训提供国。加纳现在是中国在非洲的第七大贸易伙伴。中国对加纳出口的主要产品是钢材、胶鞋和农药，加纳对中国出口的主要产品是原油、锰矿和可可豆。

第三节 与其他重要国家的关系

一 与美国的关系

加纳自 1957 年以来一直与美国保持友好的双边和经济关系。美国高层对加纳多次访问反映了对加关系在美国外交政策中的重要地位。其中引人注目的是美国总统克林顿和奥巴马分别于 1998 年和 2009 年在加纳访问期间发表演讲。2018 年，加纳接待了美国第一夫人梅拉尼娅·特朗普。2019 年 7 月，美国众议院议长佩洛西率领众议院代表团前往加纳进行访问。以上访问均得到了加纳总统以及加纳其他政要的积极回应。

加美两国在经贸、安全、教育、卫生等领域也建立了强有力的合作关系。在商贸往来方面，加纳是美国的主要非洲进口国。根据美国国会研究服务部的数据，2018 年美国与加纳的贸易总额为 13 亿美元，贸易顺差为 1.95 亿美元。长期以来，加纳从美国进口的主要产品为汽车、燃料、挖掘机械和石油钻井设备，而美国从加纳进口的主要产品为可可豆及其制品、石油、木制品和黄金。美国《非洲增长和机会法案》（AGOA）的颁布实施让加纳能够对美国免税出口某些产品。除此之外，加美两国还签署了其他双边经济协议，其中包括《贸易和投资框架协议》、《海外私人投资公司投资激励协议》以及《"开放天空"航空协议》。多家美国公司还对加纳能源领域进行了大量投资。

在国家安全方面，加纳军方多年来一直受美方的军事培训，为加纳军队在非洲和世界其他地区的维和行动奠定基础。加纳还主办了以应对地区危机和海上安全为核心的美国非洲司令部（USAFRICOM）的多种活动，并从中积累经验，收获颇丰。除此之外，加纳允许美方军队使用本国的军事设施，以协助其进行军事演习和危机应对行动。加纳还设有一个美国军事演习基地，旨在加快美国和加纳在西非部署军队。另外，加纳也与美国北达科他州国民警卫队展开合作，该警卫队旨在助力实现美国的安全合作目标。

二 与英国的关系

加纳与英国的关系牢固，并保持蓬勃向好的发展势头。两国正式往来可以追溯到 1844 年，当时的英国官员同加纳的酋长缔结了契约。直到 1957 年，加纳才摆脱英国的殖民统治，实现国家独立。独立半个多世纪后，加纳的国语仍是英语，同时英语也是教育和法律系统所使用的语言，种种迹象都表明了加纳与英国之间有着千丝万缕的联系。除此之外，英国还是加纳的长期发展合作伙伴，为加纳提供发展援助，进行贸易往来，并保持牢固的政治关系。

在政治上，加纳与英国的往来是在英联邦的框架下进行的。1961 年，英国女王伊丽莎白二世访问了加纳。2017 年，英国前首相托尼·布莱尔对加纳进行了工作访问。

在官方发展援助方面，英国援助影响独立委员会（ICAI）称，过去 20 年中，英国在援助方面的投资超过 20 亿英镑，其中包括英国政府通过多边组织，例如世界银行、国际货币基金组织、欧盟（英国脱欧前）、非洲开发银行以及国际农业发展基金组织和联合国儿童基金会等向加纳提供的援助。英国对加纳的援助旨在帮助加纳加强国家治理、促进国家繁荣、巩固发展成果以及帮扶弱小贫困群体。

在贸易往来方面，2012 年，加纳是英国在非洲的第六大出口市场，也是英国在撒哈拉以南非洲的第三大出口市场。据英国国家统计局统计，2021 年加纳在英国的贸易伙伴中位列第 75；2019 年，加英两国的货物和服务贸易总额达 12 亿英镑。英国从加纳进口的主要产品有鱼类加工产品、可可豆、可可脂、热带水果、木薯、橡胶和原油，英国对加纳出口的主要产品有二手衣物、包装药品、挖掘机械、汽车、发电机组和大口径铁管。此外，英国税务海关总署（HMRC）的数据显示，2019 年，1951 家英国增值税注册企业向加纳出口产品，346 家企业从加纳进口产品。英国退出欧盟后，于 2021 年与加纳签署《加纳—英国临时贸易伙伴关系协定》，以确保两国继续进行免税贸易，并为两国经济和文化合作提供更广阔的发展平台。该协议还保障了加英两国的贸易往来，金额达 12 亿英镑；并恢复了英国脱欧前双方经济伙伴关系协议的条款。

三　与邻国的关系

加纳外交政策的一项重要原则是努力与周边国家建立密切合作，而这些国家也与加纳有着共同的文化和历史。例如，从历史上加纳与多哥的边境划分可知，加纳人民与多哥人民之间存在紧密的关系。加纳注重与周边国家的睦邻友好，以此促进政治、文化、社会、教育和经济一体化发展，并支持和参与西非国家经济共同体在西非地区开展的各项工作。但在所有西共体成员国中，加纳与尼日利亚的关系尤为特殊，这不仅是因为加尼两国同为西非地区最大的经济体，而且在历史、经济、社会和政治领域还有着共通之处。

加纳和尼日利亚的关系可以追溯到前殖民时代。20 世纪 60 年代初，两国摆脱英国殖民统治，取得独立后不久，两国就正式建交。为此，双方在各自首都设立了大使馆，以增进两国友好关系。政治上，除设立大使馆外，加尼两国还成立了双边合作联合委员会。此外，两国领导人还就双边贸易、西非地区的和平与繁荣等涉及两国利益的一系列问题进行磋商。

在商业贸易方面，加尼两国都在双方公有和非公有领域进行了投资。例如，加纳有若干个尼日利亚银行，其中包括尼日利亚担保信托银行（GTBank）和顶点银行（Zenith Bank）、非洲能源银行（Energy Bank）和非洲联合银行（UBA）。在石油和天然气领域，西非天然气管道为加纳提供能源。自 2007 年以来，加纳境内发现多处商业石油，而 Forte Oil、Sahara Energy 和 Oando 等尼日利亚本土石油公司从那时起也陆续获得勘探许可证。在电信领域，尼日利亚的第二大国有电信运营商 Globacom 公司在加纳辐射范围广，影响力巨大。此外，在保险领域，NEM、WAPIC 和 Sifax 等尼日利亚保险公司也积极参与投资加纳的保险业。加纳官方数据显示，尼日利亚在加纳的商业投资仅次于中国。根据美国"经济复杂性观察站"组织（Observatory of Economic Complexity）所发布的数据，1996 ~ 2019 年，尼日利亚对加纳的出口以 18% 的年增长率增长，其中，2019

年，尼对加出口额达 40.4 亿美元。尼日利亚向加纳出口的主要产品是金属软管、废船和特种用途船舶，而加纳对尼日利亚的出口产品则以胶鞋、巧克力、棕榈油等为主。

第四节 与国际组织的关系

一 与联合国的关系

加纳于 1957 年加入联合国，同年，摆脱英国殖民统治取得独立，并致力于坚守这一全球组织成立的初心使命。加纳 1992 年宪法第 40 条规定，加纳政府在与其他国家相处交往时，应遵守《联合国宪章》。

加纳派遣部队参与世界各地的联合国维和行动以支持联合国的工作。加纳武装部队和警察系统的专业性和奉献精神为联合国在世界各地的维和特派团提供了强有力的支持。20 世纪 60 年代初，克瓦米·恩克鲁玛总统在刚果利奥波德维尔（现刚果民主共和国）发起第一个非洲维和特派团，加纳士兵以及警察首次参加了联合国刚果行动（ONUC），从那时起，他们就一直参与其中。之后还参加了联合国发起的其他维和特派团：从卢旺达（UNAMIR）、纳米比亚、莫桑比克、利比里亚（UNMIL）和塞拉利昂到中东巴尔干、黎巴嫩（UNIFIL）和柬埔寨（UNTAG）等维和特派团，为实现世界和平做出了贡献。例如，加纳的六名警员参加了联合国第二次索马里行动（联合国安理会第 814 号决议），以协助索马里重建包括索马里和平部队在内的其他机构。在这些行动中，加纳军队表现出了自身非凡的勇气、高尚的职业精神和人道主义精神。

加纳向联合国驻阿富汗斡旋特派团（UNGOMA）派出了军事观察员。加纳参加了 1991～1994 年的联合国伊拉克—科威特观察团（UNIKOM），在两国交战期间对伊拉克—科威特边界进行治安维护。1992～1993 年，加纳军人为联合国选举援助活动提供安全保障。1994 年，在索马里和卢旺达，亨利·安伊多霍（Henry Anyidoho）准将率领近 850 名加纳士兵加入了 2500 人的维和部队。加纳忠实地为第二支联合国紧急部队（UNEF Ⅱ – Sinai）效力，以监督安理会第 338 号决议的执行情况，该决议要求埃及和以色列从 1975 年 10 月起，立即实现全面停火，直到 1991 年 7 月，该决议失效。加纳和塞内加尔是仅有的参加第二支紧急部队的非洲国家。

加纳还积极履行国际义务，接收因战争冲突而游离失所的难民，为他们提供避难所。20 世纪 90 年代初，加纳中部地区的一个村庄——戈莫阿·布杜布拉姆（Gomoa Buduburam）收容了 4 万多名利比里亚难民。1993 年初，加纳接收了许多多哥难民，这些难民因躲避时任总统埃亚德马的支持者和少数族裔之间的政治暴力而逃离了自己的国家。

加纳引领非洲国家通过游说活动推进非洲自由事业。克瓦米·恩克鲁玛认为，联合国是最有效的论坛，可以让加纳等贫穷国家发挥一定的影响力。他将《联合国宪章》作为加纳外交政策的重要组成部分，并致力于使联合国成为倡导不结盟运动的平台，同时他还与其他亚非领导人在东西方之间展开斡旋活动。

此外，在不同时期，联合国都有众多来自加纳的能人名将为其服务，并且许多人都享有世界级的声誉，比如，亚历克斯·奎森·萨基（Alex Quayson Sackey）在 20 世纪 60 年代担任联合国大会主席，罗伯特·加迪纳（Robert Gardiner）成为 1958 年成立的联合国非洲经济委员会（UNECA）的第一任执行主席。1975 年 11 月，陆军参谋长（时任准将）E. A. 厄斯金（E. A. Erskine）率领加纳考察团前往纽约联合国总部，并担任联黎部队指挥官多年。厄斯金还于 1978～1981 年担任了联合国驻黎巴嫩临时部队的第一任指挥官，赛斯·奥本（Seth Obeng）少将也紧随其后，担任下一任指挥官。肯尼思·达齐（Kenneth Dadzie）在 1986～1994 年担任联合国贸易和发展会议（UNCTAD）秘书长。加纳在 1986～1987 年当选为联合国安理会非常任理事国的非洲国家之一。1993 年初，联合国秘书长布特罗斯·布特罗斯·加利（Boutros Boutros Ghal）授权科菲·安南（Kofi Annan）领导管理联合国世界维和事务。科菲·安南于 1997～2006 年担任联合国第七任秘书长。加纳继续协助秘书处，为其提供许多经验丰富的人员到各办事处工作。

联合国教科文组织（UNESCO）所举办的若干文化活动中也有加纳的

身影，这些活动旨在加强各国之间的联系，促进世界和平与安全。除此之外，加纳还参加了奥运会和世界杯足球比赛，加纳的运动健儿们也为祖国赢得了奥运奖牌。例如，17 岁的玛莎·比萨（Martha Bissa）参加了 2014 年在中国举行的青奥会，并在 800 米赛跑中赢得了金牌。

此外，加纳拥有世界上五个全球人道主义应急仓库（HRDS）之一。仓库主要用于存放应急物资和设备。自 2006 年以来，加纳的人道主义应急仓库曾多次响应非洲的紧急救援行动，其支援范围远达海地。应急仓库的设置不仅有利于降低救援成本，而且有效缩短了紧急事件的应对时间。

二　与非洲联盟的关系

非洲统一组织（OAU）于 1963 年 5 月 25 日在埃塞俄比亚首都亚的斯亚贝巴成立，当时 32 个国家代表签署了《非洲统一组织宪章》。2002 年 7 月，非洲联盟（AU）在非洲统一组织的基础上成立。如今，该大陆机构有 54 个成员国——苏丹南部在 2011 年 7 月 28 日从苏丹分裂出去后成为第 54 个成员国。加纳 1992 年宪法第 40 条规定，加纳政府与其他国家交往时，应遵守《非洲统一组织宪章》。

加纳是撒哈拉以南非洲第一个摆脱英国殖民统治而取得独立的国家，它也大力支持其他非洲国家摆脱殖民，为独立作斗争。1958 年 4 月，时任加纳总理的恩克鲁玛召开了一次非洲独立国家会议，并于 12 月在加纳首都阿克拉接待了来自非洲各地的代表，会议深度讨论了有关非洲统一的问题。同年，恩克鲁玛不仅向几内亚提供财政援助，还发起成立了加纳—几内亚联盟，并于 1960 年成立了由加纳、几内亚和马里组成的非洲国家联盟，该联盟随后几年成为非洲联盟和非洲更广泛区域集团的前身。

恩克鲁玛不仅发展了非洲联盟的概念，而且加纳本国也是非洲统一组织的创始者之一。此外，加纳还是签署《非洲统一组织宪章》的 32 个独立非洲国家之一，该宪章决定于 1963 年 5 月成立非洲统一纽织。

此外，加纳还在成员国内部或成员国之间充当冲突调解人。例如，在比夫拉的尼日利亚内战期间（1967~1970 年），加纳总统约瑟夫·亚瑟·安克拉于 1967 年 1 月 4 日至 5 日，为推动《阿布里协议》的签署做出努力，以缓和交战各派之间的冲突，维护和平。同样，1994 年 9 月 12 日签署《阿科松博和平协议》和 6 月 17 日签署《阿克拉停火协议》后，加纳在利比里亚第一次内战（1989～1996 年）中试图调停各交战派系以促和平。2003 年利比里亚第二次内战（1999～2003 年）结束后，交战双方于 2003 年 8 月 18 日签署了《阿克拉全面和平协议》，作为交战各方之间的最终和平协议。

此外，加纳表示支持非洲统一组织对世界问题的看法。例如，加纳不仅谴责南非的种族隔离制度，而且由于新西兰参加了 1976 年在加拿大蒙特利尔举行的奥运会，因此加纳同其他非洲国家一道抵制此届奥运会，因为新西兰同当时实行种族隔离制度的南非在体育上有联系。

在很长一段时间（1957～1966 年），加纳一直是支持非洲解放和培养解放战士的主阵地。其中，许多解放战士从恩克鲁玛当局获得了经济援助，有些人还被加纳的高中学校和高等教育机构录取。这些人之后都返回自己的祖国，并为各自国家尤其是为整个非洲的建设做出了贡献。

1987 年，加纳被任命为非洲统一组织常设指导委员会成员，该委员会负责就非洲大陆的债务问题形成统一的非洲立场。加纳再次履行对非洲统一组织的财政义务，向其支付了 130 万美元。

加纳政府致力于支持受殖民统治的非洲国家为解放而斗争，并且也向旨在促进非洲大陆去殖民化的非洲统一组织解放委员会提供物质资助、财政援助和外交支持，除此之外，也向南非非洲人国民大会（ANC）以及当时西南非洲（现为纳米比亚）的西南非洲人民组织（SWAPO）发起的反殖民运动提供物质支持和外交援助。1987 年，加纳向非洲基金捐款 500 万美元，该基金是不结盟运动为协助非洲解放运动和有力应对南非在南部非洲的破坏活动而设立的。1990 年，加纳政府再次向非洲基金捐款 500 万美元，其目的在于筹集资金，资助居住在国外的纳米比亚人返回祖国，使他们能够参加 1990 年 2 月举行的独立前选举。

1986 年，加纳国家元首罗林斯在莫桑比克参加了萨莫拉·马谢尔（Samora Machel）总统的葬礼，在那里罗林斯为莫桑比克的饥荒救济捐款 25 万美元，这一举动挽救了许多莫桑比克人的生命。

此外，加纳还一直向非洲维和行动派遣部队。例如，恩克鲁玛政府在解决 1960 年刚果危机中发挥了重要作用。出于维护非洲大陆和平与统一的愿望，恩克鲁玛提议成立一支常备军，即美国非洲司令部，并应时任刚果总理帕特里斯·卢蒙巴（Patrice Lumumba）的请求，向刚果派遣了一支特遣队，协助联合国特派团恢复当地的和平与稳定。加纳武装部队还参加了非洲联盟的大部分维和特派团，如非洲联盟驻索马里特派团（AMISOM）和非洲联盟/联合国苏丹达尔富尔混合行动（UNAMID）。

在体育和文化领域，加纳主办了诸多促进非洲统一的活动。例如，1978 年加纳成功举办了第 11 届非洲国家杯足球赛，2000 年与尼日利亚联合主办非洲国家杯足球赛，2008 年再次成功举办了非洲国家杯足球赛。

三　与西非国家经济共同体的关系

西非国家经济共同体（ECOWAS）是根据 1975 年 5 月 28 日签署的《拉各斯条约》成立的一个由 15 个国家组成的区域集团。在伊格内修斯·库图·阿昌庞的领导下，加纳对西非国家经济共同体的成立起到了重要作用，之后的各届加纳政府继续积极参与西共体的各项事务。加纳 1992 年宪法第 40 条还规定，加纳政府在与其他国家相处交往时，应遵守《西非国家经济共同体条约》。

在西共体框架内，加纳对解决始于 1989 年的利比里亚冲突发挥了核心作用。1990 年，加纳（同尼日利亚、冈比亚、马里和多哥一起）成为常设调解委员会（SMC）的成员，该委员会的任务是和平友好地解决利比里亚危机。其后，加纳也主导组建西共体停火监测组织（ECOMOG），除尼日利亚外，加纳在维和人员、后勤和资金方面的贡献最大。

此外，加纳还在促进利比里亚所有和平协议的签署中发挥了重要作用。在第一次利比里亚内战期间，加纳在 1994 年组织了阿科松博会议和阿克拉会议。同样在第二次利比里亚内战期间（1999～2003 年），加纳是西共体维稳部队的主要部队派遣国，该部队是在联合国利比里亚特派团（UNMIL）成立之前为维持和平而派遣的。2003 年 6 月初至 8 月中旬的和平谈判之后，关于利比里亚的《全面和平协议》在加纳首都阿克拉签署。1997 年，加纳的维克多·贝霍（Victor Gbeho）和陆军准将赛斯·奥本与塞拉利昂政变领导人进行了谈判，以避免最终一战的惨烈结局。

同时，加纳也为 1997 年利比里亚选举提供了人员和后勤保障。加纳选举委员会主席阿法里 – 吉安（Afari-Gyan）被任命为利比里亚临时选举委员会的首席技术顾问，而加纳政府则提供公共广播系统和不褪色墨水。

另外，加纳政府还致力于加强区域工业合作，同多哥政府和科特迪瓦政府一起，为位于多哥塔布利博（Tabligbo）的西非水泥公司（CIMAO）建造了一座水泥熟料工厂。

加纳还设立了西共体褐色卡秘书处加纳国家局（the Ghana National Bureau of the ECOWAS Brown Card Secretariat），以协调实施西共体褐色卡保险计划。该计划是解决国际机动车辆交通事故索赔的共同参考制度。其目的是使成员国之间协调关于机动车辆事故责任的法律和条例议定书。

为了让体育能够促进西非地区和平、博爱、团结、非暴力、宽容、正义与合作等美好愿景的实现，加纳积极参与和响应西共体发起的文化和体育活动。2013 年，加纳主办并赢得了西非足球联盟杯（WAFU）比赛冠军，加纳将于 2023 年在首都阿克拉举办第 13 届全非运动会。

除以上所述，加纳还接收难民和寻求庇护者，积极履行作为西共体成员国的义务以及国际义务。第二次利比里亚内战结束后，大约 4000 名利比里亚难民获准在加纳停留。根据联合国难民署（UNHCR）的数据，截至 2014 年 5 月底，加纳共接收 20809 名难民。这些人也抓住加纳提供的机会实现个人的发展，符合条件并表明需要旅行的难民也将获得公约旅行证件。

加纳认识到经济一体化的必要性，包括人员、货物和服务在西共体之间自由流动的重要性，因此取消了西共体国家的入境签证和许可证，1980年批准了《西非国家经济共同体自由流动议定书（一）》，该议定书保证成员国公民在 90 天内无签证自由入境，并通过了西共体旅行证，分享其主权。加纳还批准了保障居留权的《西非国家经济共同体自由流动议定书（二）》，该议定书于 1986 年 7 月生效。

除此之外，加纳也签署了《西非国家经济共同体贸易自由化计划》（TLS），该计划规定，西共体成员国可以在没有配额或任何形式限制的情况下自由向其他国家出口和进口商品。

加纳是西非货币区（WAMZ）的成员国，因此，加纳与尼日利亚、塞拉利昂、冈比亚、几内亚和利比里亚一起，成为西共体首次使用共同体共同货币的国家。

为了促进《西非国家经济共同体货物和服务自由流动议定书》的执行，海关与预防服务署（CEPS）在其总部设立了一个西共体服务台，以传播信息，并就进出口程序向成员国国民提供适当咨询意见。它还将经批准的西共体企业及其各自产品的名称汇编在国家海关关税表中，以供海关官员和公众查看。该署还将其业务通过计算机实现了系统化和流程化，并引入了加纳社区网络（GCNet），以确保货物的快速清关。另外，它还开始实施国家间公路运输（ISRT）系统，该系统要求通过加纳内陆走廊运输的货物在到达目的地之前不会被改动，并且边境人员能够流利地使用西共体各成员国的官方语言、英语以及法语。

1999 年 12 月，加纳与尼日利亚一起通过了快速通道倡议（FTI）。该倡议涵盖了西共体贸易自由化计划（ETL）的五个项目；建立第二个西共体货币区；建立无国界区、发展基础设施和私营经济、促进合作与投资。该倡议旨在加快次区域的货币一体化。2000 年 3 月，加纳—尼日利亚的倡议扩大到贝宁、布基纳法索、马里、尼日尔以及多哥。

截至 2005 年，加纳批准了西共体 46 项议定书中的 45 项，其中不包括《西非国家经济共同体教育和培训议定书》，并且将 45 项议定书纳入其自由贸易区、人员自由流动、区域防务合作、基础设施建设、区域运输和通信网络等领域的法律计划之中。

贸易部私营部门发展司（PSD）提供了有利环境，使私营企业能够有效运作，除此之外，还给予相关的政策支持，以便在国家和区域两级范围内促进私营企业的发展。

加纳已采取若干举措促进与邻国之间的贸易。贸易和投资门户

（GHATIG）项目于 1999 年启动，旨在吸引大量以出口为导向的投资，以启动出口导向型经济，促进贸易发展，使加纳成为极具吸引力的投资目的地。加纳自由区委员会成立于 1995 年，并不受限地向自由区投资者和雇员发放工作和居留许可证。

同其他成员国一样，加纳设有西共体事务局，负责协调和监督成员国活动，旨在确保加纳最大限度地参与区域一体化和发展进程并做出贡献，使加纳能够从参与西共体事务中获得最佳效益。

为了进一步快速深化加纳在西共体中的作用，加纳政府于 2000 年成立了区域一体化与合作部。该部于 2001 年扩大为经济规划和区域合作部。2003 年，更名为区域合作和发展新伙伴关系部。后在 2007 年，它重新归属于外交部，并更名为地区一体化和发展新伙伴关系部。

加纳一直在为西共体输送人才。加纳中将阿诺德·奎努（Arnold Quainoo）曾担任西共体停火监测组（ECOMOG）的第一任部队指挥官。罗林斯曾提任西共体主席（1994～1996 年）。在他的两届任期内，他大力促进 1997 年利比里亚恢复和平。之后库福尔总统担任西共体主席（2003～2005 年）。库福尔在促进利比里亚和科特迪瓦的和平进程中发挥了重要作用。穆罕默德·伊本·查巴斯（Mohammed Ibr. Chambas）在2002～2010 年担任西共体执行秘书，后该秘书处改为委员会，他便成为西共体委员会第一任主席。2014 年 3 月 28 日，约翰·德拉马尼·马哈马被任命为西共体主席。

1997 年 5 月塞拉利昂发生政变，加纳作为西共体成员国在塞拉利昂危机中发挥了维护和平的重要作用。西共体为塞拉利昂提供资金援助，塞拉利昂最终于 2002 年恢复和平。

四　与英联邦的关系

英联邦旨在团结世界各地的前英国殖民地或保护国。目前，英联邦的成员包括来自非洲、亚洲、美洲、欧洲和大洋洲的 56 个独立、平等的主权国家。加纳 1992 年宪法第 40 条规定，政府在与其他国家相处交往时，应遵守英联邦目标和原则。

自 1957 年成为成员国以来，加纳出席了英联邦所有领导人会议。在这些会议上，加纳与其他成员国一道，就某些重要问题集思广益，提出解决办法，以帮助个别成员国或整个国际社会。恩克鲁玛总统尽心尽力地参与和支持英联邦的事务，他曾在英联邦会议上提交许多关于冷战和非洲自由等紧迫性世界问题的文件。此外，在 1964 年的英联邦会议上，恩克鲁玛总统提议设立一个常设英联邦秘书处，正如他说的那样，"这有助于使英联邦的行动与其成员国的共同愿望相统一"。

加纳是英联邦中反对南非种族隔离运动的国家之一，大力支持将南非驱逐出该组织。恩克鲁玛率先在 1961 年迫使南非退出英联邦。在 1961 年 3 月英联邦总理会议上，恩克鲁玛提出取消实行种族隔离的南非成员资格并非一时的决策而应持续实行下去。南非总理撤回重新加入英联邦的申请。

加纳的大学均为英联邦大学协会（ACU）的成员，在这些大学所获得的学位，不仅在英联邦国家而且在全世界都可以相互认证。作为英联邦成员国，加纳一直向其他成员国提供高等教育设施，以开展学术研究项目。

此外，加纳还参加了英联邦运动会，旨在促进成员国之间的关系更加紧密。自 1954 年以来，加纳一直是英联邦运动会的主力军，只缺席了 1986 年爱丁堡运动会。加纳奥林匹克委员会于 1952 年成立并重组，负责组织加纳运动员参加英联邦运动会和英联邦青年运动会。

加纳还主办了许多场英联邦会议。1994 年 5 月，也就是加纳因 1981 年 12 月 31 日革命而重新加入英联邦的一年后，加纳主办了一次关于地方政府的英联邦会议，吸引了若干西非国家的与会者。加纳在 2012 年再次主办了两次英联邦电信组织（CTO）研讨会，并于 1977 年 3 月举办了第七届英联邦教育会议。

加纳人也在英联邦中担任过某些职务。从 1966 年到 1970 年，A. L. 阿杜（A. L. Adu）担任了英联邦主管政治事务的第一副秘书长，摩西·阿纳夫（Moses Anafu）也曾与英联邦秘书处合作多年。埃库武·斯皮奥－加布拉（Ekow Spio Garbrah）也是英联邦电信组织的首席执行官。

加纳在其军事学院为来自英联邦其他国家的军官提供培训。尼日利亚、冈比亚和塞拉利昂等英联邦国家的军官经常接受加纳军事学院的培训。参加这些训练项目的士兵返回祖国，将他们的经验和知识教授给他人。这些军事培训使得英联邦军官在世界各地的维和特派团中表现出更高的专业水平和素养。

五　与不结盟运动的关系

不结盟运动（NAM）是由一些既不与大国集团正式结盟也不与大国集团对抗的国家组成。加纳努力贯彻和促进不结盟运动的原则和目标，同时将不结盟原则作为其外交政策的基本准则之一。这一点也在加纳共和国1992年宪法第40条中得到充分明确的体现。

加纳对不结盟运动的坚持及其对该组织理想和目标的承诺可以追溯到1955年。克瓦米·恩克鲁玛派他的朋友科乔·博西奥（Kojo Botsio）作为观察员出席了1955年4月召开的万隆会议。博西奥抓住这一历史机遇，与出席会议的29个前殖民地、新独立的亚非国家和30个民族解放运动的领导人进行了接触，从而让世界了解了加纳人民的斗争及其正义事业。

加纳第一任总统克瓦米·恩克鲁玛也是不结盟运动的共同创始人。恩克鲁玛与其他国家元首和政府首脑一起，认识到冷战对世界构成的巨大威胁，以及它如何阻碍新独立的自治国家向前发展。1961年，印度总理贾瓦哈拉尔·尼赫鲁、加纳总统克瓦米·恩克鲁玛、埃及总统贾迈勒·阿卜杜勒·纳赛尔、印度尼西亚总统苏加诺和南斯拉夫总统约瑟普·布罗兹·铁托共同提倡发起不结盟运动。

加纳虽然是第一个与以色列建立正式外交关系的非洲国家，但不结盟运动和非洲统一组织的决议要求所有成员国在1967年阿以战争后与以色列断绝外交关系。因为以色列占领了西奈半岛，而该半岛是埃及不可分割的一部分，于是加纳于1973年与以色列断绝外交关系。直到2011年，加纳才恢复了与以色列的外交关系。

1991年9月初，加纳在首都阿克拉主办了不结盟运动第十次部长级会议。加纳还于1991年8月底在阿克拉主办了一次与会者众多的非政府组织会议，会议内容涉及经济发展、世界和平以及公正的世界秩序等。

加纳始终对不结盟运动予以财政支持。例如，1987 年，加纳向非洲基金捐款 500 万美元，该基金由不结盟运动设立，旨在协助非洲解放运动，以及更有力地应对南非在南部非洲的破坏活动。

本章作者：

Akwasi Osei, Delaware State University, USA;

Enoch Amoah, University of Electronic Science and Technology of China, P. R. China。

本章译者：

邹涛、谢诗阳、赵韵涵，电子科技大学，中国。

大事纪年

1471 年	第一批欧洲人，即葡萄牙人登陆黄金海岸。
1482 年	葡萄牙人建立的埃尔米纳堡成为奴隶贸易的据点。
1595 年	荷兰人登陆黄金海岸，开始了有目的的黄金交易。
1637 年	荷兰人成功将葡萄牙人从埃尔米纳堡赶走。
1661 年	丹麦人在阿克拉修建了克里斯琴博堡。
1665 年	英国人从瑞典人手中夺取了海岸角城堡。
1667 年	葡萄牙人成功攻占了加族人的首府——如今的大阿克拉省。
1817 年	阿散蒂帝国与以丹麦、荷兰和英国为代表的欧洲列强签订了一份平等的和平条约。
1822 年	加纳第一份报纸《皇家黄金海岸公报》在海岸角市出版。
1826 年	加纳东部省阿克瓦皮姆地区第 19 届长官为纪念战争胜利而设立奥德维拉节。
1828 年	丹麦的巴塞尔福音派传教会开始在克里斯琴博堡进行传教工作。
1852 年	英国总督斯蒂芬·希尔在加纳颁布实施 1852 年教育法令。
1882 年	英国殖民政府颁布 1882 年教育法令。

1902 年	英国在阿散蒂及北部地区建立了第一个殖民保护区，确立了对加纳的殖民统治。
1925 年	英国殖民政府颁布 1925 年教育法令。
1945 年	黄金海岸的工会代表大会成立。
1945 年	第 5 届泛非会议召开。
1946 年	一批退役士兵成立了黄金海岸退役军人联合会。
1948 年 2 月 28 日	塔玛克罗领导退役军人发动了一次大型的游行示威活动。
1949 年	英国政府成立了由亨利·库赛领导的黄金海岸人民委员会。
1949 年	恩克鲁玛辞去了其在黄金海岸统一大会党内的一切职务。
1949 年 6 月 12 日	恩克鲁玛宣布新政党——人民大会党的成立。
1951 年 2 月 12 日	恩克鲁玛成为黄金海岸政府事务领导人。
1952 年	英属多哥兰的南部和黄金海岸殖民地埃维语区域被并入环沃尔特－多哥兰区域，该省域成为加纳单独的行政区，即沃尔特省。
1952 年	加纳技术学院成立，"黄金海岸业余运动委员会"成立。
1953 年	加纳第一家商业银行——加纳商业银行成立。
1955 年	加纳第一家本地保险公司——黄金海岸保险公司成立。
1957 年	加纳国旗由西奥多西亚·莎乐美·奥库设计而成。
1957 年	加纳国歌由菲利浦·格贝荷创作而成。
1957 年	加纳国有加纳广播公司成立。
1957 年	加纳的中央银行——加纳银行成立。
1897～1957 年	英国控制西非地区。
1957 年 3 月 4 日	由阿蒙·科蒂设计的国徽被正式采用。

1957 年 3 月 6 日	黄金海岸独立，改名加纳，原英国托管的"西多哥"并入加纳。
1957 年 3 月 6 日	英国议会批准加纳独立宪法生效。
1957 年 3 月 6 日	加纳取得独立。
1957 年 7 月	加族人以游行的方式宣告了"加族坚定同盟"的诞生。
1957 年 7 月	加纳政府通过了《驱逐出境法》。
1957 年 12 月	加纳政府通过了《避免歧视法》。
1958 年 4 月	非洲独立国家会议召开。
1959 年	恩克鲁玛设立了非洲事务局。
1951 ~ 1959 年	加纳第一个发展计划时期。
1959 年 4 月 4 日	加纳出台《布朗阿哈福省法案》，从阿散蒂地区划分出布朗阿哈福省。
1960 年	加纳从西部地区和北部地区划分出中部省和上部省。
1960 年	加纳颁布第一部共和国宪法。
1960 年	加纳和中国正式建立外交关系。
1960 年	加纳政府颁布第 87 号教育法案。
1960 年 7 月 1 日	加纳共和国成立；首任总统为恩克鲁玛。
1961 年	加纳政府成立国家黄金矿业公司。
1962 年	加纳国家保险公司成立。
1963 年	加纳国家投资银行成立。
1963 年	非洲统一组织建立。
1959 ~ 1964 年	加纳"五年发展计划"时期。
1965 年	加纳农业发展银行成立。
1966 年 1 月	沃尔特河项目开始建设。
1966 年 2 月	加纳民众联合军警部队发动政变。
1966 年 2 月 24 日	恩克鲁玛政权被推翻。
1968 年	加纳采集到第一次二维地震。

1968 年	全国解放委员会颁布了《加纳企业法》。
1968 年	加纳成立"科技与工业发展研究委员会"。
1969 年	加纳颁布第二部共和国宪法。
1969 年 8 月	加纳公布新宪法，举行大选。
1970 年	加纳于地下 30 米处钻探出其第一个油田——萨尔特庞德油气田。
1970 年	布西亚组织进步党内阁，开始第二共和国时期。
1964～1970 年	加纳"七年发展计划"时期。
1972 年 4 月 27 日	恩克鲁玛离世。
1975 年	加纳国民储蓄和信贷银行成立。
1975 年	加纳支持成立了西非国家经济共司体。
1977 年	加纳社会保障银行成立。
1978 年	阿玛阿塔会议举行，提出"初级卫生保健"计划。
1979 年	加纳颁布第三部共和国宪法。
1979 年 9 月 24 日	罗林斯将政权移交给利曼。
1975～1980 年	加纳"五年发展计划"时期。
1981 年 12 月 31 日	罗林斯政变上台。
1982 年 6 月 23 日	《大阿克拉省法》从东部地区划分出大阿克拉省。
1983 年	加纳的上部省被分为上东部省和上西部省。
1984 年	加纳政府开始向私人投资者出售国有企业。
1985 年 9 月 18 日	加纳共和国与中华人民共和国签订技术合作协议。
1987 年	加纳政府颁布 1987 年教育法，引导教育改革。
1988 年	加纳政府启动了国有企业改革计划。
1988 年	加纳政府提出"普及义务基础教育计划"。
1989 年	加纳经济研究所成立。
1989 年	加纳政府颁布《银行法》。
1990 年	加纳制定液化石油气推广计划。

1990 年 8 月	加纳自由与正义运动发起。
1992 年	加纳第一次庆祝泛非节。
1992 年	加纳第四共和国成立，恢复多党民主制。
1992 年	加纳颁布第四部共和国宪法。
1992 年	加纳国家安全委员会成立。
1992 年	加纳国家发展计划委员会成立。
1992 年	加纳私有化执行委员会通过资源共享计划。
1992 年	加纳颁布 1992 年加纳共和国宪法，实施社区医疗保健计划。
1992 年 4 月 26 日	加纳宪法明确规定：加纳是一个共和体制的统一国家。
1992 年 5 月 22 日	加纳新爱国党成立。
1992 年 6 月 10 日	加纳全国民主大会党成立。
1993 年	加纳政府颁布《非银行金融机构法案》。
1993 年 1 月	加纳第四共和国成立。
1995 年	加纳制定"2020 年展望计划"（1995～2020 年）。
1996 年	罗林斯成为西非国家经济共同体主席。
1996 年	加纳政府决定实施全民免费义务教育。
1997 年	加纳成立了林业部门，以对林业资源进行有效管理。
1998 年	加纳民主发展中心成立。
2000 年	加纳民主治理研究所、反腐败联盟和国内选举观察员联盟成立。
2000 年	加纳制定以患者为本的社区卫生规划和服务战略。
2001 年	加纳林业委员会制定了"国家森林种植发展计划"。
2002 年	加纳审计服务部成立。
2002 年	加纳总统库福尔访华。

2003 年	加纳信息权利联盟成立。
2003 年	加纳议会决定实施国民医疗保险计划。
2004 年	加纳政策和教育中心成立。
2004 年	加纳实施三级社会保障制度。
2006 年	加纳成立"技术和职业教育培训委员会"。
2007 年	加纳首次进行了重大商业性的深层油气勘探。
2007 年	约翰·库福尔成为西非国家经济共同体主席。
2007 年	加纳成立"全国证书董事会"。
2008 年	加纳公民论坛倡议成立。
2009 年	加纳全国民主大会成立。
2010 年	聚布利油田投入商业化生产。
2010 年	加纳经济和有组织犯罪办公室成立。
2011 年	加纳出台《石油收入管理法案》（第 815 号法案）。
2011 年	加纳产业政策起始。
2013 年	约翰·德拉马尼·马哈马成为西共体主席。
2013 年	加纳实施《国家气候变化政策》。
2014 年	加纳推出绿色增长计划。
2015 年	加纳出台《能源行业征税法案》。
2015 年	加纳投资促进中心被评为西非和中非国家中的最佳投资促进机构。
2016 年	"加纳制造"政策启动。
2017 年	加纳被评为西非国家中最适合进行商业活动的国家。
2017 年	加纳政府重新设立了经济贸易和投资促进局。
2018 年 12 月 27 日	加纳在 10 个省的基础上细分出 6 个新的行政区域。

参考文献

Acheampong, P. K. , "Rainfall Anomaly along the Coast of Ghana: Its Nature and Causes," *Geografiska Annaler*, Vol. 64 (A), No. 3 - 4, 1982, pp. 199 - 211.

Adarkwa, K. K. , "The Changing Face of Ghanaian Towns," *African Review of Economics and Finance*, Vol. 4, No. 1, 2012, pp. 1 - 29.

Addae-Mensah, I. , *Towards a National Scientific Basis for Herbal Medicine: A Phytochemists Two Decade Contribution*, Accra Ghana University Press, 1992.

Adu-Boahen, K. , "The Impact of European Presence on Slavery in the Sixteenth to Eighteenth-Century Gold Coast," *Transactions of the Historical Society of Ghana*, No. 14, 2012, pp. 165 - 199.

Agyei-Mensah, S. and A. de-Graft Aikins, "Epidemiological Transition and the Double Burden of Ideas in Accra," *Journal of Urban Health*, Vol. 87, No. 5, 2010, pp. 879 - 897.

Ahmed-Rufai, Misbahudeen, "The Muslim Association Party: A Test of Religious Politics in Ghana," *Transactions of the Historical Society of Ghana New Series*, Vol. 6, 2002, pp. 99 - 114.

Aidoo, T. M. , "Political Involvement in a Democratizing Neo-patrimonial Polity: The Case of Ghana, 1992 - 2000," *Research Review*, Vol. 22, No. 2, 2006, pp. 13 - 36.

Akabzaa, T. , A. Darimani, *Impact of Mining Sector Investment in Ghana:*

A Study of the Tarkwa Mining Region, 2001.

Akosa, A. B. , "Financing Health Care in Ghana: A Case of Open, Honest and Dispassionate Debate," *Daily Graphic*, February 17, 2001.

Akyeampong, Emmanuel, *Drink, Power and Cultural Change: A Social History of Alcohol in Ghana, c. 1800 to Recent Times*, Portsmouth, NH: James Currey, 1996.

Alhassan, R. K. , Healthcare Quality in Ghana: Improving Healthcare Quality and Health Worker Motivation to Promote Sustainable Health Insurance, Ph. D. diss. , Faculty of Medicine, University of Amsterdam, 2016.

Aluko, O. , "After Nkrumah: Continuity and Change in Ghana's Foreign Policy," *Issue A Journal of Opinion*, Vol. 5, No. 1, 1975, pp. 55 – 62.

Amanor, Kwabena J. D. , "Pentecostal and Charismatic Churches in Ghana and the African Culture: Confrontation or Compromise?" *Journal of Pentecostal Theology*, Vol. 18, No. 1, 2009, pp. 123 – 140.

Amoako-Tuffour, J. , "Public Participation in the Making of Ghana's Petroleum Revenue Management Law," Natural Resource Charter Technical Advisory Group, October 2011.

Anebo, F. , "The Ghana 2000 Elections: Voter Choice and Electoral Decisions," *African Journal of Political Science*, Vol. 6, No. 1, 2001, pp. 69 – 88.

Anin, H. , *Gold Mining in the Gold Coast*, Oxford: Oxford University Press, 1994.

Anquandah, J. , C. Haddock, *Rediscovering Ghana's Past*, Harlow, Essex: Longman, 1982.

Antwi, M. K. , "Early Development of Education in Ghana," in C. O. Abosi and J. Brookman-Amissah, eds. , *Introduction to Education in Ghana*, Accra, Ghana, 1992.

Apt, N. A. , M. Gricco, "Urbanization, Caring for Elderly People and the Changing African Family: The Challenge to Social Policy," *International Social Security Review*, Vol. 47, No. 3 – 4, pp. 111 – 122.

Apter, D., "Nkrumah, Charisma and the Coup," *Daedalus*, Vol. 97, No. 3, 1964.

Arhinful, D., "The Solidarity of Self-Interest: Social and Cultural Feasibility of Rural Health Insurance in Ghana," Research Report 71, Leiden, Netherlands: African Studies Center, 2003.

Aryeetey, G. C., "Can Health Insurance Protect against Out – of – pocket and Catastrophic Expenditures and also Support Poverty Reduction? Evidence from Ghana's National Health Insurance Scheme," *International Journal for Equity in Healthcare*, Vol. 15, 2016, p. 116.

Asafu-Adjaye, E. O., "Ghana Since Independence," *African Affairs*, Vol. 57, No. 228, 1958, pp. 182 – 188.

Asamoah, Obed Y., *The Political History of Ghana: The Experience of a Non-Conformist*, London: Author House, 2014.

Asamoah, O. Y., *The Political History of Ghana (1950 – 2013): The Experience of a Non-Conformist*, Author House, 2014.

Asante, R., E. Gyimah-Boadi, *Ethnic Structure, Inequality and Governance of the Public Sector in Ghana*, Accra: UNRISD, 2004.

Asumadu-Sarkodie, S., P. A. Owusu, and P. Rufangura, "Impact Analysis of Flood in Accra, Ghana," *Advances in Applied Science Research*, Vol. 6, No. 9, 2015, pp. 53-78.

Austin, D., *Politics in Ghana, 1946 – 1960*, London: Oxford University Press, 1964.

Awoonor, K., *Ghana: A Political History from Pre-European to Modern Times*, Sedco Pub., 1990.

Awumbila, M., G. Owusu, J. K. Teye, A. Anamzoya, "Can Rural-Urban Migration Contribute to Poverty Reduction? Evidence from Ghana," MOP Working Paper 13 (April 2014), University of Sussex, 2014.

Awuni, S., G. Essegbey, "Developing and Enabling Scientific Equipment Policy in Africa: The Ghana Country Study," CSIR-STEPRI, Ghana, 2014.

Ayee, J. R. A., "The Transition from Military Rule to Constitutional Government and the Consolidation of Democratic Governance in Ghana," in D. Olowu, W. Adebayo and S. Kayode, eds., *Governance and Democratization in West Africa*, Dakar: CODESRIA, 1999, pp. 320 – 339.

Azikiwe, A., "Ghana and the 1966 Coup against Kwame Nkrumah: The Role of African Americans in the African Revolution Global Research," *Global Research*, February 16, 2016, http: //www. globalresearch. ca/ghana – and – the – 1966 – coup – against – kwame – nkrumah – the – role – of – african – americans – in – the – african – revolution/5508043.

Baah, A., "Assessing Labour and Environmental Standards in South African Multinational Companies in the mining Industry in Africa: The Case of Goldfields South Africa," in D. Pillay, ed., *Mining Africa: Comprehensive Report on South African MNCs Labour and Social Performance*, 2005.

Baanante, Carlos, Thomas P. Thompson, Konadu Acheampong, "Labour Contributions of Women to Crop Production Activities in Three Regions of West Africa: An Analysis of Farm Survey Data," *Research Review*, Vol. 15, No. 1, 1990, pp. 80 – 100.

Bank of Ghana (BoG), Insurance in Ghana: A Survey Available, 2017, http: //www. bog. gov. gh/privatecontent/Research/Articles/rpaper9. html.

Bank of Ghana (BoG), Monthly Statistical Bulletin, BoG: Accra, Ghana, 2017.

Bening, R. B., *A History of Education in Northern Ghana: 1907 – 1976*, Accra: Ghana Universities Press, 1990, re-launched 2015.

Boafo-Arthur, K., "Chieftaincy in Ghana: Challenges and Prospects in the 21st Century," *African and Asian Studies*, Vol. 2, No. 2, 2003, pp. 125 – 153.

Boahen, A. Adu, "Yaa Asantewaa in the Yaa Asantewaa War of 1900: Military Leader or Symbolic Head?" *Ghana Studies*, 2010, Vol. 3, pp. 111 – 135.

Boon, E., "Knowledge Systems and Social Security in Africa: A Case of

Ghana," *Tribes and Tribals*, 1 (Special Issue), 2007, pp. 63 – 76.

Bouman, F., "Rotating and Accounting Savings and Credit Associations: A Development Prospective," *World Development*, Vol. 23, No. 3, 1995, pp. 371 – 384.

Bourret, F. M., *Ghana: The Road to Independence, 1919 – 1957*, Standford: California, 1962.

Busia, K. A., *The Position of the Chief in the Modern Political System of Ashanti*, London: Frank Cass & Co. Ltd., 1968.

Chetty, L. R., "The Role of Science and Technology in the Developing World in the 21sr Century," Institute for Ethics and Emerging Technologies, October 2012.

Coakley, G. J., "The Minerals Industry of Ghana," *Minerals Yearbook*, Area Reports: International 1997. Africa and the Middle East, US Geological Survey, January 1999.

Collins, R., J. Burns, and E. Ching, eds., *Problems in African History: The Precolonial Centuries*, New York, NY: Markus Wiener Publishing, Inc., 1994, pp. 300.

Crowder, Michael, *West Africa under Colonial Rule Evanston*, IL: Northwestern University Press, 1968.

Curtain, P., S. Feierman, L. Thompson, and J. Vansina, eds., *African History*, London, UK: Longman, 1998.

Dabquah, J. B., *The Akan Doctrine of God: A Fragment of Gold Coast Ethics and Religion*, London: Frank Cass & Co Limited, 1968.

Dalton, J. H., "Colony and Metropolis: Some Aspects of British Rule in Gold Coast and Their Implications for an Understanding of Ghana Today," *The Journal of Economic History*, Vol. 21, No. 4, 1961, pp. 552 – 565.

Darko, H. F., Osmund Ansa-Asare, and A. Paintsil, "A Number Description of Ghanaian Water Quality-A Case Study of the Southwestern and Coastal Rivers Systems of Ghana," *Journal of Environmental Protection*,

Vol. 4, No. 11, 2013, pp. 1318 – 1327.

Darkwah, Akosua K. , "Structural Gendered Inequalities in the Ghanaian Economy," in Dan-Bright S. Dzorgbo and Steve Tonah, eds. , *Sociology and Development Issues in Ghana: A Reader in Sociology*, 2014, Accra: Woeli Publishing Services, pp. 137 – 151.

Dei, H. , "Meeting the Challenges of Conversion: Ghana's Provident Funds Becomes a Pension Scheme," *International Social Security Review*, Vol. 50, No. 2, 1997, pp. 63 – 71.

Dickson, K. B. , G. Benneh, *A New Geography of Ghana*, London: Longman, 1998.

Dixon, J. , "Provident Funds in the Third World: A Cross National Review," *Public Administration and Development*, Vol. 2, 1982, pp. 325 – 344.

Dixon, J. , "A Comparative Perspective on Provident Funds: Their Present and Future Explored," *International and Comparative Social Welfare*, Vol. 5, No. 3, 1989, pp. 1 – 28.

Dixon, J. , "National Provident Funds: The Challenge of Harmonizing Their Social Security, Social and Economic Objectives," *Policy Studies Review*, Vol. 1, No. 2, 1993, pp. 197 – 213.

Donkor, K. , *Structural Adjustment and Mass Poverty*, Aldershot: Ashgate, 1997.

Drah, F. K. , "Civil Society and the Transition to Pluralist Democracy," in K. Ninsin and F. K. Drah, eds. , *Political Parties and Democracy in Ghana's Fourth Republic*, Accra: Woeli Publishing Services, 1993, pp. 72 – 115.

Energy Commission, *National Energy Statistics, 2006 – 2015*, Energy Commission, Ghana, 2016.

Essuman-Johnson, A. , "The Politics of Ghana's Search for a Democratic Constitutional Order: 1957 – 1991", in *Ghana's Transition to Constitutional Rule: Proceedings of a Seminar Organised by the Department of Political Science*, University of Ghana, Legon. Ghana Universities Press, 1991.

Farvacque-Vitkovic, C. , M. Raghunath, C. Eghoff, and C. Boakye, "Development of the Cities of Ghana: Challenges, Priorities and Tools," *Africa Region Working Paper Series*, No. 110, The World Bank, 2008.

Fayorsey, Clara K. , *Polygyny in Ghana*, *Theoretical and Empirical Socio-Economic Background*, Attorney-General and Ministry of Justice Access to Justice Series, No. 3, Buck Press, 2003.

Food and Agriculture Organisation, *State of the World's Forest*, FAO, United Nations, Rome, 2010.

Food and Agriculture Organization, *Global Forest Resources Assessment 2015*, http: //www. fao. org/3/a − i4808e. pdf.

Forestry Commission, *Annual Report National Forest Plantation Development Programe* (NFPDP), Accra: Forestry Commission, 2017.

Foster, P. , *Education and Social Change in Ghana*, London: Routledge and Paul Kegan, 1965.

Gebe, Boni, Yao, " ' Ghana's Foreign Policy at Independence and Implications for the 1966 Coup D'etat," *Journal of Pan African Studies*, Vol. 2, No. 3, 2008, pp. 160 − 186.

Gerdes, V. , "African Provident Funds," *Industrial and Labour Relations Review*, Vol. 24, No. 4, 1971, pp. 572 − 587.

Ghana Chamber of Commerce and International Council on Mining and Minerals, *Mining in Ghana—What Future can We Expect?* Accra: Ghana Chamber of Commerce, 2015.

Ghana Chamber of Mines, *Annual Chamber of Mines Factoid Report 2011*: *Accra*, Ghana, 2011.

Ghana Chamber of Mines, 2017, http: //www. ghanachamberofmines. com/.

Ghana Statistical Service (GSS), 2016 Revised Annual GDP, GSS: Accra, Ghana, 2017.

Ghana Statistical Service, *2010 Population & Housing Census Regional Analytical Report*: *Northern Region*, Accra: Ghana Statistical Service, 2013.

Ghana Statistical Service, *2010 Population & Housing Census Regional Analytical Report: Western Region*, Accra: Ghana Statistical Service, 2013.

Ghana Statistical Service, *2010 Population and Housing Census Regional Analytical Report: Volta Region*, Accra: Ghana Statistical Service, 2013.

Ghana Statistical Service, *2010 Population and Housing Census*, *National Analytic Report*, Accra: Ghana Statistical Service, 2012.

Ghana Statistical Service, *2015 Labour Force Report*, Accra: Ghana Statistical Service, 2016.

Ghana Statistical Service, *Ghana Demographic and Health Survey 2014*, Accra: Ghana Statistical Service, 2015.

Ghana Statistical Service, *Ghana Living Standards Survey Round 6 (GLSS 6) Main Report*, Accra: Ghana Statistical Service, 2014.

Gifford, Paul, *Ghana's New Christianity: Pentecostalism in a globalizing African Economy*, Bloomington, IN: Indiana University Press, 2004.

Gleick, J., *The Information: A History, a Theory, a Flood*, London, Fourth Estate, 2011.

GoG/MLG & RD, *National Urban Policy Framework and Action Plan*, Accra: Government of Ghana/Ministry of Local Government and Rural Development, 2012.

GoG/MOF, *Ghana Poverty Reduction Strategy 2002 – 2004*, Accra: GoG/MOF, 2002.

Government of Ghana (GoG), *National Biodiversity Strategy for Ghana*, Accra: Ministry of Environment and Science, 2002.

GSS, *2010 Population and Housing Census: National Analytical Report*, Accra: GSS, 2013.

Hansen, E., "The Military and Revolution in Ghana," *Journal of African Marxists*, Vol. 2, 1982, pp. 4 – 21.

Huntington, S. P., *The Third Wave: Democratization in the Late Twentieth Century*, Norman: University of Oklahoma Press, 1991.

Hutchful, E. , "Military Policy and Reform in Ghana," *The Journal of Modern African Studies*, Vol. 35, No. 2, 1997, pp. 251 – 278.

Hyden, G. , *African Politics in Comparative Perspective*, Cambridge: Cambridge University Press, 2006.

Institute of Statistical, Social and Economic Research, *Ghana Social Development Outlook 2014*, Accra: ISSER, University of Ghana, 2014.

Institute of Statistical, Social and Economic Research, *Ghana Social Development Outlook 2016*, Accra: ISSER, University of Ghana, 2016.

Institute of Statistical, Social and Economic Research, *Ghana Social DevelopmentOutlook 2012*, Accra: ISSER, University of Ghana, 2013.

International Monetary Fund (IMF), *Ghana: Poverty Reduction Strategy Paper Annual Progress Report*, IMF Country Report No. 6/226, International Monetary Fund, Washington, D. C. , 2006.

ISSER, *Ghana Social Development Outlook 2016*, Accra: ISSER, 2017.

ISSER, *The State of the Ghanaian Economy in 2016*, Accra: ISSER, 2017.

Jeffries, R. , "The Ghanaian Elections of 1996: Towards the Consolidation of Democracy?" *African Affairs*, Vol. 97, 1998, pp. 189 –208.

Konadu-Agyemang, K. , *The Political Economy of Housing and Urban Development in Africa: Ghana's Experience from Colonial Times to 1998*, London: Praeger, 2001.

Kpessa M. , D. Beland, "Mapping Social Policy Development in Sub-Saharan Africa," *Policy Studies*, Vol. 34, No. 3, 2013, pp. 326 –341.

Kumado, K. , A. Gockel, *A Study on Social Security in Ghana*, 2013.

Kunateh, M. A. , "Climate Change Threatens Ghana's Food Security," *The Chronicle Newspaper*, October 10, 2011, http: //thechronicle. com. gh/ climate – changethreatens – ghana's – food – security.

Kuudaar, E. , Ghana Case Study: Prepared for FAO as part of the State of the World's Forests 2016 (SOFO), 2016, http: //www. fao. org/ documents/ card/ en/ c/ 881a9917a549 – 45b2 – 93f1 – f26ec9482e03/.

Lawson, H. J. O. , E. Akye, "Country Profile on Family Medicine and Primary Health Care," *African Journal of Public Healthcare and Family Medicine*, 2016.

Lentz, C. , *Ethnicity and the making of history in Northern Ghana*, Edinburgh University Press, 2006.

Lindberg, S. I. , M. K. Morrison, "Exploring Voter Alignments in Africa: Core and Swing Voters in Ghana," *The Journal of Modern African Studies*, Vol. 43, No. 4, 2005, pp. 565 – 586.

Mahoney, Richard, *JFK: Ordeal in Africa*, New York: Oxford University Press, 1973.

Manu, F. A. , "The State and Marketing in African Countries: A Case Study of Ghana," *Journal of International Food & Agribusiness Marketing*, Vol. 4, No. 2, 1993, pp. 67 – 82.

McLaughlin, J. , D. Owusu-Ansah, *Gold Mining in Ghana*, New York: Macmillan, 1994.

McWilliam, *The Development of Education in Ghana*, London: Longman Green Co. Ltd. , 1975.

Meyerowitz, E. L. , *Akan Traditions of Origin*, Royal Anthropological Institute of Great Britain and Ireland, 1952.

Miller, F. P. , A. F. Vandome, and J. McBrewster, *History of Ghana*, Port Louis Alphascript Publishing, 2009.

Ministry of Lands and Natural Resources, *Ghana Forestry Development Master Plan (2016 – 2036) Final Report*, Accra: Ministry of Lands and Natural Resources, 2016.

Mosely, F. , P. H. Waller, *Gold in General and in the Gold Coast in Particular*, London: Macmillan, 1935.

Mudinbé, V. , *The Invention of Africa*, Bloomington: Indiana University Press, 1988.

Nam-Katoti, "Financing Political Parties in Ghana," *Journal of Applied*

Business and Economics, Vol. 12, No. 4, 2011, pp. 90 – 102.

Nguyen, H. T. , Y. Rajkotia, and H. Wang, "The Financial Protection Effect of Ghana National Health Insurance Scheme: Evidence from a Study of Two Rural Districts," *International Journal for Equity in Health*, 2011, Vol. 10, p. 4.

NHIA, *National Health Insurance Authority 2016 Annual Report*, NHIA, Accra, Ghana, 2016.

Ninsin, K. , "Political Parties and Political Participation in Ghana, Konrad Adenuer Stiftung," 2006, http://www.kas.de/ghanawww.kas.de.

Ninsin, K. A. , "Introduction: The Contradictions and Ironies of Elections in Africa," *Africa Development*, Vol. XXXI, No. 3, 2006, pp. 1 – 10.

Nketiah, Eric Sakyi, *A History of Women in Politics in Ghana*, Bloomington, IN: AuthorHouse, 2010.

Nketiah-Amponsah, E. , A. O. Sarkodie, "Choice of Healthcare Provider: Evidence from Ghana," in D. K. Twerefou, P. Quartey, L. Boakye-Yiadom, and W. Baah-Boateng, eds. , *Readings on Key Economic Issues in Ghana*, Digibooks Ghana Ltd. , Accra, 2014.

Nkrumah, Kwame, *Ghana: The Autobiography of Kwame Nkrumah*, New York: International Publishers, 1957.

Nkrumah, Kwame, *The Challenge of the Congo: A Case Study of Foreign pressures in an Independent State*, London: Panaf Books, Ltd. , 1967.

Nukunya, Godwin K. , *Tradition and Change in Ghana: An Introduction to Sociology*, Accra: Woeli Publishing Services, 2016.

Obeng, S. G. , "An Analysis of the Linguistic Situation in Ghana," *African Languages and Cultures*, Vol. 10, No. 1, 1997.

Obeng-Odoom, F. , *Governance for Pro-Poor Urban Development: Lessons from Ghana*, London: Routledge, 2013.

Ocquaye, M. , *Politics in Ghana 1972 – 79*, Accra: Tornado Publications, 1980.

Ofei-Aboagye, Esther, "Structural Adjustment and Women in Ghana," in A. Yaw Baah, ed. , *The Social Dimension of Structural Adjustment in Ghana*, Accra: Hallow Ads Limited, 2001, pp. 89 – 127.

Ofori, S. C. , *Regional Policy and Regional Planning in Ghana: Making Things Happen in the Territorial Community*, Aldershot: Ashgate, 2002.

Okoye, U. O. , "The Erosion of Traditional Forms of Care for the Elderly and Its implication for Elderly in Nigeria," *Union for African Population Studies*, 2005, http: //www. uaps. org/confageing/uzoma okoye. pdf.

Oquaye, Mike, "The Ghanaian Elections of 1992—A Dissenting View," *African Affairs*, 1995, Vol. 94, Issue 375, pp. 259 – 275.

Osei, Akwasi, *Ghana: Recurrence and Change in a Post-Independence African State*, New York: Peter Lang Publishers, 2002.

Owusu, G. , P. W. K. Yankson, "Urbanization in Ghana: Retrospect and Prospects," in E. Aryeetey and R. Kanbur, eds. , *The Economy of Ghana Sixty Years after Independence*, London: Oxford University Press, 2017, pp. 207 – 222.

Price, R. M. , "Neo-colonialism and Ghana's Economic Decline: A Critical Assessment," *Canadian Journal of African Studies/La Revue canadienne des études africaines*, Vol. 18, No. 1, 1894, pp. 163 – 194.

Puplampu, B. B. , *A Political and Economic History of Ghana*, 1957 – 2003, in *International Businesses and the Challenges of Poverty in the Developing World*, London: Palgrave Macmillan, 2004, pp. 64 – 74.

Quashigah, E. K. , "Legislating Religious Liberty: The Ghanaian Experience," *Brigham Young University Law Review*, Vol. 1999, Issue 2, p. 589.

Reindorf, C. C. , *History of the Gold Coast and Asante*, Accra: Ghana University Press, 2007.

Robertson, Claire, "Ga Women and Socio-Economic Change in Accra, Ghana," in Nancy J. Hafkin and Edna G. Bay, eds. , *Women in Africa: Studies in Social and Economic Change*, Stanford, CA: Stanford University

Press, 1976, pp. 111 – 133.

Sarpong, George A. , *Improving Tenure Security for the Rural Poor*: *Ghana Case Study*, LEP, Working Paper Number 2, FAO, 2006.

Shumway, R. , "Castle Slaves of the Eighteenth-Century Gold Coast (Ghana)," *Slavery & Abolition*, Vol. 35, No. 1, 2014, pp. 84 – 98.

Starr, R. M. , "The Structure of Exchange in Barter and Monetary Economies," *The Quarterly Journal of Economics*, Vol. 86, Issue 2, 1972, pp. 290 – 302.

Stillwell, S. , "The Imposition of Colonial Rule," in Toyin Falola, ed. , *Africa*: *Volume 3 Colonial Africa*, *1885 – 1939*, Durham, North Carolina: Carolina Academic Press, 2002.

Strupat, C. , F. Klohn, "Crowding out of Solidarity? Public Health Insurance Versus Informal Transfer Networks in Ghana," *World Development*, Vol. 104, 2018, pp. 212 – 221.

Sutton, I. , "Colonial Agricultural Policy: The Non-Development of the Northern Territories of the Gold Coast," *The International Journal of African Historical Studies*, Vol. 22, No. 4, 1989, pp. 637 – 669.

Tsikata, F. S. , "The Vicissitudes of Mineral Policy in Ghana," *Resources Policy*, March 1997.

UICN/PACO, *Parks and Reserves of Ghana*: *Management Effectiveness Assessment of Protected Areas*, Ouagadougou, BF: UICN/PACO, 2010.

UNCTAD, World Investment Report: Transitional Cooperation, Extractive Industries and Development, http: //www. unctad. org/Templates/Page. asp? intItemID = 5162&lang = 1.

UNDESA, *World Urbanization Prospects 2014*, New York: UNEP, 2015.

UNFPA, *UNFPA State of World Population 2007*: *Unleashing the Potential of Urban Growth*, New York: UNFPA, 2007.

Vigneri, Marcella, Rebecca Holmes, "When Being more Productive Still Doesn't Pay: Gender Inequality and Socio-Economic Constraints in Ghana's

Cocoa Sector, " Paper Presented at the FAO – IFAD – ILO Workshop on Gaps, Trends and Current Research in Gender Dimensions of Agricultural and Rural Employment: Differentiated Pathways out of Poverty, Rome, 2009.

Walde, T. , " Permanent Sovereignty over Natural Resource: Recent Developments in the Mineral Sector, " *Natural Resources Forum*, Vol. 7, No. 3, 1983.

WHO, *World Health Statistics: Global Health Indicators* (Part Ⅲ) , World Health Organization, Geneva Switzerland, 2012.

Willis, Bruce, *The Adinkra Dictionary*, The Pyramid Complex, 1998.

World Bank, Climate Change Knowledge Portal, http: //sdwebx. worldbank. org/climateportal/index. cfm.

World Bank, *Rising through cities in Ghana: Ghana Urbanisation Review Overview Report*, World Bank, Washington, D. C. , 2015.

Yobo, E. , R. E. V. Gyampo, " Third Parties and Electoral Politics in Ghana's Fourth Republic, " *Journal of Politics and Law*, Vol. 8, No. 2, 2015, pp. 7 – 16.

索 引

新版《列国志》总书目

非洲

阿尔及利亚

埃及

埃塞俄比亚

安哥拉

贝宁

博茨瓦纳

布基纳法索

布隆迪

赤道几内亚

多哥

厄立特里亚

佛得角

冈比亚

刚果共和国

刚果民主共和国

吉布提

几内亚

几内亚比绍

加纳

加蓬

津巴布韦

喀麦隆

科摩罗

科特迪瓦

肯尼亚

莱索托

利比里亚

利比亚

卢旺达

马达加斯加

马拉维

马里

毛里求斯

毛里塔尼亚

摩洛哥

莫桑比克

纳米比亚

南非

南苏丹

尼日尔

尼日利亚

塞拉利昂

塞内加尔

塞舌尔

圣多美和普林西比

斯威士兰

苏丹

索马里

坦桑尼亚

突尼斯

乌干达

赞比亚

乍得

中非

欧洲

阿尔巴尼亚

爱尔兰

爱沙尼亚

安道尔

奥地利

白俄罗斯

保加利亚

北马其顿

比利时

冰岛

波兰

波斯尼亚和黑塞哥维那

丹麦

德国

俄罗斯

法国

梵蒂冈

芬兰

荷兰

黑山

捷克

克罗地亚

拉脱维亚

立陶宛

列支敦士登

卢森堡

罗马尼亚

马耳他

摩尔多瓦

摩纳哥

挪威

葡萄牙

瑞典

瑞士

塞尔维亚

塞浦路斯

圣马力诺

斯洛伐克

斯洛文尼亚

乌克兰

西班牙

希腊

匈牙利

意大利

英国

美洲

阿根廷

安提瓜和巴布达

巴巴多斯

巴哈马

巴拉圭

巴拿马

巴西

秘鲁

玻利维亚

伯利兹

多米尼加

多米尼克

厄瓜多尔

哥伦比亚

哥斯达黎加

格林纳达

古巴

圭亚那

海地

洪都拉斯

加拿大

美国

墨西哥

尼加拉瓜

萨尔瓦多

圣基茨和尼维斯

圣卢西亚

圣文森特和格林纳丁斯

苏里南

特立尼达和多巴哥

危地马拉

委内瑞拉

乌拉圭

牙买加

智利

大洋洲

澳大利亚

巴布亚新几内亚

斐济

基里巴斯

库克群岛

马绍尔群岛

密克罗尼西亚

瑙鲁

纽埃

帕劳

萨摩亚

所罗门群岛

汤加

图瓦卢

瓦努阿图

新西兰

国别区域与全球治理数据平台

www.crggcn.com

　　"国别区域与全球治理数据平台"（Countries，Regions and Global Governance Data Platform，CRGG）是社会科学文献出版社重点打造的学术型数字产品，对接新一级交叉学科区域国别学，围绕国别研究、区域研究、国际组织研究、全球智库研究等领域，全方位整合一手数据、基础信息、科研成果，文献量达 30 余万篇。该产品已建设成为国别区域与全球治理数据资源与研究成果整合发布平台，可提供包括资源获取、科研技术服务、成果发布与传播等在内的多层次、全方位的学术服务。

　　从国别区域和全球治理研究角度出发，"国别区域与全球治理数据平台"下设国别研究数据库、区域研究数据库、国际组织数据库、全球智库数据库、学术专题数据库、学术资讯数据库和辅助资料数据库 7 个数据库。在资源类型方面，除专题图书、智库报告和学术论文外，平台还包括数据图表、档案文献和学术资讯。在文献检索方面，平台支持全文检索、高级检索，并可按照相关度和出版时间进行排序。

　　"国别区域与全球治理数据平台"应用广泛。针对高校及区域国别科研机构，平台可提供专业的知识服务，通过丰富的研究参考资料和学术服务推动区域国别研究的学科建设与发展，提升智库学术科研及政策建言能力；针对政府及外事机构，平台可提供咨政参考，为相关国际事务决策提供理论依据与资讯支持，切实服务国家对外战略。

数据库体验卡服务指南

※100 元数据库体验卡，可在"国别区域与全球治理数据平台"充值和使用

充值卡使用说明：
第 1 步　刮开附赠充值卡的涂层；
第 2 步　登录国别区域与全球治理数据平台（www.crggcn.com），注册账号；
第 3 步　登录并进入"会员中心"→"在线充值"→"充值卡充值"，充值成功后即可使用。

声明

最终解释权归社会科学文献出版社所有

客服电话：010-59367072
客服邮箱：crgg@ssap.cn

欢迎登录社会科学文献出版社官网（www.ssap.com.cn）和国别区域与全球治理数据平台（www.crggcn.com）了解更多信息

图书在版编目（CIP）数据

加纳 / 赵蜀蓉主编 . -- 北京：社会科学文献出版
社，2022.12
（列国志：新版）
ISBN 978 - 7 - 5228 - 0685 - 3

Ⅰ. ①加… Ⅱ. ①赵… Ⅲ. ①加纳 - 概况 Ⅳ.
①K944. 5

中国版本图书馆 CIP 数据核字（2022）第 167623 号

· 列国志（新版）·

加纳（Ghana）

主 编／赵蜀蓉

出 版 人／王利民
责任编辑／高明秀
文稿编辑／徐 花
责任印制／王京美

出 版／社会科学文献出版社·国别区域分社 （010）59367078
地址：北京市北三环中路甲 29 号院华龙大厦 邮编：100029
网址：www. ssap. com. cn
发 行／社会科学文献出版社 （010）59367028
印 装／三河市尚艺印装有限公司

规 格／开 本：787mm × 1092mm 1/16
印 张：18.5 插 页：0.75 字 数：271 千字
版 次／2022 年 12 月第 1 版 2022 年 12 月第 1 次印刷
书 号／ISBN 978 - 7 - 5228 - 0685 - 3
定 价／89.00 元

读者服务电话：4008918866